古遠清臺灣文學五書

臺灣查禁文藝書刊史

古遠清　著

推薦序　林序

二〇一二年暑假，我在中國期刊網搜尋僞書的資料，發現有古遠清所寫的兩篇文章，一是〈臺灣戒嚴時期書商盜版大陸書的各種奇招〉，原刊於《鍾山風雨》二〇〇八年六期；二是〈臺灣書商盜版大陸書的各種奇招〉，原刊於《博覽群書》二〇一〇年八月。這兩篇文章的內容沒有多大的差別，這個論題我在《書評書目》也寫了幾篇，揭露了戒嚴時期被扭曲的文化現象，古先生在討論書商作僞的方法時，也採用我的說法。

後來我涉獵的領域稍廣，才知道古先生是個「臺灣通」，他來臺灣已有十多次，在臺灣出版十六本書。他曾自豪地說：「我在臺灣訪問、開會、講學期間，吸的是臺灣空氣，吃的是臺灣大米，喝的是臺灣涼水。」也因爲太臺灣化了，大陸的「中國社科網」和《中國當代文學研究》雜誌皆曾誤以爲他是臺灣作家。萬卷樓總編輯張晏瑞說，他要在萬卷樓出版與臺灣文學有關的著作五種，這種大手筆足見他對臺灣當代文學的熱愛。

這本《臺灣查禁文藝書刊史》不是古先生研究當代文學的核心課題，但他還是竭盡心力去完成。臺灣到現代還沒有一本完整的禁書史，僅有一些零星的文章，還沒有像古先生這麼有系統地的著作。身爲臺灣的知識份子，看到古先生的這本大作，眞是感到慚愧。

全書除了〈緒論〉和〈尾聲〉，共分爲九章，第一章〈查禁機構、法規及運動〉，即根據臺灣一九四九年五月二十八日，臺灣省制定的〈臺灣省戒嚴時期新聞雜誌圖書管理辦法〉，來執行禁書的工作。本書作者在各章的標題，暴露國民黨當時的禁書政策是毫無標準。從第二章〈文藝控制無孔不入〉，第三章〈專制手段的殘暴〉，第四章〈身陷囹圄的李敖和柏楊〉；第五章〈彈壓「臺獨」書刊〉；第六章〈民間的「自發」查禁〉；第七章〈流產的查禁〉；第八章〈民間對查禁的反抗〉；第九章〈查禁文藝書刊的負面影響〉。書末附錄有〈不願退休後學術生涯就此被「淪陷」〉訪問稿。從這些章節的順序反映了國民黨的禁書政策，起先雷厲風行，後來陷入左支右絀的窘境，為政者要查禁書刊時，當引以為戒。

二〇二一年六月誌於臺北士林磺溪街寓所

林慶彰

目次

緒論

第一節　從查禁角度看「戒嚴文化」

所謂戒嚴時期，係指一九四九年五月二十日由臺灣省政府主席兼臺灣省警備總司令陳誠頒布戒嚴令，其實施範圍爲含臺灣本島、澎湖群島及其他附屬島嶼，直至一九八七年七月十五日蔣經國宣布解嚴。這長達三十八年又五十六天的戒嚴，創世界最高記錄。

曾有人在臺灣提倡「爲藝術而藝術」，其實與政治尤其與戒嚴無關的文藝作品雖有但當局不提倡。臺灣戒嚴時期的文學藝術，多半與當代社會政治發生密切的聯繫。當代政治影響文藝的主要途徑，就是透過各種政策措施包括查禁文藝報刊及作品來規範文藝的發展。判斷查禁文藝制度性質的核心，應包括對戒嚴時期這一歷史階段文化特徵的歸納。只要政治剛性支配文藝的現象仍然存在，對「查禁」這個概念所暗含的廣義與狹義的求證、追問就不會終結。

一般說來，狹義的查禁係專指對文藝報刊及作品的封殺。臺灣的文藝期刊，出版者必須事先申請登記並且自行限制出版品的內容，即沒有實行「審批制」而實行「登記制」，期刊有黨營、軍營即公辦與民辦之分。公辦的刊物一般遵循國民黨制定的文藝路線，與主流意識形態保持高度一致，而某些私人辦的刊物，則輕「戰鬥」重「休閒」，不太講究政治性而突出可讀性和娛樂性。後來蔣家勢力走下坡路，這時一些民辦刊物出現了反體制、反集權的傾向，如著名哲學家也是文學評論家陳鼓應創刊於一九七九年的《鼓聲》，其宗旨爲「植根鄉土，心懷中國，放眼世界。」這是一份屬於民族的一面鼓，同時也是一面勝利的戰鼓。創刊後發表了李日章的〈「民主牆」與「愛國牆」〉、宋澤萊的〈該是農民說話的時候了！〉、許達然的〈從諺語看臺灣史〉，此外還有〈悼念我的老師殷海光〉、〈可怕的日本資本〉、〈要求人權與自由〉、〈民主政治又亮紅燈〉等文章，由於內容敏感很快就遭查禁，創刊號也就變成終刊號。

「查禁」這一概念不是凝固的，而是移動的，這使得廣義的「查禁」包括了連帶對作者、編者所實行的文化專政手段。在思想方法上，這種「連帶」有點像封建社會的株連九族，其思想哲學方法完全是復古式的，同時又與現代的形而上學方法相結合。在七十年代，他們用這種既古老又「現代」的方法去查禁因爲「中國民國」退出聯合國應運而產生的許多探討臺灣未來前途的雜誌、書籍，例如《臺灣政論》、《美麗島》等雜誌，和左翼作家創作的鄉土小說。其他因爲西洋電影而翻譯的書籍如《畢業生》、《教父》等，也遭封殺。按當時的「出版法」——當局發現出版品有所謂「違法」情況時，就不准出售和郵寄，甚至將它全部沒收。如爲刊物，多項並處作停刊一年的懲罰。但實際上無論是刊物還是書籍被認定的「違法」情況，有時只是幾句話或某一個比喻。如陳映眞的小說〈將軍族〉不過是作品裡出現過向日葵，便被認爲所寫的是「共產中國」的「國花」；小說裡還描寫一個年輕人，爲趕走鳥群揮舞了一下紅旗。其實，無論是「向日葵」還是「紅旗」，作品中只是一語帶過，並沒有作濃墨重彩的描寫，可查禁是無須問理由的。

從「查禁」角度定義「戒嚴文化」，便強化了臺灣當代文藝的政治性、時代性與現實感。這政治性與現實感一個突出表現是「查禁」包括了對禁書閱讀者的懲處。希臘神話裡普羅米修斯偷火種，一旦火種外洩，所有地方就會蔓延開來。臺灣當局自然明白這個道理，認爲被禁的「異議知識分子」的書刊作者有問題，閱讀這些作品的人自然也會因火種「蔓延」導致「思想有問題」。爲控制民間閱讀，防止有人「偷火種」，當局從臺北到高雄的圖書館均安插有情治人員。一時未能安排，便會遭到安全人員的清查，如「臺中省立圖書館」的書籍一度被翻得底朝天。「警總」（註一）一旦發現有人閱讀魯迅、茅盾、郭沫若、巴金、丁玲等大陸作家的作品，便會派員找上門約談乃至坐牢。典型的例子有省籍作家柯旗化因擁有唯物辯證法書籍導致失去人身自由。從皇國少年到左傾青年、購買過不少毛澤東著作和來自上海的左翼書刊但從未參加過任何組織的葉石濤，則於一九五一年九月被判有期徒刑五年。

把「查禁」視爲束縛文藝創作的緊箍咒，有利於看出威權時代文藝生態如何遭到嚴重破壞，這破壞包括了對出版社的發行人或書店老闆實行的懲處。國民黨遷臺後，雖然不再像抗戰時期那樣設有「圖書雜誌審查委員會」，但「臺灣省戒嚴期間新聞紙雜誌圖書管制辦法」規定，所有的出版品都必須送「警總」審核，如果認定這個出版物有問題，除了不能出版外，就連出版負責人也要用其他相關法律處罰，包括警告、罰款、禁止散布、沒收、停止發行和撤銷登記。本來，這些發行人或老闆並不是文學的直接生產者，而主要是文學的傳播者及市場的經營者，其中在各大學週邊經營禁書的書商所看中的是經濟效益，他們沒有也不會把「黨國」利益放在首位。只要受讀者歡迎能投放市場，能收到可觀的利潤，哪怕是禁書，他們也願意鋌而走險印製發行。如五十年代啓明書局經理應文嬋因出版斯諾的《長征二萬五千里》，被臺灣省警備總司令部於一九五九年二月，以「爲匪宣傳」名義逮捕應文嬋。

在戒嚴期間，臺灣文化界爭取言論自由、出版自由的傳統就這樣被粗暴地割斷。「警總」對報刊的處分和對作者所實行文化專政手段，如限制陳映眞的人身自由不准出國交流；或將作家投入監牢，如李敖、柏楊。

總而言之，「戒嚴文化」就是嚴密控制言論自由、出版自由、創作自由的一種受政黨支配的剛性的惡文化。

第二節　查禁文藝書刊的三種原因

任何一種文化現象的產生，均與特定的時代背景及文學生存的環境也就是文化語境有密切的關係。冷戰結構下戒嚴期間的書刊檢查，看似淨化文化市場的需要，其實這裡面隱藏著政治、經濟、思想、文化等各種複雜因素。考察書刊檢查制度的發生，不僅要有文化的眼光，更要有歷史的眼光、批判的眼光尤其是政治眼光。因爲不是呈直線發展的戒嚴時期這段歷史，並不單純體現爲時間關係，還有政治上當局反思丟失大陸原因這一複雜的政治因素。這「複雜的政治因素」，造成下列查禁文藝書刊的緣由：

一是爲維護蔣家政權的合法統治。從一九四九年起，蔣介石不斷總結國民黨在大陸失敗的教訓，多次強調指出：在國共兩黨鬥爭中，「宣傳不夠主動而理論不夠充實」（註二）。尤其是在文藝上，「全國文學藝術界一面倒反對政府」是造成敗退臺灣的重要原因之一（註三）。爲了不再重蹈過去的「錯誤」，國民黨決心加強對文藝的控制，使用「管制」和「培訓」兩手策略（註四）。在「管制」工作方面，當局用「反共抗俄」去統一人們的思想，其實是以「反共抗俄」這種遠距離的政治鬥爭掩蓋近距離政權的貪腐和專橫。可老百姓並非都是順民，他們中的許多人早就對這個政權到處充滿了消沉悲觀和動搖失望的消極心理。這種情緒不可能透過公開發表的政論文字發洩，便以小說描寫的隱蔽方式含沙射影抨擊時政。

「警總」查禁的對象，主要是針對身邊的島內作家，同時對有嫌疑的海外作家也不輕意放過，如由臺灣培養的作家於梨華，見本書第二章。

二是要求作家去性、去欲、去私、去我。這裡使用的是虛僞的公義招牌，其實質是文化激進主義的表現，其特徵是要求文藝作品只能寫革命、寫軍事鬥爭而不能寫情愛，更不能寫情色，這是企望作品成爲一種沒有任何雜質保證絕對眞善美的藝術理想。這種「理想」，對一切不符合像蒸餾水般純淨的作品均採取嚴苛的排斥態度。

本來，維護善良風俗、反對誨淫誨盜並沒有錯。此點看起來也很冠冕堂皇，依據一九六二年四月十日才正式公布的〈歷年查禁誨淫圖書目錄〉，當局也的確查禁了「淫亂猥褻、不堪入目、寡廉鮮恥」描寫什麼尼姑生子、和尙偷情、黌窟窺探像《中國新聞》那樣的讀物，但存在著嚴重擴大化的情況，如把以性教育、性衛生爲主的圖書加以查禁，這可視爲激進主義文藝路線的一次實踐。

三是遏阻「臺獨」思潮的產生和發展。臺灣當局在戒嚴時期查禁文藝書刊及作品，不完全是消極行爲，其積極方面表現在對文學的健康發展起著一定的規範，其中一個重要規範是創作只能高揚中國意識，而不能宣揚「臺獨」思想。所謂「臺獨」，係臺灣DULI運動的簡稱，是臺灣獨派的核心政治理念及國家認同。其目標是將臺灣建立成主權「獨立」及受國際廣泛承認的「國家」，並在政治上擺脫一切外國，尤其是大陸的箝制。「臺獨」不僅損害政府尊嚴，而且使國民黨的統治地位受到挑戰和動搖，故蔣介石、蔣經國執政期間，對島內的任何「臺獨」言論和行動，均採取嚴厲壓制和打擊的態度。鑑於「臺獨」思潮在解嚴前夕從隱性走向顯性，國民黨查禁「臺獨」書刊也從被動防禦轉爲主動進攻。對文藝上的「臺獨」傾向，同樣保持高度警惕。

在軍事管制的體系下，在〈臺灣省戒嚴時期新聞雜誌圖書管理辦法〉（一九五〇年三月）、〈臺灣省出版管制法〉（一九五二年九月）的淫威下，在軍、警、特的嚴格監控下，官方除用「局版臺業字」或「局版北市業字」管制案號查禁赤色、黃色、武俠小說和「臺獨」圖書外，還有一些變相的禁書方法，也就是沒有公文依據宣告查禁，只私下通知這本書不能再版或出售，這使憲法規定的「保障出版和言論自由」成爲官樣文章。

第三節　查禁文藝書刊的主要方式

查禁文學制度的實施，是一個漫長的淩遲過程。管制部門或明查暗訪，或依法裁決，或幕後指揮，或前臺操作，只要發現有不合口味的，輕則刁難，重則治罪。至於罪名則五花八門，具體來說，主要透過下列方式進行：

一是輿論準備。凡是推翻一個政權，總要製造輿論。同樣鞏固一個政權，讓國民黨在臺灣扎根，也很需要輿論的配合，至少在查禁書刊方面要給文化界充足的理由，以免讓群眾以爲查禁純是一種警察行爲。在造輿論方面，官方評論家趙友培在戰鬥色彩極爲濃厚的一九五一年五月四日問世的《文藝創作》創刊號上，發表了〈五四新評價〉一文，對「五·四」以來的新文學作品採取罵倒、踏倒的態度，尤其是對當年的現實主義文學流派「文學研究會」和浪漫主義社團「創造社」，否定得更爲澈底。一九五二年三月創刊的《中國文藝》，亦發表了三十年代老作家王平陵的〈三十年文壇滄桑錄〉。此文雖然提供了一些寶貴史料，但不少地方畢竟主觀批判多於客觀記錄，對「五．四」至一九四五年來的文學界狀況作了許多歪曲回憶，爲當局查禁「五．四」以來的新文藝作品提供了理論和史料依據。

二是應用政治運動的方式查禁書刊。鑑於「反攻大陸」是當時主要政治目標，蔣介石便有清除「赤色的毒」和「黃色的害」、「黑色的罪」的指示。見本書第一章「文化清潔運動」和「拒讀不良書刊運動」。

三是發動群眾檢舉或舉報。舉報是指機關、團體、企事業單位和個人向情治部門或國民黨第四組揭發違反出版法、盜印大陸書等「犯罪」行爲。檢舉與舉報的意義類似，是指非受害人向國民黨支部、「警總」反映黨員或黨組織執法犯法或大搞不正之風問題的行爲。其方式爲上門舉報或寫檢舉信或用電話舉報等。這些「忠貞之士」檢舉的對象，不僅有左翼人士，還有右翼作家，如曾受到過魯迅批判過的梁實秋，有一本於一九五九年出版的譯著《沉思錄》，原作者是羅馬皇帝和哲學家瑪克斯．奧瑞利阿斯（Marcus Aurelius），簡稱瑪克斯。有人竟把這位瑪克斯與共產主義說學創始人馬克思等同起來，向有關部門揭發梁實秋以翻譯爲名在臺灣宣傳「共黨」學說。安全部門偏聽偏信，爲此立案調查，使梁實秋深感號稱「自由中國」的臺灣其實是缺乏自由的地方。又如「海歸」人士胡品清，一九六二年由法國到臺灣，擬任正在籌備中的中國文化學院法國文學研究所所長。可在「中國文藝協會」舉行宴會歡迎這位詩人的前夕，突然有人檢舉胡品清在法國巴黎包格爾斯書局出版的法文本《中國現代詩選》，收入過毛澤東的〈沁園春．雪〉，因而取消了這次聚會。這位檢舉者是否係「懸賞」誘發所引起，或對胡品清本人有偏見不得而知，但這種向胡品清揮舞「紅帽子」的檢舉行爲是醜陋的，是對進步文化的摧殘。須知，胡品清選毛澤東的詩詞，只是把〈沁園春．雪〉當作文學作品看待，認爲此詞描繪了古典詩詞所未有的雄奇瑰麗的全景式風景畫而已。這頂「親共」的紅帽子戴上後，胡品清幾次申請赴美講學，有關部門均拒絕給她辦出國手續。

四是對情節嚴重者從肉體上加以消滅。國民黨在戰時體制下採用文藝控制與武力鎮壓雙軌進行的策略。這種策略，導致文學評論不是從事藝術分析而蛻變爲思想檢查。爲方便「檢查」和鎮壓異議人士，當局透過「培訓」方式造就了一批信仰三民主義、忠於國民黨的文檢隊伍。在五十年代，則主要是造就一支名曰「武裝部隊之外的筆部隊」。這支部隊的成員「自動的作一名反共的文化狙擊手，一發現敵人，便隨時射擊」（註五）。這裡講的「射擊」，不僅是指文字上的，必要時也含肉體上的，具體來說執政者先把知識分子戴上「叛亂」的帽子，然後逮捕、判決、監禁乃至槍斃。據「白色恐怖補償基金會」獨家披露，戒嚴時期有八二九六人因思想問題遭到逮捕，有一〇六一人被處決，其中有魯迅《故鄉》日文版翻譯者、基隆中學國文教員藍明谷，於一九五一年春天以「匪諜」罪槍殺。又如旅美學者陳文成因贊助過黨外雜誌《美麗島》，返臺灣後被「警總」跟蹤監視，後來竟陳屍臺灣大學校園，成爲震動全島的重大事件。這些冤死者，無不爲爭取言論自由預支了自己寶貴的生命。

「警總」權力大，管事多，幾乎不受什麼監督，他們想整誰就整誰，哪怕高級幹部也不能倖免。成功大學馬森說：白色恐怖比起「紅色恐怖」來是「小巫見大巫」（註六），這種比喻至少低估了白色恐怖時期哀鴻遍野的殘酷事實。「警總」當時實施的是「能可錯殺一千，不可放過一個」的方針，如寫有揭露國民黨內權力鬥爭及政壇秘聞的《蔣經國傳》作者，後被特務暗殺於舊金山自宅車庫中（見本書第三章）。

第四節　查禁書刊的研究方法及其價值

兩岸出版的臺灣文學史，很少涉及到文學制度尤其是文學書刊查禁問題。在臺灣雖然出現過蔡盛琦〈一九五〇年代圖書查禁之研究〉（註七）的長篇論文，但並不是專門研究文藝書刊的查禁。另有林慶彰的〈當代文學禁書研究〉（註八）這樣高質量的論文，但比較簡略；有的雖然較爲系統，但都附屬在〈臺灣五十年代長篇小說的禁制與想像——以文化清潔運動與禁書爲探討主軸〉（註九）一類的學位論文中。另還有《禁》（註一〇）、《禁書與牛刀——自立晚報政論精選輯（一）》（註一一）這樣的小冊子，其實並不是研究禁書的專著。前者是有關禁書文章的彙編，後者禁書只是其中一小部分內容。廖爲民的《我的黨外青春——黨外雜誌的故事》（註一二）、《臺灣禁書的故事》（註一三）、《美麗島後的禁書》（註一四）形成系列，但涉及文藝書刊甚少。至於大陸學者吳效剛具有開創性的《民國時期查禁文學史論》（註一五），只寫到一九四九年以前，且不涉及臺灣。

人們熱愛臺灣的海洋文化，但厭惡戒嚴時期的禁書文化。本書試圖以批判性的眼光和審視的態度，從政治層面、社會層面、思想層面、文化層面去研究臺灣的禁書文化，從原創性與學理性著手研究臺灣地區戒嚴時期的禁書實踐的社會想像、操作流程和內在矛盾，其內容包含查禁背景、查禁機構、查禁原因、查禁步驟、查禁事件、查禁後果、查禁終結以及自發的查禁、流產的查禁、民間反抗查禁等。在研究方法上，主要是運用從文本到政治和從政治到文化雙向溝通的政治文藝學，另外，輔之於文化學甚至用心理學研究方法，以在歷史領域裡重新解讀查禁文藝書刊這一文化現象。

作爲文化人，對戒嚴時期查禁書刊這段歷史都會有濃厚興趣，忍不住回味和反思。其實，最有意義的應是文化層面的思考：禁書政策破壞性在哪裡，規範性又表現在何處？禁書政策爲什麼會與文化專政主義結合？戒嚴時期禁書的事件實在太多了，對文藝發展的傷害眞可用「罄竹難書」四字形容。從檔案材料、報刊披露和作家回憶錄中提供的重大查禁事件，本書清理出「查禁」這個概念包括了三個方面：

一、不包括光復初期對日文報刊及其日文電影、雜誌、書刊及歌曲的查禁。在範圍上只涵蓋戒嚴時期對「內容左傾、爲匪宣傳」的左翼文藝、對「黃害」作品的查禁，對「臺獨」報刊及作品的查禁，還包括暴露了社會黑暗、或使用了諸如「解放」的「共黨詞彙」，或由於弦繃得太緊弄得草木皆兵，查禁文藝作品竟查到自己人頭上，封存了不該查禁的「反共文藝」作品，以致出現了「反『反共』」的弔詭。

二、在文類方面，本書以文藝書刊爲主，兼及政治文化讀物；在作品方面，以專書爲主，兼及單篇文章。

三、連帶對出版社的發行人和編輯、或書店的老闆實行懲處，如啓明書局經理應文嬋除前述出版斯諾的《長征二萬五千里》外，還翻印出售所謂「陷匪文人」馮沅君所著《中國文學史》，其中最後三頁提到「無產階級的文學」。臺灣警備總司令部便以「爲匪宣傳」名義逮捕應文嬋。又如一九七三年底，泰順書局老闆羅世敏、主編黃華曾因出版大陸書遭人檢舉，兩人分別判七、五年徒刑，後雙雙病死在綠島監獄中。

研究臺灣文藝書刊查禁史的學術價值與應用價值在於：

一、全面整理臺灣五十至八十年代（其中個別地方略有延長）重要書刊查禁史實，歸納戒嚴時期查禁文學書刊的特點，反映「兩蔣時代」文藝創作、出版、閱讀如何被納入當局「反共抗俄」軌道的眞實情況。

二、以國民黨中央工作會議第十九次會議制定的〈報刊圖書審查標準表〉及內政部還有戒嚴時期頒布的出版法爲論述支撐，發掘整理和編製文藝書刊查禁目錄，爲歷史保存史料，爲研究臺灣文藝提供新的參照係。

三、對戒嚴時期當局打壓「臺獨」書刊的必要性及其借打擊「臺獨」書刊之名行清除異己之實的情況探討，可進一步深化對臺灣文學制度的研究。

在戒嚴時期查禁書刊，無不以政治標準取代藝術標準，出現了嚴重的泛政治化、泛道德化的現象。本書論述查禁文學制度出現的時代背景及其機構產生的原因，對「黃、黑、赤」的審查標準進行再評價，對查禁專案在實施過程中的變化做出說明和探討。把連帶懲處列入研究內容，是爲了說明查禁的實施範圍及其專政手段的殘暴。

註釋

一　「警總」全稱爲臺灣警備總司令部，其成立與解散過程如下：一九四五年九月七日，臺灣省警備總司令部成立，總司令為臺灣省政府主席陳儀兼任。一九四七年五月五日，更名為「臺灣省警備司令部」，司令為彭孟緝。一九四九年一月二十六日，更名為「臺灣省警備總司令部」，陳誠兼任總司令。一九四九年九月一日，成立「臺灣省保安司令部」，副司令為彭孟緝。一九五八年五月十五日，合併「臺灣省保安司令部」、「臺灣省民防司令部」、「臺灣防衛總部」、「臺灣戍衛司令部」四單位為「臺灣警備總司令部」，總司令為黃鎮球。一九九二年八月一日，臺灣警備總司令部解散。

二　蔣介石：〈如何改進我們革命方法〉，載《蔣總統集》第二冊（臺北：國防研究院，一九五〇年十月），頁一七二二。

三　劉心皇：〈三十年代文藝的影響〉，載《當代中國新文學大系・史料與索引》（臺北：天視出版公司，一九八一年），頁四五～四八。

四　郭　楓：〈四十年來臺灣文學的環境與生態〉，臺北：《新地文學》，一九九〇年第二期。

五　孫　陵：《論反共精神戰線》（臺北：火炬出版社，一九五一年）。

六　馬　森：《世界華文新文學史》中編（臺北：印刻出版公司，二〇一五年），頁六八七。

七　臺　北：《國史館館刊》第二十六期，二〇一〇年十二月，頁七五～一三〇。

八　林慶彰：〈當代文學禁書研究〉，載臺北：《文訊》雜誌社編印：《臺灣文學出版》（臺北：行政院文化建設委員會，一九九六年六月），頁二一〇。

九　黃玉蘭：〈臺灣五十年代長篇小說的禁制與想像——以文化清潔運動與禁書為探討主軸〉，臺北師範學院臺灣文學研究所碩士學位論文，二〇〇五年七月自印。

一〇　史爲鑑：《禁》（臺北：四季出版公司，一九八一年）。

一一　陶百川等著：《禁書與牛刀——自立晚報政論精選輯（一）》（臺北：自立晚報社，一九八二年）。

一二　臺　北：允晨文化出版公司，二〇一五年。

一三　臺　北：允晨文化出版公司，二〇一七年。

一四　臺　北：前衛出版社，二〇一九年。

一五　北　京：中國社會科學出版社，二〇一三年。本書吸取了他的研究成果。

第一章　查禁機構、法規及運動

第一節　重疊混亂的禁書管理機構

臺灣有眾多禁書管理機構，處於主導刊物審查核心地位的國民黨文宣機構，卻未出現在公開名單上。表面上看，每個單位都有檢查書刊的權利，其實國民黨中央委員會第四組才是「龍頭」。

爲確保國民黨文化的主導權，習武出身的蔣介石過分重視「槍桿子」而忽視了「筆桿子」的作用。在戒嚴時期，從下到上均沒有設立過「文化局」更談不上「文化部」，文化事務只好由行政院新聞局或臺灣省新聞處兼管。至於禁書管理機構，從「情治」、教育、新聞、文化、警察單位都包括在裡面，經歷了由「兼」到「專」到「亂」的過程。即是說這眾多查禁單位一直存在著分工不明確、協調性嚴重不足、查禁標準各有千秋等致命缺陷。具體說來，除「新聞局」兼管禁書外，另有國防部總政作戰部、臺灣省警務處、「中國廣播公司」、內政部、教育部、交通部、調查局、國民黨中央總動員會議文化組、總統府國家安全局、臺灣省警備總司令部（簡稱「警總」）插手，而不似民國時期由內政部擔任主要審理機關，而是由以軍人爲主的「警總」作爲專職執行單位。這些軍人且不說很難具備有一定的史識和才華，就是求言的誠意和納諫的雅量也十分缺乏。他們處理起事情來不求協商、調解，而是求簡易、快捷，這閃電式的手段難以做到深入細緻。在禁書運動中，「警總」表現得是如此凶猛、毒辣，以致成爲文藝界人士聞之喪膽的「老虎」。蔣政權之所以看好這種軍事部門，是爲了更好地透過書刊查禁方式進行「清共」、「肅共」。其原因是官方一口咬定自己主張的東西是絕對正確的，即他們的政治理念和隨之而來的判斷，是絕對沒有問題的，是不允許雷震所要籌建的「中國民主黨」質疑的。這其實是狂妄和心胸狹窄的表現。

國民黨中央委員會第四組，相當於過去的中國國民黨中央宣傳部，是新聞雜誌圖書審查及管理的最高裁決機構，其權力絕不亞於國家行政編制的審檢系統。「第四組」掌握著審查、宣傳、督導、停刊、獎懲等工作。之所以不叫「中宣部」，是因爲一九五〇年八月五日，國民黨成立了國民黨中央政治決策的最高機構「中央改造委員會」。這個機構派生出一個「第四組」，首任主任是曾虛白，後面擔任負責人的還有沈昌喚、陳裕清、謝然之等人。這個組負責宣傳工作和文化運動，運動又包含「文藝改革運動」和「文化檢肅運動」。「檢肅」，就是查禁所謂「反動書刊」。

對於圖書的審查和清理一般是由「第四組」牽頭讓臺灣省保安司令部、臺灣省政府新聞處、臺灣省警務處去做具體工作。所謂具體工作，就是由「第四組」編印查禁書目交執行機構去實行。這可從一九五一年「中央改造委員會」的工作報告來看它的「取締反動書刊」的任務：

> 本省各書店所售之書籍，尤其有關社會科學及文藝書籍，多半爲過去大陸所出版者，尤其多有匪共同路人及近年來投匪者的作品。經第四組邀同各有關機關，成立報刊雜誌審查會報，調取各書店出售之書目，加以審查，將反動書籍編成目錄。復經書刊審查小組作最後之決定，交由執行機構予以查禁。（註一）

爲防偏差，查禁辦法會隨時修改。如臺灣地區查禁書刊分兩個階段。第一階段是光復後由「臺灣省行政長官公署」取締日文書刊，其矛頭不是針對左翼文人及其意識形態，出發點是爲了「去日本化」、「再中國化」，肅清日本軍國主義在文化上的流毒。這是捍衛中華文化的急切需要，故無論是日文報紙、雜誌、書籍、電影及歌曲，一律取締和沒收。日文圖書除不存在意識形態色彩外，其餘全部上交並用林則徐銷毀鴉片菸的方法焚毀。焚毀書刊的依據是臺灣省政府教育廳「代電」的內容，另與臺灣省保安司令部政治部協商然後定案。據「國史館」記載，當時違禁的圖書僅臺北市就有八三六種，查獲焚毀共七千三百多本，全臺灣省焚毀的書籍則有一萬多本，總計焚毀一萬七千三百多本。

一九四九年五月二十八日，臺灣省制定的〈臺灣省戒嚴時期新聞雜誌圖書管理辦法〉，後來按照新法修訂爲〈臺灣地區戒嚴時期出版物管制辦法〉。這修訂是小修小補，換湯不換藥，始終堅持對含有左翼色彩或滯留大陸作者的作品，不問青紅皂白——即使是在民國時期而不是大陸解放後出的書籍，通通斬盡殺絕。表面上看這次修訂向文明化邁進，可從取締機構主要由臺灣省政府和保安司令部等單位看，這個文明程度實在有限。那些所謂保安人員查禁書刊時權力無邊，竟可以自己「攜帶檢查證及違禁書刊目錄，隨時隨地依法執行」。突擊檢查時雖然佩帶了標章，可細密檢查時嚴重擴大化。爲了糾正這個情況，一九五一年七月三十日，臺灣省保安司令部與臺灣省政府又根據原先頒發的戒嚴時期出版物管制辦法，另公布〈臺灣省各縣市違禁書刊檢查小組組織及檢查工作補充規定〉。這裡說的規定，就是地方書刊檢查小組由縣市長監督，組長不是由文化人而是由警察局長擔任，成員分別來自警察局、教育局、省政府社會科。查禁目錄則由臺灣省保安司令部統一頒發，其查禁原則爲：

共匪及附匪作家著作及翻譯一律查禁；

內容左傾爲匪宣傳者一律查禁；

內容欠妥未經查禁有案而一時不能決定者，予以調閱審查，如應查禁者，報部核辦；

凡日文書刊未經核准黏貼准售證者，一律查禁。

第一條說的「附匪作家」，打擊面太寬，如三、四十年代作家魯迅、茅盾、巴金、老舍、田漢、曹禺、沈從文、李廣田、胡風、丁玲、蕭紅、田濤、駱賓基等人的作品都在查禁之列。這其中有的作家與「匪」無關，充其量只是自由主義者。至於各種條文所核准的查禁機構也不完全相同。如前所述，除臺灣省保安司令部外，查禁書刊的機構，還有臺灣省政府教育廳、臺灣省政府新聞處。臺灣在光復後，文化事務統由「教育廳」和「新聞處」代管。這些查禁機構引人矚目的是有情報單位和警察部門加入，儘管名譽上違反出版法由省政府查處，違反戒嚴法由臺灣省保安司令部查處，可這種文武結合並不是正常的分工合作，而是各單位各顯神通，彼此摩擦多於協調，查禁標準各唱各的調，如盲目到不分反共、非共和親共，也不分中文和外文書刊。不少檢查官不懂英文或英文程度差，也懶得查字典或向別人請教，故遭到有些民辦雜誌的譏諷和反對。

第二節　《新聞業務手冊》和查禁目錄

《新聞業務手冊》是對戒嚴時期新聞（含圖書出版）現象、新聞活動等的性質、地位、作用、意義、衡量標準和價值實現途徑的總規範，是對新聞和圖書出版工作應當遵循的基本原則與思想方法的集中概括。

弔詭的是，臺灣有《新聞業務手冊》，大陸也有書名完全相同的《新聞業務手冊》。兩者服務於文化工作者尤其是編輯、記者，使他們工作起來有方向感和安全感，這是相同的部分。至於內容，完全是南轅北轍：前者主要講查禁書刊的規範化及其程序，而大陸講的是輿論導向，與禁書無關。

臺灣省新聞處於一九五二年十月編印的《新聞業務手冊》，共分八大部分，依次爲：出版法規及釋義，含《出版法》等五項；新聞雜誌圖書審查及管理，含〈臺灣省戒嚴時期新聞雜誌圖書管制辦法〉等八項；新聞雜誌登記及限制，含新聞紙雜誌登記手續等八項；新聞事業輔導，含臺灣省各報社通訊社記者經行鐵路公路乘車優待辦法等三項；新聞事業有關組織章程，含新聞記者工會組織暫行要點等四項；中華民國廣播事業現行政策綱要等。

《手冊》具有歷史文獻價值的是〈八、本省新聞事業概況〉，內有本省報社一覽表、本省通訊社一覽表、本省雜誌一覽表、本省廣播電臺一覽表、本省新聞事業分布統計表、外埠新聞機構派駐臺北調查表。在〈雜誌一覽表〉中，每份雜誌都註明了是月刊還是週刊乃至旬刊，和發行人姓名、登記證字號、社址。更值得肯定的是，許多雜誌均冠以「中國」之名，如《中國新聞》、《中國語文》、《中國文藝》。奇怪的是還有劉鳴九等人負責的《新中國文藝評論》月刊。這「新中國」自然不是指對岸，而是指臺灣。不管怎麼樣，用「中國」或「中華」爲刊名值得重視。當然，也有少數以「臺灣」爲名的，如《臺灣文化》、《臺灣詩壇》。

現在看來，《新聞業務手冊》書名有點不通。既然是業務手冊，可從頭至尾都是政治貫穿始終，並沒有多少眞正屬於「業務」的內容，另方面是結構本末倒置。按常理既然叫「業務手冊」，就應把〈新聞業務輔導〉放在首位，可該書竟把新聞雜誌圖書審查放在重要位置，故這本書其實應正名爲《新聞政治業務手冊》或《查禁新聞圖書雜誌手冊》。

不能懷疑《新聞業務手冊》編者的「匠心」。這「匠心」表現在全本書把國民黨的政治要求不折不扣地貫徹到新聞業務中去。也就是說，編者在對「出版法」正文釋義之前，在對新聞工作者進行嚴格的「政審」，要求他們在立場、觀點、方法上，必須保證不出任何差錯。無論是經驗豐富的長輩還是新兵，都必須查看其新聞觀：是政治比重大，還是業務比重大？如果是後者，就會出現差錯，其社會效果之「壞」可想而知。

最有參考價值的還有〈七、各種有關注意事項〉，第一部分是〈對大陸宣傳名詞稱謂統一規定表〉，這裡用「大陸」而不是「中國」（或「中國大陸」），讀來使人有恍如隔世之感。鑑於他們不承認對岸新政權，故規定「北京」只能按民國說法稱爲「北平」、大陸「新華社」和出版社名稱均要冠於「僞」或「匪」字。也因此尹雪曼主編的《中華民國文藝史》（註二）附錄二〈大陸淪陷後的文藝概況〉，均稱北京的中國作協和中國文聯爲「僞中國作協」、「匪中國文聯」，還有什麼「僞第一次文藝工作者代表大會」。後來兩岸和解了：國民黨開放民眾赴大陸探親，在從事兩岸交流時彼此不再稱對方爲「匪」或「僞」。

和《新聞業務手冊》緊密關聯的是《查禁圖書目錄》。這種目錄，從五十年代到七十年代均有不同的版本。其中一九七七年十月由臺灣警備總司令部主控出版的《禁書目錄》，第一頁「說明欄」如下：

一、查禁圖書法令依據出版法及其施行細節、社會教育法、戒嚴法、臺灣地區戒嚴時期出版物管制辦法、內政部臺（四十七）內警字第二二四七九號函、刑法二三五條。

二、查禁圖書目錄之編印：按違反出版法、戒嚴法編列，另附查禁外文圖書、查禁雜誌、暴雨專案三部。查禁圖書目錄編列，按書名筆劃順序排列。

三、查禁目錄所列「查禁原因」註明違反法令之條款，條項以中文數字書寫，款以阿拉伯字書寫。

四、本查禁圖書目錄由臺灣省政府、臺北市政府、臺灣警備總司令部共同編印。

五、使用查禁圖書目錄應注意：凡有下列情形之一未編入目錄者，概予查禁，如匪首或匪幹及附匪分子之著作及譯作，以及匪僞書店、出版社出版之書刊。此外，還包括未經獲准進口之外文書刊和僑辦書刊，未經獲准登記之雜誌，違反刑法二三五之誨淫書刊，違反內政部臺（四十七）內警字第二二四七九號函之畫（影）及圖（照）片。……

這裡講的「暴風雨案」，是指查禁大陸乃至香港的武俠小說，詳見本書第三章。關於「出版法」，歐美國家根本沒有這種法律，其中美國憲法甚至規定不得制訂任何法律限制言論自由和出版自由。胡適在一九五八年四月十七日也曾在他的工作單位中央研究院接見各媒體記者就「出版法」修正案問題，發表看法：必須樹立新聞言論自由的基本觀念，不經過司法手續而經由行政官署對出版機構警告、停刊、撤銷登記的處分，總是不好的而危險的，因而他認為修正出版法時機還不成熟。官方對此應該十分慎重，以免投鼠忌器。關於與《出版法》相關的《查禁圖書目錄》的查禁說明，好似相當明細，其實讀之如嚼雞肋。用不著這樣囉哩囉嗦，用下列文字就會明白易懂，即禁書政策主要依據三類情況：一是書的內容有問題，如政治上攻擊「領袖」和體制，或內容黃色。二是書的作者有問題，即作者是共產黨員，或不是共產黨員而滯留大陸。三是出版單位有問題，如共產黨辦的出版社或左翼文人辦的出版機構。

上述情況中，最有爭議的是第二類。如作者有問題，舉凡著作出版在一九四九年以前，內容係純學術或純藝術，難道也要查禁？對此，當然不能一概而論。有不少未去臺灣的學者文人的著作，如陳寅恪的《論〈再生緣〉》、羅根澤的《諸子考索》、熊十力的《原儒》、陳恆的《佛教典籍概論》，還有梁漱溟、費孝通、雷海宗的著述，是臺灣高校必用或必備的參考書，查禁了必然會防礙學術的發展。對魯迅著作也要具體分析，如他的《中國小說史略》，毫無黨派色彩，學術價值頗高，且在民國時期出版，如查禁必然會讓書商影印和翻版。許多有識之士指出，不能因人廢言，如李何林一九四九年後雖然沒有再次到臺灣，但他的《近二十年中國文藝思潮論》，係一九三九年在重慶出版，這是研究中國新文學的重要參考資料。有人舉報此書是「共匪」編的（註三），其實「共匪」並不買他的帳，如李何林在六十年代初因發表有關文學理論的所謂「小問題」，提倡寫眞實而受到批判，故無論是該書的出版時間、內容及出版地點和作者後來的遭遇而言，籠統地說是「共匪」所編便要查禁，沒有充分的說服力。這種以人廢文、因地廢人的做法，是很不科學的。爲了應對這種書檢規定，很多人就把翻譯的書寫成「本刊編輯委員會譯」，或者用外國人的名字迷惑對方。像魯迅翻譯的書，在臺灣與讀者見面時，便用這種方法處理。本來，書都是名著，內容本身沒有任何問題，但因爲譯者是左翼文人，所以也就成了「問題書」。

《查禁圖書目錄》不管是哪個年代的版本，均大同小異，它是臺灣實行戒嚴進入戰時體制的產物。

它禁止左翼思想的發生和傳播時破壞了學術自由。主事者初衷是想確保臺灣的治安穩定和「自由中國文壇」的發展，以建立對抗紅色中國的「反共基地」。這只不過是以戰時體制、戡亂時期情況特殊作爲合理化藉口，以此發布名目繁多的《查禁圖書目錄》，達到扼殺思想自由、出版自由、創作自由的目的，最終以確定三民主義及其派生的「戰鬥文藝」生產的合理性和霸權地位。

面對查禁書刊歷史，至少有兩種立場，一是遺忘，認爲查禁制度隨戒嚴令的廢除而終止，以後書刊的出版就自由了。其實，書刊出版任何時候都不可能是純業務型的，它與政治緊密相連。不管是誰執政，都有自已的新聞出版紀律。一旦不合這個「紀律」的書刊，即使不查禁也會受到打壓。二是拒絕遺忘。戒嚴法及其派生的《新聞業務手冊》雖然進了歷史博物館，但從文化的角度看，意識形態的「戒嚴」依然沒有消失，只不過是換了新面孔出現。這是因爲戒嚴文化是一種特定的現象，它有著深遠的封建文化背景。只要與執政黨政治話語不一致，出版物就會受到限制和壓制。這戒嚴文化本屬於當代歷史的活化石，正可以時刻警示我們勿忘戒嚴，時刻警惕查禁書刊制度的死灰復燃和變相的捲土重來。

第三節　文化清潔運動

客觀地說，兩岸搞政治運動儘管火藥目標南轅北轍，但在形式上卻非常相似，王鼎鈞就曾談到自己根據《詩經》〈汝墳〉篇構想了一個情節：魴魚發怒時尾巴變成紅色，那一定是忍無可忍了罷，這使人感到害怕，好像將要發生不可測的行動，便借著故事人物的口吻說：「你不可欺人太甚！」寫這個小故事只想炫耀自己博學，可在號稱「恐怖十年」的一九五〇年代，被「檢肅匪諜」辣手無情的圖書檢查官發現，便惡狠狠地指著王鼎鈞的鼻子：「你們這些臭文人這套把戲我看得很清楚，魚代表老百姓，紅色代表共產黨，你分明是鼓吹農民暴動！」原來深文周納的姚文元不僅大陸有，臺灣也有，而且比大陸早出十年。（註四）正是在這個意義上，臺灣五十年代開展的文化清潔運動，也不妨視爲一場小型文革。

臺灣一九五四年展開的文化清潔運動，由當時最大的作家團體——中國文字協會策動及執行。名義上是爲響應蔣介石發表〈反共抗俄基本論〉、〈三民主義的本質〉、〈解決共產主義思想與方法的根本問題〉、〈總理知難行易學說與陽明知行合一哲學之綜合研究〉等一系列文章和演講。其中蔣氏寫於一九五三年，正式確立其爲孫中山提出的三民主義繼承者兼發展者形象的《民生主義育樂兩篇補述》，多次論及文藝問題，提示「民生主義社會文藝政策」的重點與方向。該文指出：「舊社會組織既不能適應工業革命，就要流於瓦解。我們中國近三十年來的趨勢，最主要的就是農業已趨凋敝，工業未能順利發達。舊社會組織瓦解，新社會組織還沒有完成。」在新舊社會交替期中，舊社會的文藝是「一般特權階級之士大夫，往往獨占文壇，玩弄其繁瑣的格局，保守其僵化的形式，民間文學反而埋沒。」而新社會的文藝則趨於商業化。「書賈爲了把握文學作品的銷暢，只有迎合一般群眾的胃口，便阻礙了文學走上眞摯和優美的道路」。

除以上內容外，《民生主義育樂兩篇補述》還論述了音樂、繪畫、雕刻、電影、廣播等藝術形式的創作方向問題。其中談到電影和廣播時，指出「電化教育事業必須先要由國家經營，……以達成保持與增進國民心理康樂的目的」，並批評「外國電影是商業化的娛樂品，我們的文學與戲劇便在這商業化的影響之下，走向墮落的道路。」作爲政治家的蔣介石，他談文藝主要從政權需要出發，所強調的是內容的重要性。他將中國的傳統文化與當代臺灣文藝緊密結合在一起，以「中國過去的學術文化界」的傳統風尙（如「講究個人品德的修養與性情的陶冶」）作爲文藝家們借鑑的對象，所強化的是他本人爲中國文化傳統當然繼承者的形象，以便和大陸提倡學習蘇聯文學、運用馬克思主義指導文學創作形成鮮明的反差，另方面也是將矛頭對準臺灣社會內部要求國民黨開放政權和實行民主的自由勢力。

同年，官方控制的「中國文藝協會」爲了效忠當局和貫徹蔣氏講話精神，公布了〈中國文藝協會動員公約〉：

我們願意貢獻一切力量，爭取反共抗俄戰爭的勝利，並爲厲行國家總動員法令，各自努力本位工作，經鄭重議定下列公約，保證切實履行，如有違反，願服從衆議，接受嚴厲的批評和制裁，決無異言。

一、恪遵政府法令，推動文化動員。
二、發揚民族精神，致力救國文藝。
三、團結文藝力量，堅持反共鬥爭。
四、厲行新速實簡，轉移社會風氣。
五、嚴肅寫作態度，堅定革命立場。
六、鞏固文藝陣營，注意保密防諜。
七、加強研究工作，互相砥礪學習。
八、集會嚴守時間，力求生活節約。

這種「公約」，以文藝之名向當局表忠心。而「接受嚴厲的批評和制裁」云云，正可見文壇上所籠罩的嚴酷政治氛圍。更值得注意的是「中國文藝協會」發動會員「展開熱烈研讀，前後舉行座談二十四次，發表文章三十萬字」，最有代表性的是一九五三年十二月發表的該協會全體會員學習〈《民生主義育樂兩篇補述》的心得與建議〉，除宣揚蔣氏的「偉大貢獻」外，還請求「中央委員會」從速制定「民生主義社會文藝政策」。「中國文藝協會」又於一九五四年五月四日集合了陳紀瀅、王平陵、陳雪屏、羅家倫、任卓宣、蘇雪林、謝冰瑩、李辰冬、趙友培、何容、王藍、馬壽華、何志浩、耿修業、梁中銘、宋膺、喬竹君、王宇清、王集叢等人成立「文化清潔運動專門研究小組」，負責研究如何會同各界開展這項運動。後來決定由會方發表書面談話，暗示運動即將展開。值得注意的是，蔣介石在《民生主義育樂兩篇補述》中只提到「國民不是受黃色的害，便是中赤色的毒。」但是到了陳紀瀅以「某文化人士」的名義在一九五四年七月二十六日的《中央日報》、《臺灣新生報》上正式提出「文化清潔運動」的口號時，卻多加一條「黑色的罪」。中國文藝協會常務理事及國民黨內「文藝協會黨團」的幹事會書記陳紀瀅指出：「文化清潔運動」也可以叫做「除文化三害運動」。這是兩年前鑑於不少出版商專門編印誨淫誨盜、造謠生事、揭發隱私的書籍而提出「肅清文化陣容」口號的發展。鑑於「黑色新聞」勢力非常強大，他們常依仗「誰來管我，先內幕誰一番」，因而許多部門無奈他何。這次「某文化人士」談話一發表，立即受到內幕新聞雜誌的圍攻，但鑑於陳紀瀅的談話不代表個人，因而他並不怕別人報復。

一九五四年八月七、八日，陳紀瀅和王藍以「中國文藝協會」代表人物身分正式亮相：嚴厲呵斥「赤、黃、黑」三害，並表明「中國文藝協會」願意充當除「三害」的前驅，從而正式揭開了「文化清潔運動」的序幕。紀弦曾作〈除三害歌〉爲「文清」運動喊出口號：

除三害！除三害！
赤色，黃色，黑色的毒素，
不能讓它存在：
不編，不寫，不看，
不印，不買，不賣，
不唱，不聽，不說，
不演，不畫，不刻，
不跟那些敗類來往。

除三害！除三害！
三害不除，大家危殆。
愛國家，愛民族，
有熱血，有志氣，
站在反共抗俄大旗下的
自由中國各界，
快快一致團結起來，
厲行除三害！（註五）

無論是蔣介石還是陳紀瀅所講的「赤色之毒」，均是指宣傳共產主義及過高估計蘇聯及中國共產黨的力量。「黃色之害」是指低級下流的色情作品和誨淫誨盜的圖文。「黑色之罪」，是指用誇張渲染手法寫黑社會殺人越貨、走私販毒黑幕的作品，其中包括有的報紙雜誌與通訊社虛構大陸新聞而美其名曰揭發內幕的報導。像主持《臺灣新生報》副刊的傅紅蓼，原就是「鴛鴦蝴蝶派」的成員。在他控制下的副刊，均為一股黃色乃至黑色的文藝氛圍所籠罩，並影響著別的報刊。在某種意義上說，「文化清潔運動」就是針對該報的。正如一位文學史家所記載：「臺灣當時，既然這樣受大陸局勢惡化的影響．在文壇方面，便呈現著『動亂、灰色和黃色』。方形的黃色雜誌和報導內幕的雜誌很多，裡面的東西不是黃得一塌糊塗，就是捕風捉影的似是而非的戰局內幕，和一些私人生活的內幕。報紙副刊的文章，充滿了名人以及名女人軼事，陳舊不堪的掌故，『鴛鴦派』的抒情，以及庸俗酬唱的舊詩詞。有多少文人噤若寒蟬，不敢說話，也不敢發表文章；有多少文人寫著『大腿、櫻唇、隆胸、豐臀』的黃色文藝，和胡扯八道的洋幽默。」（註八）

從文學反映現實的角度看，黃色和黑色文藝倒是適應了動盪時代變化的需要，也是統治者麻醉人民的一種必要手段。而掃黃反黑「不過暴露了以政治強力干預文藝活動，以蠻力扭曲現實的強悍作風，並開始了永不歇止的文藝箝制政策。」（註七）這裡講的「政治強力」，包括官方控制的文藝團體和報刊一起動員和上陣推行「文化清潔運動」，分別在臺灣、軍中、空軍、警察廣播電臺舉辦專題講座，前後達七十四次。八月九日，包括一五五個社團的五百餘人連署，同時在各報發表〈自由中國各界為推行文化清潔運動厲行除三害宣言〉。其中較突出者如政界的民社黨負責人徐傅霖、蔣勻田，青年黨領袖余家菊，教育界如臺灣大學校長錢思亮、臺灣省立師範學院（今臺灣師範大學）校長劉眞，還有當年的十家大出版單位及九十三種雜誌都加入了除「三害」的大合唱，連朝鮮戰爭結束後遣送的「反共義士」王建國等一萬四千多人也表示支持這一「文化清潔運動」。至於蔣經國的軍團系統，則以中國青年寫作協會（簡稱「作協」）所發表的〈我們對於文清運動的認識〉作爲響應：除表示支持這個運動的開展外，還特別指出除三害還應加上爲害甚烈且隨處可讀到卻又不引起人們重視的粗製濫造的小說散文、看不懂的新詩和舊體詩、主題不明確的劇本、內容貧乏的文藝理論，這些也應該加以掃蕩。這表面上看「作協」比「文協」高明，其實暴露了軍中文藝系統比「文協」更激進，更想「橫掃一切牛鬼蛇神！」

由於動員面是如此之廣，乃至事後有小型文革之稱的「文化清潔運動」，其涉及的不僅是文藝界，而是整個文化界。其中反黃、反黑在客觀效果上雖然有一定的積極意義，但反「赤」則純是禁錮言論自由、以通匪爲藉口修理異己，由此實施以打擊「赤害」爲名的恐共統治的一種專制手段。可見「文化清潔運動」並不是單純的文化運動，而是由官方支持的一項政治整肅運動。正因爲反「三害」的重點在反赤，而反赤又是爲了統一思想、除掉異端的聲音，因而這一運動「馬上引起很大的爭論。而所謂爭論，是官方的報章雜誌與非官方的報章雜誌對這個問題的看法竟不一致。」（註八）民營報紙曾「平心靜氣地對這個問題給予極客觀的分析」：「他們並非無條件的承認三害之形成及存在，而是進一步分析三害形成及存在的主觀原因。這與政府的文化政策有密切的關係，與社會的文藝活動更有關係。……由是觀之，『反三害』不僅揭示了臺灣文化界黑暗之一面，亦暴露了文化與政治之間的若干矛盾。如果大家有勇氣承認這個矛盾的存在是在嚴重打擊了自由文藝運動，那麼，我們更要有勇氣來實行消滅這個矛盾的必要工作。庶幾作家們與文化人能夠安心的爲自由文藝運動而盡更多的努力。」

爲了清除對「文化清潔運動」的不同意見，《中央日報》於一九五四年八月五日發表了〈文化清潔運動〉的社論，爲蔣介石的號召作理論註釋。當時頗有影響的《中華日報》、《新生日報》也於同年八月七日、八日發表了「反三害」的文章。《公論報》、《聯合報》爲「文化清潔運動」大吹大擂。九月十五日出版的《文壇》第三卷第一期，還製作了「文化清潔運動」專輯。這次行動不僅將某些患軟骨症的文藝家們和作家們治得服服貼貼，而且也是張道藩借文藝整肅而擴大個人的實力的一次集中體現。

面對這種如火如荼的「反三害」運動，民營報紙缺乏應有的熱情，即使有文章發表也是持一種冷靜客觀的態度，這與官方報刊一窩蜂配合正好形成鮮明的對照。但當局推行「反三害」運動是鐵了心的。他們不僅大造輿論，而且動用行政手段，於一九五四年八月二十七日，通知臺灣省政府，立即處分下列刊物：一、《中國新聞》、《新聞觀察》、《紐司》、《聯合新聞》、《世界評論》等五種雜誌，作停刊十個月的處分；二、《新聞評論》、《自由亞洲》作停刊兩個月的警告；三、《婦女雜誌》、《新希望》、《影劇雜誌》，以停刊三個月作爲懲罰。這個決定由「內政部長」王德溥宣布，可見問題之嚴重。當局這種警察行動，引起文化界人士的普遍不滿。刊物本來就不多，現在有眾多刊物被迫停刊，使出版界顯得更爲蕭條。民間輿論還認爲，「反三害運動應該是純粹的文化界的任務。由文化工作者、作家們自己去檢討批評和改善」，（註九）而不應由官方使用強制性的方法去解決。現在這種做法，只能使人覺得臺灣「沒有言論與出版的自由」。（註一〇）

「文化清潔運動」像一陣狂風橫掃文壇，由於它破壞性大於建設性，故來得猛，去得也快。它給文壇帶來更多的是負面影響：

一、掃黃反黑的擴大化，把不是黃的、黑的，也打成黃、黑。如風靡一時的《野風》雜誌，就不斷受到衛道者的攻擊。該刊曾登過一篇署名「娓娓女士」所寫的作品，內容爲一個醜陋的女子單戀一位男青年的內心獨白，刊出後便引起一場風波，以致在「文化清潔運動」中，該刊被「中國文藝協會」改組。這個掃黃，帶有假道學的成分，如新聞局規定查禁的標準是「三點不露」，可《中央日報》一九八五年一月九日刊出〈小偷與上帝〉影片的劇照，一位女子「著蟬透之衫，露峰起之奶，左右奶頭」無不清晰可見。李敖在致國民黨「新聞局長」的一封信〈誰露了奶頭？〉中說：我「不是反對貴黨第一黨報登裸照，正相反，我是讚成登裸照的。我始終相信一代尤物，把她的裸體流傳古今，雅俗共賞，亦大佳事，人人都願意看，看了皆大歡喜，用假道學幹什麼？可嘆的是假道學的是你們，你們訂了『三點不露』的標準，自己又不能遵守。」（註一一）事實上，官方一邊高喊拒讀淫穢書刊，可收繳後，一些執法人員又帶回家中偷偷欣賞，這不是假道學又是什麼？

二、反「赤害」同樣嚴重擴大化，當時被視爲「以隱喻方式爲匪宣傳」查禁的武俠小說就多達一千多種。一九五五年，「文協」爲了擴大戰果，又繼續開展反黃色作品運動，舉辦「清除黃色作品專題廣播」，「擴大反黃色作品的社會運動」、「參加拒讀不良書刊運動」，這些連續不斷的運動固然掃除了一批黃色刊物，但更多的是把並非黃色書刊打成淫穢書刊，由此造成了一片白色恐怖氣氛，以致使不同政見、文見的作家的創作積極性受到極大的打擊。至於「文化清潔運動」於一九五四年九月告一段落後緊接著「遏阻盜印惡風」的作法，則在某種程度上起到了阻嚇盜印惡風的作用。

第四節　拒讀不良書刊運動

在有識之士的抵制下，以除「三害」爲宗旨的文化清潔運動，並沒有收到理想的效果。雖說處分了一些刊物，但並未從源頭上清除產生「三害」的社會基礎。爲彌補這一點，官方又於一九五八年發動了拒讀不良書刊運動。這個「運動」的理論依據仍然是除「三害」的顏色論述，這可視爲除「三害」運動進行得不澈底的「補課」。

乍看起來，「不良書刊」當然不能讀，可當局的「不良」標準是攻擊領袖和醜化政府，因而這場運動打擊的重點對象是胡適任發行人、雷震實際主持的《自由中國》。在這種脈絡下，流行的言情小說也被指責爲阻礙中華文化復興運動發展的絆腳石，屬腐蝕國民心理健康的毒品。

五十年代的文藝書刊被檢查人員用放大鏡逐字逐句審查，遺憾的是他們不懂得文藝創作規律，再加上急功近利，因而這種查禁極不澈底。所謂「赤色之害」如果是針對大陸，畢竟時空距離遙遠，因而只好找島內的所謂「赤色」書刊開刀。可島內的刊物並沒有人敢明目張膽宣揚共產主義，更沒有去呼應對岸的「肅清反革命運動」，故這次拒讀不良書刊的對象，只不過是不讚成官方的專制和霸權統治，對國民黨的政策發出不協調的聲音而已，其顏色既不是「赤」，亦非「黃」和「黑」。可在官方的眼中，誰對抗體制，批評政府，就是「赤色之害」。在這種「理論」指導下，《自由中國》不幸成爲拒讀不良書刊運動的主要靶子。

《自由中國》並不是文藝刊物，而是政論雜誌，籌備於國共內戰末期的上海。主事者原先想辦一份日報，後因戰亂改變計劃，由報紙轉爲定期出版雜誌。掛名發行人的是大名鼎鼎的胡適，眞正操刀主持者爲曾代表蔣介石參加國共和談的雷震，社址就設在他家中。該刊編輯成員約有十人，其中有臺灣大學哲學系教授殷海光、臺灣大學中文系教授毛子水等人，辦刊宗旨是「凡能給人以早日恢復自由中國的需要，和鼓勵人以反共的勇氣的文章，都爲本刊所熱烈歡迎。」

《自由中國》所發的文章雖然標榜反共，但也歡迎「其他反極權的論文、談話、小說、木刻、照片等。」所謂「極權」，當時的蔣氏政權便是典型的代表。蔣介石「違憲」要做「終身總統」，遭到民主人士的激烈抨擊。爲了監督「政權」的公信度和制止貪腐之風，《自由中國》倡議外省人和本省人聯合成立反對黨。這就踩了紅線，導致雷震身陷囹圄，雜誌也從此關門大吉。

作爲只有三十二頁的半月刊《自由中國》，其政論文章敢說敢寫敢罵。每期只有一至三篇的文藝作品，在一定程度也游離於主流論述，該刊甚至聲稱「反共八股絕不要」。該刊文藝欄所登文章雖然不多，但積少成多，據應鳳凰統計：十年間出版了二六〇期，登出約三百篇文學作品，「包括八部中長篇小說、三部劇本，及其他新詩、短篇小說、抒情散文、文學理論、書評等不同類別的文本，隱隱然呈現五十年代臺灣一個文化層次的風貌，文學的縮影。」（註一二）這些作品，雖然也有陳紀瀅《荻村傳》那樣的「反共八股」，但畢竟不多，如金溟若的〈篩〉，借幾個從大陸流亡到寶島的政客，含蓄地道出了國民黨爲什麼會在大陸節節敗退的原因。具有「反骨」的司馬桑敦的〈在寒冷的絕崖上〉，寫官員的貪污腐化，絕不亞於山下的共軍，讀之發人深省。至於女作家在《自由中國》發表的小說，其標題多半離不開風花雪月一類的事物，如張秀亞的〈白夜〉、童眞的〈春回〉、琦君的〈冷月〉、於梨華的〈帶舊的百合〉、聶華苓的〈晚餐〉、鍾梅音的〈湯餅會〉。作品的內容，幾乎都與「戰鬥」絕緣。特別是林海音發表的《城南舊事》，還有〈金鯉魚的百襇裙〉，都與女性的愛情婚姻作爲題材。這類作品有社會性、人性，缺乏的是戰鬥性。

不僅在創作上，而且在評論上，《自由中國》發表的文章也帶有反潮流的意味，如一九五四年十月，李僉發表的〈我們需要一個文藝政策嗎？〉，雖說是與李經的〈從文藝的運用性談文藝政策〉商榷，但暗中把矛頭指向當時的文藝政策制定者張道藩。正是這些文章的基調和傾向，被官方視爲必須清除的「雜音」。

拒讀不良書刊運動另一對象是黃色、灰色或多角戀愛的言情小說和「誨淫」書刊。奇怪的是，並無性教育或性衛生內容的瓊瑤小說，被認爲是鴛鴦蝴蝶派的作品，是「拒讀」的首要對象。其實，瓊瑤的作品比起後來流行的情色小說還有什麼器官小說，要衛生和清潔得多。並未寫下半身的金杏枝、唐賢龍的作品，也被認爲借言情腐蝕青少年心靈，不利於讀者的心理健康。一篇題爲〈掀起另一次文化清潔運動〉文章云：

> 如果我們縱步臺北街頭——其他各地市鎮均莫不如此，在所有的書攤間稍事瀏覽，我們可以看到各式各樣的內幕新聞雜誌懸掛四周，色情的猥褻的小說充斥期間，而那些來自香港或者在臺灣大量翻印的原爲匪方出版的武俠小說，更是不計其數。（註一二）

這裡把武俠小說列入不良書刊，不禁令人啼笑皆非。但在戒嚴時代，秀才遇到兵，有理說不清。關於查禁武俠小說，參看本書第三章。

即使到了八十年代，有情色內容描寫的小說仍視爲「不良讀物」。李喬的長篇小說〈藍彩霞的春天〉於一九八四年五月在《民眾日報》連載，作品所敘述的是姐妹花因窮困賣入娼家的悲劇故事。由「五千年出版社」出版二個月後，官方以「妨害善良風俗」爲由將其查禁。書中有許多性展示，對仍處半封閉的社會而言難以接受，但這只是表面理由，根本原因是李喬自稱是「臺灣主義者」而闖的禍。事後，據「臺獨」作家曾貴海的詮釋，女主角藍彩霞的名字意謂藍色天地下的彩霞，也就是國民黨政權下受害者的希望之光。男主人莊青桂這個名字以北京話和客家話讀起來都與「蔣經國」相近。這部女妓小說展開了莊青桂集團綿密不漏的監控、凝視和施虐情節，而藍彩霞受到長期的身心創傷後，終於覺悟並透過自我心裡的重建，意志力的召喚，果敢的以「刣魚尖刀」結束莊青桂的生命惡行。苦苓等人爲被誤讀的李喬打抱不平，出版社也向有關單位陳情，最終李喬接受建議，修改一些段落，才得以在封面上標明限級（成年人才能閱讀）面世。即使這樣，仍株連出版社遭致關閉。

註釋

一　中央改造委員會編：《中國國民黨中央改造委員會一年來工作報告》（臺北：中央改造委員會，一九五〇年），頁五〇～五五。

二　臺　北：正中書局，一九七五年六月。

三　佚　名：〈請取締匪書〉，臺北：《自立晚報》，一九七二年十一月十二日。這裡說的「匪書」，即李何林的《中國新文學研究參考資料》，原名爲《近二十年中國文藝思潮論》。

四　王鼎鈞：《文學江湖》（臺北：爾雅出版社，二〇〇九年）。

五　紀　弦：〈除三害歌〉，臺北：《文藝創作》第四十六期，一九五五年二月，頁四四。

六　劉心皇：〈自由中國文學三十年〉，《國立編譯館館刊》第九卷第二期。

七　彭瑞金：《臺灣新文學運動四十年》（臺北：自立晚報社文化出版部，一九九一年），頁七〇。

八　李　文：《當代中國自由文藝》（香港：亞洲出版社，一九五五年），頁二四一。

九　李　文：《當代中國自由文藝》（香港：亞洲出版社，一九五五年），頁二四二。

一〇　李　文：《當代中國自由文藝》（香港：亞洲出版社，一九五五年），頁二四二。

一一　李　敖：《李敖雜寫》（北京：中國友誼出版公司，二〇一一年），頁六五。

一二　應鳳凰：《五十年代臺灣文學論集——戰後第一個十年的臺灣文學生態》（高雄：春暉出版社，二〇〇四年），頁一二二。

一三　作者爲朱白水，載臺北：《革命文藝月刊》一九六一年五月號，頁三。

第二章　文藝控制無孔不入

第一節　禁止香港《祖國周刊》進口

臺灣的文藝書刊查禁，從島內查禁到「海外」（註一）。香港出版的《祖國周刊》和《八方》分別被查扣和沒收，就是一例。

《祖國周刊》於一九五三年一月創辦，一九六四年四月改爲月刊，一九七二年十二月另改爲《中華月報》，一直到七十年代中期停辦。據余英時回憶：它標榜民主自由和維護人權。雖係第三勢力所辦，但就反共這一點來說，和臺灣是五十步笑百步而已。

和一般反共刊物不同的是，《祖國周刊》意識形態路線不那麼僵硬，它注重中國傳統人文精神的繼承，給反共披上了一層學術外衣。著重研究中共問題的友聯集團及一九五一年四月創立的友聯出版社，和後來創立的新亞書院關係，文化名人錢穆和唐君毅一直成爲《祖國周刊》的骨幹作者。和他們意識形態接近的牟宗三、徐復觀，也是該刊的重要撰稿人。余英時認爲，就「友聯」諸君子努力接續中國人文傳統，與西方現代文化不是衝突關係而是相互補充來說，《祖國周刊》和《自由中國》乃至《民主評論》，均取開放路線，沒有把自己封閉起來。

作爲民主加反共雜誌，《祖國周刊》視內地爲「祖國」，這值得充分肯定。由於學者爲該刊撰稿的主力軍，故他們的文章措詞比較溫和，一段時間臺灣當局也認可其政治傾向，允許在寶島銷售。由於

「遠來的和尚好念經」，其影響力絕不低於臺灣的同類刊物。儘管它也不認同大陸政權，但「反」的角度與臺灣有所不同，甚至還刊登有批評臺灣意識形態過於死板的內容，因而觸怒了臺灣當局：一九五九年，國民黨正式吊銷了《祖國周刊》的進臺准可證。一九五九年三月一日出版的《自由中國》，由此發表了很具殺傷力的〈治安機構無權查扣書刊——從《祖國周刊》被扣說到書報雜誌審查會報之違法〉。《祖國周刊》在一九五八年五月五日出版的第二十二卷第五期中，還說：「周刊」「始終在若辦若續的半停頓狀態。有一隻冥冥的黑手，在阻擾本刊進臺。」（註一）這「黑手」既不是警察局，也不是教育廳或僑委會、外交部、內政部，更不是國防部總政治部，而是主管宣傳和教育的國民黨中央第四組。

當時臺灣很有影響力的民辦報紙《公論報》，一九五九年十月二十六日發表〈聞香港《祖國周刊》禁止內銷有感〉的社論，義正辭嚴痛斥國民黨「反民主憲政的高壓措施，爲親者所痛，爲仇者所快」：

> 像《祖國周刊》這樣反共有決心、言論有分量的刊物被禁內銷，該刊本身並沒有什麼損失……，但在政府的信譽方面，其損失實在無法予以估計（註二）。

這段話還指出《祖國周刊》的內容爲反共，可反共的刊物居然被查禁，豈不成了荒天下之大唐？這段話還使讀者充分認識到《祖國周刊》不論是在香港還是在臺灣，都有舉足輕重的地位，其影響力任何人都無法抹殺。

國民黨之所以反對《祖國周刊》刊行，是因爲該刊不同意蔣介石第三次連任臺灣地區最高領導人。根據一九四七年元旦國民政府頒布的《中華民國憲法》，「總統任期六年，如再連任也不能超過十二年」，蔣介石於一九四八年開始當總統，在退守到臺灣後於一九五四年連任一屆，到一九六〇年屆滿，按規定不能再競選第三任。但心懷「反共」歷史大業的蔣介石想做終身總統，其御用文人爲了合理化總統連任制舉措，便用各種方法證明蔣介石競選第三任沒有「違憲」。於是，該年國民大會以「起立鼓掌」的方式通過修訂「動員戡亂時期臨時條款」，使總統、副總統任期不受限制，毫無意外的在「萬眾擁戴」下，高票當選，而蔣介石亦得以不受憲法規範，連續擔任五任總統直到其一九七五年逝世爲止。但當時臺灣的有識之士，尤其是胡適領導的《自由中國》，並不買帳。爲了給對方面子，《自由中國》聲稱是對事不對人，是爲了維護憲法的嚴肅性。島外的香港的一些知識分子和島內的胡適、雷震互相唱和，堅決反對蔣介石不顧民意「毀憲連任」。海外民主黨派和自由人士，從香港到東南亞，到日本乃至美國，不約而同地參加了這場爭議和鬥爭。這鬥爭充分表現在香港的「友聯」各部門齊心合力動員署名參與反蔣運動，《祖國周刊》便處在輿論的漩渦，扮演著「海外輿論中心」（註三）的角色。如左舜生等七十人最後一篇聯合聲明〈我們對毀憲策動者的警告〉，便首刊在一九六〇年二月十七日出版的《祖國周刊》。

到了八十年代，香港的反共刊物式微，但自由主義者出版了一種文藝叢刊，儘管沒有激烈的言論，也爲國民黨「海外工作委員會」所不容。據鄭樹森回憶：一九七九年由戴天領銜主辦的《八方》雜誌問世不久後，寄到臺北時常常被沒收。該刊第二輯刊登陳映真入獄前的作品，此外又有大陸來稿。該刊第三輯還刊登楊牧爲民進黨前主席林義雄滅門慘案致哀的詩。該刊其中一位負責人黃繼持相當左傾，他支持香港中文大學學生會主辦的《中大學生報》，出版過「批鄧、反擊右傾翻案風」專號，香港的國民黨特務爲此約該刊編輯古兆申見面，向他傳達臺北有關部門認爲《八方》是中共地下支持的文藝刊物，用文藝的旗號進行統戰工作，這完全是無中生有。《八方》後來仍然在出版，但編輯們都膽戰心驚，生怕有牢獄之災，一直維持到一九九〇年停刊。（註四）

第二節　張道藩的一次意外

「中國文藝協會」是蔣介石親自批准、於一九五〇年五月四日成立的領導全島文人「反共抗俄」的文藝團體，該組織不設理事長，只有三位常務理事：張道藩、陳紀瀅、王平陵。當「國軍文藝運動」興起大有取代「文協」勢頭時，陳紀瀅當面請示蔣介石：「文藝工作到底由誰領導？」蔣立刻回答：「由道藩同志領導。」（註五）

作為蔣介石的親信，張道藩完全稱得上是臺灣的「文藝總管」。他還做過九年的立法院長，期間曾辭職十五次，每一次均為蔣介石慰留（註六）。但就是這樣一位政治上打了包票的文壇首席長官，也發生過一次「意外」。那是一九五三年，張道藩剛登上立法院長的寶座，便召集「中國文藝協會」小說組學員茶敘，希望他們起來創作「反共文學」。張道藩親作示範，改編了一首明朝人寫的歌謠，他十分得意站起來朗誦道：

老天爺你年紀大
耳又聾來眼又瞎
看不見人聽不見話

殺人的共匪為何不垮
大陸同胞活活的餓煞
老天爺你不會做天你塌了吧
……
孩子們我雖然年紀大
耳還沒有聾眼也沒有瞎
我還看得見人聽得見話
那殺人放火的不會永享榮華
那善良的人們不會完全餓煞
孩子們瞧著吧　萬惡的共匪一定垮

據王鼎鈞回憶，「五・四」運動的知名人士、曾任臺灣大學校長的羅家倫聽了後馬上說，明朝那首民歌原先是咒罵崇禎皇帝的，無形中同情李自成造反，天下後世已經把「老天爺」和「皇帝」合二為一，希望張道藩不要讓讀者誤解他的好心，為此得罪自己的主子蔣介石。王鼎鈞讚同羅家倫的看法，但張道藩認為他的主觀動機是用改寫後的歌詞反映大陸同胞的「痛苦和悲憤」，全文從頭至尾都貫穿反共主題，希望大家「照著我的理解來理解」。（註七）

張道藩把歌詞寄到美國，請名家趙元任譜曲，長期得不到答覆。過於自信的張道藩沒想到這可能是官方施放的某種信號，仍就近改請劉韻章作曲，「中國廣播公司・臺灣臺」於一九五三年十二月一日播出。誰料到這個新版本並未在民間流行，「原版本」卻趁此機會亮相：

老天爺你年紀大
耳又聾眼又花
你看不見人，聽不見話
殺人放火的享盡榮華
吃素看經的活活餓煞
老天爺你不會做天，你塌了吧！

在官方的辭典裡，「老天爺」幾乎是「老總統」的同義語，於是屬於軍方的「警備總司令部」下令查禁這首歌詞。王鼎鈞親眼見到新聞局彙編出版的查禁歌曲目錄，其中有一首〈老天爺〉，作者的名字赫然寫著「張道藩」。（註八）

張道藩曾親自下令查禁過許多文藝作品，想不到查禁竟查到自己的頭上，這也不難理解。「戰鬥文藝」的戰鬥對象在遙遠的大陸，鞭長莫及，故戰鬥的目標更多的是對內。不幸的是，「戰鬥文藝」的倡導者和執行者，這回充當了一次「戰鬥」的靶子。這和當年臺灣文壇多頭馬車前進有關。那時的國防部總政治部插手文藝界，張道藩領導的中國文藝協會便受到這個軍方機構的制約和肢解，如總政治部於一九五一年七月成立「中國美術家協會」，把中國文藝協會下屬的「美術委員會」成員全部拉過去。後來中國文藝協會改選，新任理事三分之二是軍中作家。軍權取代了黨權，這個所謂「全國文藝團體」的假象也就自然消失。這就難怪總政治部策劃的文藝活動，張道藩不再參與，只派趙友培作代表出席。一九五五年又發生「民族舞蹈」一案，有好事之徒檢舉中國文藝協會主辦的舞蹈節目中竟有蘇聯舞蹈，其實這是新疆少數民族舞蹈。這種魚目混珠的檢舉，純粹是拆張道藩的臺，正如王鼎鈞所說：「這一疑案直接造成張道藩主持的『中華文藝獎金委員會』停辦」（註九），由此瓦解了張道藩的工作團隊，如張氏的愛將虞君質被懷疑爲「匪諜」，另一張氏親信李辰冬被「流放」到新加坡去教書。（註一〇）但張道藩臨終前還不知道自己是如何失去文藝大權，對蔣經國那一路人馬排擠他、瓦解他的做法一無所知。正因爲他過分「愚忠」，又不再是臺灣的「文藝沙皇」，故軍方系統的「警總」才敢下令查禁他的〈老天爺〉這首反共歌詞。

雖然查禁制度爲維護蔣政權的安全起了重大作用，但文藝家們爲蔣政權所做出的巨大付出是以犧牲言論自由、創作自由、出版自由爲代價的。這種犧牲包括左翼作家，也涵蓋像張道藩這類少數反共文人。當個人表述與戒嚴文化發生矛盾時，文藝家與集體背道而馳的行爲便會受到審查、批判。本來，每個地區都有自己特色文化，臺灣自然不會例外，像禁書這類文化特色尤爲鮮明：文藝書刊及其作品這類文化產品在臺灣居然讓警察來審，這是別的國家或地區禁書政策難以望其項背的。可惜的是這些警察只會「武衛」不擅長「文攻」，對文藝完全外行，再加上查禁時寧緊勿鬆，以致將張道藩這類不該查禁的反共文藝作品遭到封殺。

第三節　大水沖了龍王廟

國民黨敗退臺灣後，反省丟失大陸的經驗教訓，其中一個教訓是不重視思想戰線尤其是忽視文藝對國民心理的影響。那時追隨蔣介石來臺的文化人，多數是所謂「忠貞之士」，對大陸一九四九年後建立的新政權懷有極大的牴觸乃至仇恨的情緒。他們飽嚐內戰的流離失所之苦，於是用一種極其悲憤的情緒抒寫他們對現狀的不滿。這種丟失政權的創痛，在反共小說中表現得極爲明顯。但對這種仇共情緒的表達，有不同的檢查標準。連「文藝總管」對這標準都無法完全掌握，造成一次「意外」，那一般不太聽話的文化人，其遭遇就更慘了。

這些遭遇更慘的文人，與官方查禁制度發生的矛盾，象徵著右翼文藝各自支持的「戰鬥」理念所做的政治性與藝術性的斷裂。如原爲東北作家的孫陵，來到臺灣後仍堅持其反共立場，創作了被稱爲「反共文藝第一聲」的歌詞〈保衛大臺灣〉。孫陵寫的這首殺氣騰騰的歌詞、一九五〇年被「中華文藝獎金委員會」欽定爲「反共抗俄歌曲」第一聲，但因題目與「包圍大臺灣」諧音而遭查禁。

哪怕政治上緊跟主旋律的文人，也會像張道藩一樣發生「意外」。如孫陵創作的約十二萬言、在臺灣出過第二版的長篇小說《大風雪》，描寫四十年代中國青年人的生活。作者自稱這是「反滿抗日」小說，官方卻不這樣認爲。在一九五八年二月二十八日，被臺灣省保安司令部以「四五安力字二三四號」通令全省警察局查禁扣壓（在四十年代，該書也因用借古諷今的手法罵了不少投機政客和文人，被張治中查禁）。這次查禁的一個重要理由是該書「立論觀點，在反對政府各種措施，刻畫政府官吏貪污低能，挑撥人民對政府之不滿」。可該書寫的並不是國民黨政府，而是充任日寇鷹犬的張景惠漢奸政府。臺灣省保安司令部連忠奸之別都分不清，又怎配審查書刊？查禁的另一理由是《大風雪》所使用的詞彙「大部分均係共匪所用」。這個理由是非常奇怪的：什麼叫「共匪詞彙」？保安司令部又不是文化機構，他憑什麼將中國文字分爲國民黨詞彙與共產黨詞彙兩大類？

眾所周知，文字是沒有階級性的。更何況，據孫陵自己申辯：該書不僅反滿、反日，而且對左翼文人多有抨擊之處。如該書有一個名叫「羅維奇」的人物，這是以蘇聯人多爲「某某維奇」之故，而取姓爲羅，亦寓有「俄羅斯信徒之意」。至於「羅維奇」之面部特徵嘴巴尖削、喉頭甚大，亦是影射時任桂林《救亡日報》負責人的中共黨員夏衍。而保安司令部人員毫無判斷能力，錯把反共的孫陵當作爲中共宣傳的左翼人士，這使未死於反滿時代的漢奸之手，未死於抗戰時代的日寇之手，而竟「死」於臺灣省保安司令部查禁官員的誣陷之手的孫陵，感到極大的冤屈。作者自然不同意這種「判詞」，便一再申訴，保安司令部聽後不但不開禁，反而增加其罪狀。

正是在這種種憂慮恐懼、悲憤痛苦長達十月之久的折磨中，孫陵於一九五六年一月患了嚴重的神經衰弱症，以致不敢與人交談，不能單獨走路，每晚要服安眠藥才能睡三、四個小時。除了身體健康大受破壞外，一切工作陷入停頓，收入斷絕，而醫藥費反而大量支出。孫陵平時沒有積蓄，他在病中一再尋思後只好上書前教育部長張曉峰，要求其主持公道。中間經過國民黨中央總動員會議文化組、總統府國家安全局詳加審閱，澈底調查，此錯案終於得到糾正，使《大風雪》未曾改動一字，又由臺灣省保安司令部明令解禁。

反共小說是以文藝形式表達對三民主義的信任，對兩蔣政權的歌頌，因而它不是一般的政治小說，而是一種特定形態的藝術品。只要還有藝術良知的作家，都不可能按官方的規範如法炮製。當作品涉及到獸性及怨恨心理與社會階級意識，關聯到個人主義、政黨鬥爭尤其是愛情小說的現代性自我與民族自決時，就會與查禁文藝書刊標準發生一定的矛盾。一旦發生矛盾，這種作品儘管標榜反共，作者政治背景也無可挑剔，同樣難逃「警總」的宰割。如穆中南於一九五三年由「文壇社」出版的長篇小說《大動亂》，次年即遭查禁。這篇作品以山東膠東爲背景，寫八年抗戰的艱辛。作品著重描寫一個從中興走向沒落的舉人家庭，一方面受日本軍國主義的壓迫，另一方面又有來自紅色力量的威脅。作品認爲：這來自內外的壓力，如匯成一股「大動亂」的洪流，那中國社會就可能會「國無寧日」。

作爲曾是「海軍軍官學校」教師後做外交官的司馬桑敦，人稱「慷慨悲歌之士」，他也愛「悲歌」時代之「大動亂」。與穆中南不同的是，他的《野馬傳》背景是在大陸東北遼東一帶。他寫國軍從北一路敗到南昌，主角一路走一邊說：「我們爲什麼敗了？爲什麼敗了？」其中主人公「野馬」也就是演員牟小霞，被賣給一個商人做姨太太，她後來的性格從溫柔走向剛烈，有點似蕩婦。爲了醜化左派，作者讓這種人加入八路軍，參軍後卻本性不改，還不斷給人製造麻煩，由此被小資本家乃至漢奸、左派利用，但牟小霞始終把愛情放在首位，向男權主義挑戰。「她在階級與醜陋的現實裡搖擺，終至於兩頭落空。……她爲了生存的尊嚴，必須與傳統道德、家庭，甚至於男人的權力世界鬥爭。」最後牟小霞被判爲殺人犯，還來不及審判和處決，小說就結束了。

這部長篇小說多災多難，司馬桑敦從一九五四年起在臺北先寫了五章，於一九五八年在香港《祖國周刊》連載了三十六期，一九五九年由香港右翼的友聯出版社出版。作者深知自己的作品雖然基調是反共，但也有不少離經叛道的地方，「警總」肯定通不過，因而一九六七年作大面積修改後自費出版，交文星書店發行。此書發行不到半年，果然就被內政部查禁。國民黨中央黨部第四組具體列出五點「政治不正確」之處，由《聯合報》轉交給時在日本的作者，其中一個罪狀是「挑撥階級仇恨，渲染造亂情緒，並暗示顛覆策略」，要求司馬桑敦答覆。作者深知鬥不過這些武夫，便按照規定將市場上的作品收還。直到一九八一年司馬桑敦在美國去世後，才由其妻子整理在美國出版。關於這本書的查禁經過——包括作者答覆國民黨第四組組長陳裕清的信，均印在國外出版的書上（註一一）。

官方對不符合規範的反共小說的查禁，來自三民主義意識形態對個人主體意識的壓抑。孫陵、穆中南的小說拒絕接受官方對「戰鬥文藝」的刻板理解，強力爭取民間的自由論述。他們所代表的民間反共立場，走到最後便難逃被消音的命運。

孫陵、穆中南對查禁他們著作的不滿，顯示了民間寫作對官方壟斷文藝論述的反抗。他們反抗的不是體制，更不是反抗「復國」，而是對抗御用文人的官式論述，拒排專政部門對他們強加的不實之詞。他們的發展空間雖然有限，但對後續民間寫作論述，有一定的啓示意義。

第四節　瓊瑤小說腐蝕國民健康？

瓊瑤（一九三八年～　），湖南衡陽人。自一九六三年發表小說《窗外》後，以三至四個月的速度寫一部長篇小說，一九九九年由臺北皇冠出版社出版有六十一種《瓊瑤全集》。

瓊瑤的小說，早期是讚揚美滿的愛情，少女們閱讀這些作品伴著自己成長。她那些愛情故事，含有濃郁的情感色彩，顯示出中國式的愛情、婚姻、家庭和傳統的倫理道德，其作品絕大部分被改編為電影、電視。瓊瑤的作品所代表的是一股唯美、唯愛的創作思潮，這是一個實力強大、擁有各項傳播媒體（含電影院、電視、出版社海內外銷售網、唱片公司）的強有力的集團。瓊瑤靠寫作致富後，在忙著周遊世界的同時，奔走於港澳之間去爲影界、出版界因搶印、搶拍她的作品而發生爭執打官司，同時還忙著督視拍電影等事宜。

還在瓊瑤六十年代崛起不久，李敖就寫了〈沒有窗，哪有《窗外》？〉（註一二），猛烈抨擊瓊瑤。但他並沒有主張查禁瓊瑤的作品。

在六十年代的臺灣文壇上，受到讚美最多的是女作家，因爲她們擁有更多的讀者；受到批評最多的也是女作家，因爲她們的創作確實存在著問題。在國防部主辦的《青年戰士報》上，由劉金田發難，拉開了查禁瓊瑤作品的序幕。他在〈把眼淚和血汗分開〉（註一三）中，批評華夏在〈致評論家們〉（註一四）中爲瓊瑤辯護的觀點，「認爲我們要毫不留情地把星星月亮派揪出來，打倒蒼白，打倒灰濛，打倒無病呻吟，澈底地建立起頂天立地的大好國民文學」。對出版社、廣播電臺、電影製片廠等傳播機構，劉金田認爲他們應「負起傳播『灰色』之責，都要拿出良心來自我檢討，都要虛心地接受廣大群眾對他們的聲討！」劉金田是從「戰鬥文藝」的角度去批判瓊瑤作品的，因而言辭激烈，這便引來沙穗的反批評。他在〈吃不到葡萄說葡萄酸〉（註一五）中，大肆讚美瓊瑤的作品可圈可點，甚至呼籲各階層人士必須讀瓊瑤的作品。這篇文章，又引來一系列的爭鳴文章，計有疏雨的〈我對當前文藝作品的看法〉（註一六）、華慕的〈激起良知和自覺〉（註一七）、夏鳳濤的〈可憐的掌聲〉（註一八）、壺中天的〈吃不到的酸葡萄〉（註一九）、鑠金的〈請勿混扯〉（註二〇）、金蕾的〈盲目的正義感〉（註二一）、子文的〈三思而動筆〉（註二二）、東郭牙的〈爲何不聞不問〉（註二三）、劉金田的〈拿出證據來了——兼答沙穗先生〉（註二四）。淩雲飛寫了〈風來水面紋〉（註二五），把上述文章對瓊瑤的作品討論統統給予否定，認爲這些評論並沒有針對作品本身，劉金田又寫了〈爲何而批評〉（註二六）回應。

《青年戰士報》副刊所組織的這場討論，是查禁瓊瑤作品的輿論準備，不服的瓊瑤辯解道：「我承認我寫作的範圍狹窄。女人的生活本來就很狹窄，這也是男女不平等的地方。好像我沒有在礦場裡生活過，又怎能瞭解礦工們的生活呢？……我想人生自古就離不開『情』這個字。這包括了父母之情、手足之情、師生之情。愛情是永遠寫不完全的。……我從不解釋我的小說，但這一點我要說明：許多（不是全部）悲劇都是自己的性格造成的，聰明人駕馭感情，愚笨的人爲感情所駕馭；而愚笨的人總比聰明人多。我所描寫的人是一些愚笨的人，給大家一些警惕。我當然希望世界上都是聰明的人。」

有軍方背景的評論家蔡丹冶、姜穆也分別在《青年戰士報》副刊的「新文藝」上，發表了〈論鴛鴦蝴蝶派〉、〈誰害了她〉。他們不像上述爭鳴文章就作品論作品，而著重在劃清嚴肅文學即「文藝創作小說」與「社會言情小說」的界限。

在臺灣，無論是李敖還是《青年戰士報》火藥味甚濃的批評，都未能阻止瓊瑤的小說成爲長期的暢銷書，都未能改變瓊瑤的文藝片成爲六、七十年代上半葉萎靡不振的國片市場中，唯一賣座不衰的電影這一事實。這是因爲社會環境過於封閉，人們需要從瓊瑤的小說中找精神慰藉。如六十年代在出口導向的經濟政策帶動下，臺灣經濟穩步成長，促成了中產階級的興起，並由此提高了群眾的生活水平，使他們安於現狀。瓊瑤對現實中敏感尖銳的矛盾鬥爭採取迴避調和態度的作品，正好適應了這部分讀者的要求。另方面，當時戒嚴還沒有解除，政治上的壓力造成人們心情的苦悶，這也需要借助情調溫軟、不食人間煙火的瓊瑤小說去解脫。尤其是一些女學生，異常嚮往瓊瑤式的「純情」，成天生活在瓊瑤製造的小說藝術世界中如痴似幻。當白馬王子未能追逐到後，有些意志薄弱者便接受幻滅，乃至走上自尋短見的道路。一九六五年《中華日報》刊登了王淑女因讀了瓊瑤寫師生之戀的小說而愛上自己的老師，老師沒答應她的要求而到海濱自殺的消息。到了七十年代，又有女學生首仙仙自殺命案爆發，同樣從她遺留的日記中反映出瓊瑤一類灰色文藝作品對她的毒害，社會上由此又掀起了批判瓊瑤作品的一陣聲浪。但由於聲勢不夠大，也缺乏權威人士的參與，因而這陣批判瓊瑤之風很快退卻下來。瓊瑤由此更加努力寫她的小說，眾多少男少女照例讀瓊瑤的書，看瓊瑤的電影，唱瓊瑤的歌，渴望當演瓊瑤電影的林青霞、秦祥林那樣的明星，渴望像瓊瑤一樣靠寫作住豪華公寓，去環遊世界。

在臺灣，「拒讀不良書刊運動」瞄準了所謂「腐蝕國民心理健康」的瓊瑤的作品。可檢查官不知道，她的作品滲透了中國式的人生、倫理道德、中國的人情味，尤其是在她的小說表現出來的中國女性的智慧、生活的涵養、靈秀的思維、柔美的筆調，是別的小說無法取代的。

第五節　林海音捲入的「匪諜案」

國民黨遷臺後，對文學的管控非常苛嚴，尤其是對報紙副刊要求肅清左翼文學的毒素，樹立三民主義的文學觀念。

創辦於一九五一年九月的《聯合報》副刊，開始帶綜合性，林海音一九五三年十一月接手時，雖貫徹了當局在政治倫理上的要求，但不是赤裸裸的宣傳，而是以純文學面目出現。擔任《聯合報》副刊主編先後還有平鑫濤、瘂弦、陳義芝、宇文正等人。

《聯合報》副刊（簡稱「聯副」）與《中國時報》「人間」副刊，儘管肩負著宣傳性的文學動員計劃的任務，但它畢竟不同於臺灣官方、黨方垂直控制的文化企業，更不像《中央日報》有鮮明的「黨性」。特別是後來，它們服膺的不再是政權的利益而是商業現實，其自主性在不斷提高，以致從一九七○年代後期起成了臺灣的兩大強勢副刊。在官方文藝政策瓦解的年代，它們取代了以往張道藩控制的「中國文藝協會」指導文藝運動的地位，引導著臺灣文學的走向。像鄉土文學的崛起、報導文學的繁榮，都和這兩大報副刊的提倡分不開。

「聯副」這一強勢地位的獲得，與林海音當年的拓荒分不開。可正當林海音在「聯副」工作開展得十分出色、贏得廣大讀者的信任和作者的愛戴，以至有「文壇保姆」之稱的時候，被莫名其妙的事情受到牽連而離開了「聯副」。當她在一九六三年四月二十四日離職的消息傳出後，給文壇及新聞界帶來不小的震撼波。不少作者問：「是我給你惹的禍嗎？」就連遠在香港的「聯副」作者徐訏也來信問：「是我給你惹的禍嗎？」每位作者似乎都在拷問自己的靈魂，生怕自己的文章在白色恐怖的年代給林海音帶來麻煩。到了一九九○年代，這一謎底已澈底解開，原來給林海音惹禍的不是徐訏這類鞭長莫及的作者，而是近在臺灣的詩人王鳳池。這位從一九五六年就加盟紀弦成立的「現代派」，用「風遲」之名在《現代詩》發表作品是高雄市新興區一位管戶籍的公務員，他讀了古希臘的《奧德塞》後創作了一首題爲〈故事〉的短詩，用「風池」假名（被認爲是「諷刺」之諧音）（註二七）發表於一九六三年四月二十三日「聯副」左下角——

從前有一個愚昧的船長，

因爲他的無知以至於迷航海上，
船隻飄流到一個孤獨的小島；
歲月悠悠一去就是十年時光。

他在島上邂逅了一位美麗的富孀，
由於她的狐媚和謊言致使他迷惘，
她說要使他的船更新，人更壯，然後啓航；
而年復一年所得到的只是免於饑餓的口糧。

她曾經表示要與他結成同命鴛鴦，
並給他大量的珍珠瑪瑙和寶藏，
而他的鬚髮已白，水手老去，
他卻始終無知於寶藏就在他自己的故鄉。

可惜這故事是如此的殘缺不全，
以致我無法告訴你那以後的情況。

當這首「疑似隱含政治批評」（註二八）的詩見報後，由臺灣警備總司令部保安處以第一速度察覺，後將《聯合報》副刊剪報送往軍事審查官偵查，認定此詩有嚴重的政治問題。在當天早晨，便由總統府出面打電話到《聯合報》，質問該報發行人王惕吾刊登此詩用意何在？後來《聯合報》還獲悉，已有人向內政部出版處和國民黨中央黨部主管文宣的第四組投訴：〈故事〉中寫的「愚昧的船長」係影射蔣介石；「飄流到一個孤獨的小島」明指臺灣；「美麗的富孀」暗指當局接受美援；「她的狐媚」是說美國用美麗的謊言欺騙當局；「免於饑餓的口糧」，是寫臺灣人民在「反攻大陸」的謊言下，過著窮困的生活；「他卻始終無知於寶藏就在自己的故鄉」，這簡直是要蔣介石卷被蓋回大陸，表明臺灣人民不歡迎他的統治……

林海音是自由派。她不管反共或不反共，也不把白色恐怖放在眼裡。她忠於自己的職責，不沾黨派灰塵，自認爲非常純潔，所從事的是純文學的編輯工作。這樣的編輯，當然不會是圖書審查官。長期的編輯生涯給她養成的不是政治嗅覺而是藝術觸覺，她不會也不善於往政治上聯想，壓根兒沒有把「船長」與「蔣介石」，把「美麗的富孀」與「美國」等同起來。她沒有也來不及更不習慣於去調查作者的政治背景。她不像《自立晚報》副刊主編柏楊喜歡干預政治，抨擊時政，更不似一些經過特殊訓練的文探，擅長從字裡行間找微言大義，她只知道「風遲」的署名係作者原名「鳳池」（而非「諷刺」）的諧音。她很可能只是從審美的角度出發，認爲這是一首敘事與抒情結合得很好的短故事詩，有古希臘荷馬史詩《奧德塞》的遺風，才將這首作品不自覺地選用了。

說到此詩的刊出，帶有相當大的偶然性，即「當天副刊編好後，發現遺下一小塊空白，而這一小篇短詩正好補上空白的位置，於是才臨時從編輯臺抽屜裡拿出來補發的」（註二九）。以林海音「常常夜半驚醒，想起白天發的稿子，有何不妥嗎？錯字改了嗎？」（註三〇）謹小愼微的作風，是不可能把明知有所謂反總統內容的作品加以刊出的。正因爲相信她的「純潔」，過去又未有過「通匪」的前科，且是文壇有極高知名度的女作家，故最高當局才會讓她辭職了事。要是換了別人，正如臨危受命接手她編副刊的馬各所說：一定會和作者風遲（王鳳池）一樣交付臺北縣生教所「感化」：坐上三年又五個月大牢。

下面是「臺灣警備總司令部」在一九六三年十月二十三日下達的「警審聲字第二十六號裁定書」：

> 因不滿現實，於本年四月二十三日以筆名「風遲」撰寫〈故事〉白話詩一首，發表於臺北市《聯合報》副刊，影射總統愚昧無知，並散布政府反攻大陸無望論調，打擊民心士氣，無異爲匪張目。按經本部保安處查覺，訊據被告坦承無隱，並剪附《聯合報》之副刊，送經軍事檢查官偵查，認被告思想偏激言論荒謬，有矯枉過正之必要，聲請交付感化前來。

整個事件就在一紙辭職書與一紙裁定書中「結案」。一九六六年十二月十七日，王鳳池刑滿釋放後並沒有回到公務員崗位，而是改做中學老師，一直到一九八八年退休。

林海音則「化悲痛爲力量」，創辦了《純文學》雜誌，這「可以被解讀爲一種無言的辯詰，藉由將『純文學』一詞置於聚光燈前來重申文學應當有免於政治干預的自由。」（註二二）林海音極少談到這類干預，除了在回憶主編「聯副」的文章中抱怨，認爲這樣的吹毛求疵實在沒有必要。一九九八年三月二十日在夏家舉辦的林海音八十壽筵上，《聯合報》負責人特別感謝林海音當年爲該報「犧牲」、「勇敢地頂一頂」，雖然林海音從不認爲自己是在爲別人作犧牲。

事後許多人都想瞭解林海音當時的心情。爲寫《林海音傳》，夏祖麗在鍾肇政家裡看到了那次事件後的兩星期，林海音給鍾肇政的一封信：

……謝謝您的關心，我很好。事情也許不大，可是鬧大了些，所以大是有些因素的，但是我的純潔是各方面都瞭解的，所以並沒有遭受到外界傳說的可怕的事。我和報社也很好，是在和平的會談下辭去職務的。因爲我的朋友多，名氣大（一笑！），所以消息傳得也快、廣。有些傳言確實使我困擾，事情那樣突然、那樣緊張，怎不使人驚異呢！朋友們關心我、慰問我，這是人世間最寶貴的，我得到了，失去別的什麼都不要緊。休息在家，並不損失什麼，因爲我自己有許多事待料理，現在正是時候。現在，事情已經確實知道平靜下來了，沒有事了。您看，日子過得多快，半個月了！這次的事情，使我眞正體驗到的是：「吞下眼淚」是什麼滋味！我是喜歡笑的女人，但是喜歡笑的人，大半也喜歡哭，我不例外，我像一隻受了委曲的鳥，本應當大哭一場的，但是硬把眼淚吞下去了！

我現在正在完成改寫《今古奇觀》給東方出版社，然後整理《玻璃墊上》出版。不過因爲近日朋友邀請我吃飯游玩給我壓驚的太多，也耽誤了許多時間。

朋友們問到，就都替我謝謝和告訴他們我是安全的。

早些時就想聯絡由扶輪社推薦您爲文藝獎金候選人，但出了這事，顧不得，一看，日期已經截止了。又及。

海音

但這一堪稱「今古奇觀」的「船長事件」，畢竟嚴重傷害了作者、編者，同時也給臺灣文壇帶來了是否「安全」的巨大陰影。自「聯副」闖下這一大禍後，臺灣各種報紙副刊均不敢刊登新詩長達十三年之久。一直到一九七六年，《聯合報》、《中國時報》副刊才重新刊登詩作。

「聯副」的「船長事件」不禁使人想起文學與法律的關係，即影射算不算誹謗？從法律角度看，文章沒有用眞名實姓的，不構成名譽侵權。當然，這不是簡單的名譽侵權案，但此詩既然題爲〈故事〉，可見這不是寫實而是虛構。如果要問詩中的「船長」是指誰，可用「詩無達詁」作答。據於可訓所作的確無主觀的故意，但容易被人認爲有政治寓意的最新解釋：

荷馬史詩《奧德賽》中，確有一個情節，是寫希臘英雄俄底修斯在回鄉途中，漂流到一個海島上，被仙女卡呂普索挽留了七年，最後仙女才奉宙斯之命，放他還鄉。這大約就是引起作者的感想，因而創作了〈故事〉一詩的主要情節本事吧。詩中所說那位「愚昧的船長」，「在島上邂逅了一位美麗的富孀」，爲她的「狐媚和謊言」所惑，以致羈留十年，迷不知返，大約也是從這一段情節中衍化出來的。詩中寄寓作者來臺後的感想和牢騷，是毫無疑問的，但未必……「愚昧的船長」就是蔣介石，「孤獨的小島」就是指臺灣。我覺得作者當年既不可能有這樣的膽量，也不符合創作此詩原本是抒發讀書所感的本意（註二二）。

王鳳池是武漢大學文學評論家於可訓內子的親舅，開放大陸探親時，原籍黃陂縣的王鳳池兩次回鄉，曾送給他收有〈故事〉一詩的《素雲樓圖文集》詩文集，該書在〈後記〉中云：

警總認為係影射總統，裁定感訓三年。作者身心受創，固在少不更事，不知避嫌所致（註三三）。

於可訓解釋道：這最後兩句，「已經明白並說出了他這首詩並無『影射』之意。」（註三四）不過，歷來的統治者為維護自己的權益，均喜歡製造「詩禍」。六朝時的山水詩大師謝靈運，在〈登池上樓〉中寫道：「池塘生春草，園柳變鳴禽」。這是千古絕唱式的名句，正如金代元好問所說：「池塘春草謝家春，萬古千秋五字新」。可當時謝靈運卻因這兩句詩獲罪於皇上。理由是：「池塘者，泉川瀦溉之地；今日『生春草』，是王澤竭也。〈豳風〉所紀，一蟲鳴則一候變；今日『變鳴禽』，是候將變也。」這就是說，謝靈運是指桑罵槐，攻擊浩蕩皇恩已到日落西山的地步，一統江山眼看就要易主。這種「罪不容誅」的推論，導致謝靈運在廣州兵敗中被殺的一個重要原因。

在電網高懸、陰氣蕭森的「戒嚴」日子裡，號稱「自由中國」的臺灣，其實並無新聞自由和諷刺時政的創作自由。雖然這種日子已一去不復返了，但從這首惹禍的詩可看出當時「反共抗俄」年代人文環境的嚴酷。

第六節　「烏臺詩案」現代版

出生於上海、幼年時遷臺的詩人高準，在一九六〇年代末寫的詩作〈念故鄉〉中，朝向故鄉和祖國呼喚，也朝向心靈的夢境呼喚，並莊嚴地宣告：他的故鄉在中國，在中國大陸，這在戒嚴時代是需要勇氣的，尤其是該詩下面一段：

有時我夢中見你
那木橋成了鋼橋
那小路成了鐵道
那原野上百花齊放！

不斷抹黑大陸的國民黨反共教育，認爲神州大地經濟凋蔽，民不聊生，哀鴻遍野，而高準彈奏的故鄉之歌，卻充滿生命的活力和春天的氣息。因而有人借此向他發起攻擊，用大批判兼打小報告手段給高準戴「紅帽子」：他在歌頌大陸社會主義建設，在向對岸「投送秋波」。

在一九七〇年代中期寫的〈中國萬歲交響曲〉中，高準對俊美皎潔、地靈人傑的祖國深情地唱道：

我願你神州十億，人人盡是英雄！
我願你五湖四海，處處奮鬥著豪杰！

這裡將十億人民稱作英雄，與一九七〇年代《中央月刊》社論中，稱當時只有七億的大陸同胞全部爲「白痴」，也是針鋒相對的。針對這種「白痴」說，高準在一篇文章中氣憤地反駁道：「這眞是豈有此理，這簡直是對整個中華民族都否定了。我們不能對所有在大陸的人都盲目反對，也不能對大陸上的一切設施都盲目否定。」像大陸「要求爲人民服務，要求去私，不能說有什麼錯，也可以說是針對中國近代以來一些弊病而作的矯正。」後來〈中國萬歲交響曲〉發表時，又被修改爲〈中華民國萬歲交響曲〉。高準認爲自己歌頌的是整個中國而非哪一黨派控制的地盤，收入集子時又把題目改正過來。在忌談大陸的年代，高準寫這些詩，體現出一個眞正的詩人對民族精神的堅貞。他這些詩作及反駁污蔑他的文章，曾得到資深作家胡秋原的支持。

成立於一九七七年五月一日的「詩潮」詩社，其同仁主要有丁穎、王津平、高準、郭楓等人，後又有詹澈加盟。在一九七七年五月《詩潮》創刊號上，以顯著地位登出高準執筆的〈詩潮的方向〉：

一、要發揚民族精神，創造爲廣大同胞所喜見樂聞的民族風格與民族形式；
二、要把握抒情本質，以求眞求善求美的決心，燃燒起眞誠熱烈的新生命；
三、要建立民主心態，在以普及爲原則的基礎上去提高，以提高爲目標的方向上去普及；
四、要關心社會民生，以積極的浪漫主義與批判的現實主義，意氣風發的寫出民眾的呼聲；
五、也要注意表達的技巧，須知一件沒有藝術性的作品思想性再高，也是沒有用的。

這五大目標，概括一九七〇年代眾多詩人的努力方向和表現題旨，但由於該刊拖期嚴重，影響有限。《詩潮》的方向不僅與一九七〇年代主流詩壇不合拍，而且也與「鄉土文學」不完全相同，即它關心臺灣社會的同時，更關心整個中華民族。在批判現代主義方面和「鄉土文學」目標一致，但它所高揚的「民族文學」旗幟，其視野顯得更爲寬廣，即它心目中的「鄉土」，不局限於臺灣而包括大中華地區。該刊設的專欄，除有「詩潮論壇」、「新詩史料」外，另有「新民歌」、「工人之詩」、「稻穗之歌」、「號角的召喚」、「燃燒的爝火」、「純情的詠唱」、「鄉土的旋律」等。

在鄉土文學論戰中，高準再次被人落井下石。事情的起因係官派文人彭品光曾指責《詩潮》第一集封面封底設計，有遙遠的大陸，有海洋，有海島，天空和大陸是一片通紅，海洋和海島是一片黑暗：「所指爲何？相信大家都很清楚。」（註三五）高準辯解道：事實上，無論封面與封底，均無大陸，也無海島。唯一的罪狀大概是用了紅顏色。「紅顏色是不能用的嗎？這裡的旗幟不也是有大塊紅地嗎？」彭品光指控的另一理由是《詩潮》第一集爲「倡導工農兵文學的專輯」：一是《詩潮》包含有〈工人之詩〉、〈稻穗之歌〉與〈號角的召喚〉，這三組作品正是「工、農、兵」，也是「狼來了！」高準反駁說：《詩潮》在詩創作方面，一共分了九組，計爲〈歌頌祖國〉、〈新民歌〉、〈工人之詩〉、〈稻穗之歌〉、〈號角的召喚〉、〈燃燒的爝火〉、〈釋放的吶喊〉、〈純情的詠唱〉和〈鄉土的旋律〉。《詩潮》是以促進發揚眞正三民革命精神的文學爲總旨趣，所以這些詩的分組、編排上也照著民族、民權、民生的次序。〈歌頌祖國〉是發揚民族主義精神，〈新民歌〉是表現一種平易近人的民主風格，是發揚民權主義精神，〈工人之詩〉、〈稻穗之歌〉是發揚民生主義精神。關於工人與農人的詩篇，臺灣一向極缺，所以特別標示出給予園地。但〈號角的召喚〉卻不是以軍人爲主題的。這說明彭品光連依標題望文生義也沒有望對！（註三六）

余光中看到《詩潮》第一集後，很快地在《聯合報》發表〈狼來了〉一文，不具名地指控鄉土文學爲大陸工農兵文學。（註三七）一文。政工出身的詩人洛夫也立刻在一個座談會上加以引用，並以此作爲指控高準等人「提倡工農兵文藝」的佐證。過了幾天，余光中又從香港回來打電話給高準，高準問他「狼」是不是指討伐全盤西化現代詩的唐文標，余氏則回說：「老實說，對《詩潮》也沾到一點邊！」（註三八）在白色恐怖時期，一丁點牽強附會的風吹草動便足以將任何人事物羅織入罪，而余光中把不同文藝觀的作家推往紅色陣營而主張動武「抓頭」的舉措，是臺灣三十多年來大大小小的文學論爭中，鮮見有如此露骨的政治指控。和彭品光同調的彭歌點陳映眞等三人之名的〈不談人性，何有文學〉（註三九）與余光中的文章發表後，震撼了整個臺灣文壇。一時之間，造成了文壇風聲鶴唳，瀰漫著肅殺氣息。其後兩個月，指控者與被指控者展開了不同尋常的混戰。

說臺灣有「工農兵文藝」，這是誣陷（註四〇），但說臺灣有「工農漁文藝」，倒是事實。「工農漁文藝」作品以工人、農人和漁民這類底層人民爲表現對象，如楊青矗的〈工廠人〉系列四卷小說，十分眞切地反映了臺灣勞工的心聲。洪醒夫一九七一年代發表的〈跛腳天助和他的牛〉以及宋澤萊一九七〇年代後期發表的「打牛湳村」系列小說，表現了農村生活及其變遷。王拓一九七六年問世的〈金水嬸〉，係細說漁民生活的圖像。難能可貴的是，這些作家不怕右翼文人扣上「工農兵文藝」的紅帽子，堅持爲勞苦大眾發聲。

正因爲高準思想左傾，同情下層人民，故臺灣安全部門緊盯住他不放，以至《詩潮》出至第三集即被查禁。這是臺灣白色恐怖時期被查禁的第一本詩刊，同時也成了引燃鄉土文學大論戰的導火線之一。

一九七九年，高準出了自選詩集《葵心集》，因選用陳映眞拍攝的向日葵作封面而遭查禁。據情報部門說，向日葵是大陸的「國花」，其實大陸從沒有這樣做過，只不過六、七十年代流行向日葵圖案，將其視爲「忠於黨、忠於毛主席」的象徵。不僅高準的詩集禁止發行，高級將領白崇禧之子白先勇主編的一套〈向日葵叢刊〉也被迫改名，還有一位女作家的一部長篇小說〈向日葵〉被迫收回更改書名更換封面，另有一家冷飲店內的向日葵裝飾亦被勒令撤除。（註四一）直至一九八一年初，高準在一本雜誌上評析了郭沫若「五．四」時期的詩作〈太陽禮讚〉，該雜誌馬上被禁。這種「戒嚴文化」，眞是「秀才遇到兵，有理說不清」。

《葵心集》遭查禁使人聯想到歷史上的「烏臺詩案」。這是元豐二年發生的「文字獄」，御史中丞李定、舒亶等人從蘇軾〈湖州謝上表〉中尋章摘句加以歪曲解釋，以謗訕新政的罪名逮捕蘇軾。不可否認，蘇軾的詩歌確實有些譏刺時政的內容，包括變法過程中的問題。但此事純屬報復性的政治迫害。

「烏臺詩案」現代版的受害者高準主持的詩刊和出版的詩集，不僅屢遭查禁，而且當局還限制他的人身自由，不許他離開臺灣。在海外搜集的有關大陸的文學資料一再被沒收的情況下，他不怕誣陷和打擊，堅持寫作和研究，於一九八八年出版有厚厚的一大冊《中國大陸新詩評析》。

第七節　海外作家列入黑名單

一九七〇年發生的保衛中國領土釣魚島運動，將海外知識分子分爲三派：一是同情或認同社會主義祖國的統派，二是主張臺灣不是中國一部分的「獨派」，三是不統不獨的中間派。前一派有劉大任、郭松棻、聶華苓、陳若曦、於梨華、李渝、李黎。其中劉大任等人信仰社會主義，認爲「眞理就在海的那一邊」，接著便在大陸文革期間訪問大陸。郭松棻和夫人李渝也於一九七四年踏上神州大地，陳若曦夫歸乾脆留在大陸任教。同年，詩詞研究專家葉嘉瑩從海外回大陸旅遊探親，後寫了一首〈祖國行長歌〉

發表，在臺灣島內引起一場政治風浪。右翼文人認爲葉嘉瑩潛入「匪區」，是一種「叛國」行爲。臺灣當局便將其列入黑名單，不准她再回臺灣。後來這些人中的大部分看到文革的殘酷武鬥後，又對祖國感到失望乃至幻滅，在一九八〇年代重新選擇解嚴後的臺灣出書。

列入「警總」黑名單的人，在此之前或之後，都有禁書的遭遇，如聶華苓一九七〇年在《聯合報》副刊連載的〈桑青與桃紅〉，就因爲色情描寫等原因而遭腰斬。一九七二～一九七四年，聶華苓和其夫君安格爾合譯《毛澤東詩選》，分別在美國和法國出版。臺灣當局看到這本書的英譯本後，在禁止該書入臺時將聶華苓列入黑名單，禁止她返臺（註四二）。劉大任的小說《紅土印象》，是因爲著者與陳映眞有親密關係而遭查禁。其實，這本書的內容並沒有任何地方違反所謂「出版法」。

這裡，最值得一提的是被「冷凍」在白色恐怖年代裡的於梨華。白先勇在〈流浪的中國人——臺灣小說的放逐主題〉中，稱旅美作家於梨華爲「沒有根的一代」的代言人。她的長篇小說《又見棕櫚，又見棕櫚》，充分體現了這位作家「覺得別人都是有家可歸的，而我永遠是浪跡天涯」的這一創作特徵。

其實，於梨華還是有根的。她原籍浙江省鎮海縣，於一九二九年十一月二十八日出生於上海一個書香門第。在抗戰的動亂年代裡，她隨全家流浪，足跡遍及福建南平、湖南衡陽、廣西柳州、四川成都、陝西寶雞、河南洛陽、江蘇南京……。一九四七年底她因父親派到臺灣接受糖廠，因而離開故鄉，告別了大陸。一九四九年她考入了臺灣大學外文系。一九五三年畢業後去美國攻讀碩士學位，後用英文創作小說，但影響有限。一九六一年開始創作回憶敵僞時代浙東農村生活的長篇小說〈夢回青河〉，於次年回臺灣時由《皇冠》雜誌連載，單行本再版了六次，還被改編爲電視劇播映，由此一舉成名。那時她在臺灣文壇的影響，有如電影明星李麗華在影壇。但她於一九七四年在臺灣大地出版社出版了長篇小說

《考驗》之後，突然銷聲匿跡了。即使有作品也改在香港出版。爲了使讀者對這位曾是家喻戶曉的作者有新的認識，正在臺北主編《書評書目》雜誌的書評家隱地，在該刊一九七七年二月號（總第四十六期）上發表了一篇來自香港的稿件〈於梨華的新書〉。表面上介紹她由香港《七十年代》雜誌社出版的散文小說集《新中國的女性及其他》、香港天地圖書公司出版的遊記《誰在西雙版納》，實際上批評她不該討好「新中國」，不應該把大陸知名作家冰心和普通勞動婦女寫得那樣富有精神和朝氣——這與她過去寫的生活在異國的寂寞女性形成鮮明的對照；更不應該去歌頌大陸少數民族的新生。在這位作者看來，於梨華一九七五年懷著一顆赤子之心回到闊別二十多年的大陸，一九七七年後又多次回國觀光、學習、探親，她顯然受了大陸意識形態的影響了。不然，她爲什麼會由此在創作中實現一次質的飛躍，貫穿著對美國幻滅、對臺灣失望而對祖國大陸卻多有認同的線索？

這篇香港來稿用心良苦，想把於梨華的創作近況告訴臺灣讀者又怕讀者接受不了於著中的思想內容，因而在介紹新書時對於梨華的創作傾向進行委婉的批評。但即使這樣，作爲主編的隱地還是遭到橫禍：該期雜誌一上市，責問和警告的電話鈴聲不斷響在他辦公桌上。

那時臺灣還在戒嚴期間，所有介紹大陸的書籍尤其是稱頌中國共產黨領導下大陸人民生活現狀的書稿，均會落個「通匪」的罪名。爲了防範出版社和編輯透過書稿宣傳共產主義，國民黨當局便由七個單位聯合組成「書刊審查小組」，於梨華的《新中國女性及其他》、《誰在西雙版納》，便列入禁書之列，而作者於梨華也被「冷凍」起來：不論是讚揚她或批評她，臺灣書刊不得再出現這位由臺灣培養的作家，去美國後竟膽敢「偷跑回」大陸採訪和探親的作家於梨華的名字。這是來自高層的批示和決定，任何人不得違反。而〈於梨華的新書〉的文章從標題到內容都在宣傳於梨華——雖然也有批評，但這畢竟犯了大忌。

幸好隱地編過爲退伍軍人服務的《青溪》雜誌，他的老處長李世雄向上面作擔保隱地絕無「通敵」之意，並給隱地下樓梯的辦法：立即上街把散落在各書攤的該期雜誌，逐一撕去那篇介紹於梨華新書的文章。隱地接到李世雄的電話後，馬上和出版社員工跑到臺北市書店最集中的重慶南路，和攤主講清內情：「我是《書評書目》主編，裡面有一篇文章出了問題，必須撕掉，才能繼續銷售……」。隱地在回憶這段往事時深情地說：

啊，這就是臺灣的七十年代，一個現在回想起來令人感覺滑稽突梯的年代，然而在當時那一刻，可一點也不滑稽，而是一個令人流淚的事件，幸虧有我的老處長幫我頂著，不然那種山雨欲來的陰沉空氣，你不知道會有什麼恐怖的情況發生！啊，只不過登了一篇介紹於梨華的書評，提了於梨華的名字，如此而已！

要不是我在七十年代活過，我不相信自己的耳朵，也不會相信自己的眼睛。然而時至今日，再怎麼奇形怪狀的事，在我看來都稀鬆平常。（註四二）

這種「奇形怪狀的事」，在戒嚴日子裡眞是多得數不清。比如旅居法國的學者、詩人胡品清女士，應臺灣「中國文化大學」創辦人張其昀的邀請於一九六二年十月上旬來臺，出任中國文化學院法文研究所所長。臺灣最大的文藝組織「中國文藝協會」，準備爲她舉行盛大的歡迎會，但在文曉村等作家準備前往時，歡迎會被臨時取消了。原因是胡女士一來臺，就有人檢舉她在法國出版的法文本《中國當代新詩選》，收入了毛澤東的《沁園春·雪》，有「親共」之嫌。張其昀以人格和生命擔保胡品清的「忠貞」沒有問題，她才有驚無險地躲這場無妄之災。胡品清終其一生致力於法國文學教育工作，執教於中國文化大學達四十四年。於梨華的那本禁書《誰在西雙版納》也居然於一九八九年八月由臺北皇冠出版社再版。讀者看了這本書的內容，不過是多增長了對中國少數民族民俗風情的瞭解——即「稀鬆平常」而已。但那本《新中國女性及其他》，不知何故在臺灣官方「文建會」出版的厚達七巨冊的《中華民國作家作品目錄》中，始終未見到。

第八節　查封《夏潮》和《春風》

臺灣的政論雜誌常常刊登少量的文藝作品，左翼作品也藉進步雜誌亮相，兩者互為支持，做到了同命運共呼吸的地步。《夏潮》雜誌便是這方面的典範。

《夏潮》創刊於一九七六年，它從第四期起，總編輯由前臺灣共產黨員蘇新的女兒蘇慶黎擔任後，成了一份反帝國主義、反資本主義、反國民黨體制教育的批判性期刊，具有鮮明的社會主義傾向的刊物。蘇慶黎口述歷史《走向美麗——戰後反對意識的萌芽》中，談及該刊的創辦宗旨：

> 借此刊把臺灣的社會跟歷史展現出來；另外，要進一步介紹世界局勢……我們的概念裡面沒有中國與臺灣的對抗。作為一個社會主義者，不可能不關心你腳踩的這塊土地跟你周圍的人群……我當時思考到整個臺灣的民主化，應該要把臺灣的歷史、鄉土展現出來。

不是純文學雜誌的《夏潮》，標榜「社會的、鄉土的、文藝的」，其專欄分別爲「社會・經濟・政治」、「世界之窗」、「文化思潮」、「歷史・鄉土」、「文學・藝術」。這些專欄中的文章突出兩岸群眾反抗史，重點是批判外國資本在臺灣扮演的買辦角色，指出工農群眾所面臨的困境，向他們號召爲建立更完善的社會福利制度而努力，同時放眼世界將臺灣和第三世界人民的命運緊緊聯結在一起。總之，它站在民族主義的立場，主張統一。正是出於這種堅定的立場，該刊不惜篇幅推出王拓、楊青矗、宋澤萊等人的鄉土小說，陳映眞則藉評論這些作品宣揚反抗國民黨統治的思想。

鄉土文學大論戰爆發後，《夏潮》的主要成員均披掛上陣，和官方壓迫鄉土文學的做法作無畏的抗爭。鑑於《夏潮》與黨外運動聯繫緊密，因而該刊於一九七九年十一月遭停刊一年處分。在一九七九年二月創刊三週年前夕，又被臺灣省教育廳查禁和大批持槍軍警查封，其理由爲：「歪曲愛臺灣的眞義，混亂視聽，污辱愛國行動，曲解團結，挑撥分化。」「美麗島事件」後，主編蘇慶黎被捕。爲逃避文字獄，作者們常將「社會主義」寫成「社會正義」，並以「三民主義」作掩護。即使這樣，該刊於一九七九年二月被迫停刊。一九八三年二月改名爲《夏潮論壇》，期間雖遭查禁，但一直堅持到一九八六年才結束。

左翼雜誌有多個系統，它們協同作戰。一九八〇年二月由詹澈（原名詹朝立）任發行人、王拓任社長、蘇慶黎任主編的《春風》雜誌，提倡工農意識，極力爲工農權益發聲，有別於較注重中產階級政治論述的當時黨外雜誌《八十年代》與《美麗島》雜誌，形成三足鼎立，出至一九八〇年三月（第二期）被迫停刊。

「野火燒不盡，春風吹又生」。《春風》政論雜誌被查禁後，又有同名的《春風》詩刊於一九八四年四月創刊，由楊渡、李疾、施善繼等主編，傾向寫實批判及社會主義色彩。在發刊詞〈「詩史」自許，寫出「史詩」〉中，揭示出詩歌的三大觀念：

第一、在形式上繼承優美的韻文傳統，走向平民化社會化，並吸收民間歌謠的精華，以更精煉有力的技巧，使詩成爲文藝壓縮的最高形式，適切地表達時代中的人與思想，揚棄沒有生活內涵的文字。

第二、在內容上，秉承優秀的現實主義傳統，及其抗爭精神，勇邁前行，並認識社會的動因與方向，仔細觀察省思現代社會的人民處境，從而表現人民的心聲，傳達文學力量。揚棄一切個人化的文學觀、價值觀、生命觀。

第三、在方向上，繼承新詩發展以降的平民性、運動性，批判不義，擁抱臺灣，參與改革。用詩喚醒沉睡者，鼓舞前進者，使詩成爲全面的進步運動的一環。

這裡使用的「平民」、「人民」、「進步」等詞彙和提倡集體主義反對個人主義，充分說明它是一份左翼雜誌。創刊號有楊渡、施善繼主編的《獄中詩專輯》，主要部分爲土耳其詩人希克梅特的詩作，另有戴望舒、楊華的獄中詩。這些中外詩的主題均離不開反抗壓迫、侵略及詩人追求正義的精神。第二輯爲意識形態色彩淡薄的《美麗的稻穗：臺灣少數民族精神與傳說專輯》。《春風》說是刊物其實是以書代刊，也少不了版權頁。儘管第二輯涉及政治內容不多，但當局仍以「未登記雜誌」的理由將其查禁。第

三、四輯改爲「春風叢書」，仍標明期別，依次爲「海外詩抄」（一九八五年）、「崛起的詩群——中國大陸當代朦朧詩專輯」（一九八五年）。該刊激烈抨擊戒嚴時期新詩所走的西化道路，大力推崇日據時代新詩的戰鬥傳統，刊載大陸詩人戴望舒等人作品，並首次刊登原住民詩——莫那能的詩。詹澈的詩〈在浪濤上〉則觸及兩岸通商即走私議題，被當局列入黑名單，每期出版發行均遭到政治干涉，於一九八五年七月出至第四輯被查封。

查禁的圖書常有些漏網之魚散佚在舊書攤，成爲獵書者搜購的重要對象。但賣這類書刊或購買被查禁的如李敖作品，均存在著極大的風險。鄭清文在他的短篇小說〈舊書店〉，留下了這樣的歷史鏡頭：牯嶺街一位書商出售禁書，被人舉報後坐了八年牢，重獲自由後，猜測到底是誰將他送進了牢房：

> 那一次，他被關，在他的感覺裡密告的人，可能就在這幾個裡面，是有人密告的，會是誰呢：是向他買書的人，還是賣書給他的人？兩者都有可能。向他買書的人，眾多而複雜。不過他把禁書藏起來，不認識的人是不會出售的……有問題的書，來自少數幾個人。這幾個人，三不五時就會提供一些禁書給他……密告的人，很可能就在這幾個裡面，到底是哪一個呢？如果是他們之中的人，爲什麼偷書賣給他又去密告他？他不怕自己也吃上官司？也許是爲了獎金，也許爲了自己脫罪，也許他本身就是官方埋設的陷阱。

這不是虛構，而是當年賣禁書和看禁書所帶來風險的眞實寫照。其中寫的防範、猜忌、擔心、背叛、報復等情節，不似眞實，勝似眞實。

註釋

一　香港應爲中國境外城市，但回歸前大家都稱其爲「海外」。

二　余英時：《余英時回憶錄》（臺北：允晨文化公司，二〇一八年），頁一四五。本文多處參考了他的研究成果。

三　余英時：《余英時回憶錄》（臺北：允晨文化公司，二〇一八年），頁一四五。

四　鄭樹森：《結緣兩地——臺港文壇瑣憶》（臺北：洪範書店，二〇一三年）。

五　王鼎鈞：《文學江湖》（臺北：爾雅出版社，二〇〇九年），頁三三一。

六　王鼎鈞：《文學江湖》（臺北：爾雅出版社，二〇〇九年），頁三三二。

七　王鼎鈞：《文學江湖》（臺北：爾雅出版社，二〇〇九年），頁三三四。

八　王鼎鈞：《文學江湖》（臺北：爾雅出版社，二〇〇九年），頁三三三。

九　王鼎鈞：《文學江湖》（臺北：爾雅出版社，二〇〇九年），頁三三五。

一〇　王鼎鈞：《文學江湖》（臺北：爾雅出版社，二〇〇九年），頁三三二。

一一　司馬桑敦：〈爲《野馬傳》查禁答陳裕清主任〉，載司馬桑敦：《野馬傳》（美國：長青文化出版公司，一九九三年六月），頁三〇九～三一三。

一二　臺　北：《文星》雜誌第九十三期，一九六五年七月一日。

一三　臺　北：《文星》雜誌第九十七期，一九六五年十一月一日。

一四　臺　北：《青年戰士報》，一九六七年五月十九日。

一五 臺北：《青年戰士報》，一九六七年五月四日。
一六 臺北：《青年戰士報》，一九六七年六月十二日。
一七 臺北：《青年戰士報》，一九六七年六月十四日。
一八 臺北：《青年戰士報》，一九六七年六月十七日。
一九 臺北：《青年戰士報》，一九六七年六月二十二日。
二〇 臺北：《青年戰士報》，一九六七年六月二十日。
二一 臺北：《青年戰士報》，一九六七年六月二十一日。
二二 臺北：《青年戰士報》，一九六七年六月二十四日。
二三 臺北：《青年戰士報》，一九六七年六月二十七日。
二四 臺北：《青年戰士報》，一九六七年九月十六日。
二五 臺北：《青年戰士報》，一九六七年。
二六 參見曾心儀：〈錯誤的美學觀點築起的文學危樓〉，臺北：《書評書目》第六十二期，一九七八年六月。
二七 張頌聖：《臺灣文學生態——從戒嚴法則到市場規律》，鎮江：江蘇大學出版社，二〇一六年。
二八 麥　穗：《詩空的雲煙》（新店：詩藝文出版社，一九九八年五月）。
二九 夏祖麗：《林海音傳》（臺北：天下遠見出版公司，二〇〇〇年十月），頁一八七。
三〇 林海音：〈流水十年間〉，載《聯副十年文學大系·史料卷》（臺北：聯經出版公司，一九八二年），頁一一六。

三一　張頌聖：《台灣文學生態——從戒嚴法則到市場規律》（鎭江：江蘇大學出版社，二〇一六年）。

三二　《於可訓文集》第五卷（武漢：長江文藝出版社，二〇一八年），頁三七八。

三三　臺　北：文史哲出版，一九九八年。

三四　《於可訓文集》第五卷（武漢：長江文藝出版社，二〇一八年），頁三七八。

三五　彭品光：〈文學不容劃分階級——我們反對所謂工農兵文學的觀點〉，臺北：《中華日報》副刊，一九七八年一月三十、三十一日。

三六　高　準：〈爲《詩潮》答辯流言〉，臺北：《中華雜誌》，一九七八年二月。

三七　臺　北：《聯合報》，一九七七年八月二十日。

三八　高　準：《文學與社會》（臺北：文史哲出版社，一九八六年），頁二七〇～二七一。

三九　臺　北：《聯合報》，一九七七年八月十七～十九日。

四〇　瘂弦在二〇一九年由江蘇鳳凰文藝出版社出版的《瘂弦回憶錄》，仍堅持這一說法。

四一　《詩潮》社編：《民族文學的良心》（臺北：文史哲出版社，一九八六年），頁二三〇。

四二　莫詹坤、陳曦、錢林森：〈我的跨文化寫作與人生旅程——聶華苓訪談錄〉，《當代作家評論》二〇二〇年第五期。

四三　隱　地：《漲潮日》（臺北：爾雅出版社，二〇〇〇年），頁一六九～一七〇。

第三章　專制手段的殘暴

第一節　保密防諜的查禁之路

一九四九年國民黨棄守大陸，撤退到臺灣，而隨著國民黨的政權流亡進入臺灣的大批軍民對前途失去信心，擔心臺灣守不了多久就會垮臺。事實上當時在臺灣的部隊，只有兩個師，根本缺乏作戰和應變能力。這反映在文藝界，也是一片灰色失望情緒。當局爲了鼓舞士氣，一再要臺灣軍民勇敢奮起，展開戰鬥，隨時作好反攻大陸的準備。可也有人認爲這是根本不可能的。作爲老百姓，最好不要介入國共兩黨鬥爭，以免充當炮灰。於是，一九四九年十月十八日《臺灣新生報》上出現了〈袖手旁觀論〉一文。原文如下：

兩三年前，我們鄉間曾經忙過選舉「孝廉」（這是鄉間稱呼，諸君以意會可耳），前輩們比我們鬧得熱。記得那兩年關帝廟的秋薦，除「三牲」以外，也還有提名的「孝廉」在內上祭，連好久不出巡了的城隍，也由我們「孝廉」喝道執拂，視察四鄉一番。

那兩年誰都很平安地專等「風調雨順」，好像只有個人不夠瞭解「孝廉」似的，原因大約是我自己不大懂得古時候測量「孝廉」用的什麼尺？舉出來了的「孝廉」該是幾「品」官？可恨我們老前輩也不在說這些，就是說了也含糊其事，好像「孝廉」就是「天生孝廉」，某人某人是「孝廉」，不學某人某人死遭雷擊火燒（當時街上所見的標語）。我便不太怕這些「天譴」，因爲關帝和城隍都是死人，因此我對於這些「孝廉」，不感興趣，難怪有些話說。居然被全體老前輩補訓一番——怪我「袖手旁觀」，那有什麼辦法，就算活該。

記得《紅樓夢》裡焦大大罵賈府上下：「偷小叔子的偷小叔子，扒灰的扒灰」；焦大「旁觀」不「袖手」，焦大只是焦大。《三國演義》裡的徐庶，明明是「白面書生」，拿曹操薪水不替曹操做事也罷，偏來一個「走馬薦諸葛」，徐庶「袖手」不「旁觀」，徐庶也難得人們好評。這兩個人都是「投機者」，我們鄉間老前輩也不大以此爲訓，但是他們偏偏也不以我爲然。我以爲既是「旁觀」，就該「袖手」；既是「袖手」，就得「旁觀」。就像大舉「孝廉」吧，我本身既非「孝廉」，也不夠瞭解「孝廉」，所以我只得「旁觀」，我也只能「袖手」了。

「袖手旁觀」正是觀劇聽戲人的基本態度。他們演戲，我們評戲，這和戲場裡的觀眾偶然批評說：「那個坤伶眞到家，那個小丑太過火」一樣毫無意義的，自然這個權利也不該再受剝奪了。

事情隔得那麼久了，其實不提也罷，因爲最近看到臺灣文壇兀地熱鬧起來，初看之下，眞以爲「風月談」時期又到了，細察起來，原來有些人也正決心自持其「旁觀」不「袖手」，「袖手」不「旁觀」主義了。因爲這樣來，一面比眞正「袖手旁觀」的「冷門」朋友來得熱鬧，比「急先鋒」來得穩妥，就可惜臺灣沒有銅牆鐵壁的「文藝防空壕」。

本刊編者在「國慶專頁」裡這樣說：「一個歡喜寫文章的人，大概總不善於寫頌揚捧場的東西，而發牢騷，即似乎都變成了看家本領。」無怪乎編者已有一日難安之感，因爲準備進「文藝防空壕」的作家，才不在此例，編者看錯了一眼。

這篇文章，劉心皇一口咬定「作者正是共黨的三十年代左翼作家王任叔」（註一），原因是此文署名「巴人」，而王任叔使用的筆名中有一個便是「巴人」。事實上，「巴人」的筆名有不少作家使用過（註二），何況巴人當時在大陸，兩岸不通，他不可能向臺灣投稿。但這篇文章老練、犀利，不從正面展開論述而將題旨包含在談天說地之中，使鴛鴦蝴蝶派的才子作家、《臺灣新生報》副刊主編傅紅蓼失去了「政治警覺」，將其刊登出來。政治嗅覺銳敏的文探們，普遍認爲這不是一篇普通的雜文，而是「潛臺共諜們」精心製作的，其用意是「警告臺灣作家，只可袖手旁觀，否則中共到來，性命難保。」（註三）這種分析，正是評者也是國民黨恐共心理的一種表現。以至弄得風聲鶴唳，草木皆兵：明明是文藝問題，說成是嚴重的政治問題；明明是一般作者所寫，偏偏說是「匪諜」所作；明明是只要稍加「批評」即可，偏偏要發動大小報一齊圍剿。先是孫陵走馬上任《民族報》副刊主編後，立即亮出寒光閃閃的匕首，寫了一篇題爲〈文藝工作者底當前任務——展開戰鬥，反擊敵人！〉的創刊辭，厲聲斥責「巴人」。（註四）接著《中華日報》發表題爲〈袖手旁觀嗎？〉的社論，（註五）對「巴人」加以嚴厲的聲討。「這兩天『袖手旁觀論』已藉著某報副刊園地而出頭了，據說又進而引起反賣國條約的簽名蓋章問題，不論他們文字用怎樣的形式發表，正面也好，側面也好，總掩不了他們那副逃避現實的尊容。這不是一個太小的問題，在視爲復興基地的臺灣的反共陣營裡，老實說還潛伏了不少的取巧分子。我們倘不正式提出一談，那些歪曲的意識，必然要大大影響於我們的民心士氣。」

軍中要人閻錫山也出來殺氣騰騰地說：「在我們這反共的區域中，不只不容有一個投降的人，動搖的人，並且不許有一個兩可的人，因兩可的人就是滅亡我們的媒介。」（註六）這裡說的「兩可」的人，是指四十年代京滬等地出現的民主自由主義者。官方不許人民有選擇旁觀的自由，還把旁觀者看作「亡國」的媒介。這種上綱上線的做法，無非是爲鎮壓持不同政見者作輿論準備。

繼《中華日報》社論之後，《全民日報》也加入了口誅筆伐「袖手旁觀論」的行列。他們一致認爲：「共諜」（其實是假想的）膽大包天，居然敢在臺灣報紙上公開「警告」作家，要他們不參與「反共復國」的行列，可見「共諜」的滲透是多麼厲害。於是，一些不明眞相的作家，也跟著圍攻「巴人」。時任國民黨臺灣省黨部副主任兼《臺灣新生報》董事長的李友邦，覺得這樣做不利於團結更多的人。在他主持的「臺灣省第十次宣傳會報」，達成如下決議：

> 關於《新生報》最近副刊登載文字，引起各方紛爭，應如何處理案。決議：甲：目前戡亂緊張時期，必須團結一致，任何不必要的糾紛均應避免，即日起，各報一律不再刊登本項論爭文字。

李友邦從另一種角度考慮休戰，這有他的理由。不料引起某些極端分子的不滿，認爲這個決議是存心包庇「袖手旁觀論」，其司馬昭之心，路人皆知（註七）。於是，孫陵化名鍾琦在《民族報》副刊上撰寫〈有原則無條件〉的短論，對「袖手旁觀論」一批到底：「對於在愛國陣營僞裝的奸細，我們必須提高警覺，予以澈底清除，不使發生破壞作用！」孫陵是有後臺的，他有恃無恐地將不同意見的人打爲「奸細」，可謂居心險惡。李友邦只好回擊，放出空氣，聲稱對反共的人，應如何如何。於是，孫陵又化名王蘭，寫了〈徹查匪諜奸細〉，其中說道：「我們的中下級幹部，也很少投匪，倒是高官厚祿，受國家厚恩之輩，領頭叛國。對付這批上層間諜，就不是查入境證、查身分證所能防止的！必須負責機構，切實負起責任！不留情，不顧慮，精確嚴密，普遍徹查！務使匪諜奸細，澈底清除！」其語咄咄逼人，使人覺得「有來頭」。果然不久，曾經主持三民主義三青團，後又負責臺灣省國民黨黨務的李友邦，竟被誣爲通「匪諜」的後臺老闆，沒有經過司法審判，於一九五二年四月處決。這是當時白色恐怖驚心動魄的一幕，是國民黨到臺灣後借文藝論爭製造的頭一個冤案。

李友邦被消音，說明臺灣的白色恐怖氣氛達到了頂點。上世紀五、六十年代，所謂孫立人案以及雷震案，不過是當局以「匪諜罪」對某些持不同意見者的政治陷害而已。如果說，孫立人、雷震等人作爲國民黨高官，赴臺之後由於各種原因，在政治上與威權體制漸行漸遠，以當局的思維和邏輯，對其懲治猶可說也，只是臺灣文化新聞界一時間竟有人人自危的狀況，令人痛不堪言，比如曾在中國廣播公司負責「廣播劇」工作，能編、能導、能演、能教、能寫的戲劇家崔小萍，一九六八年突然失蹤。這位紅極一時的巨星，其哥哥崔嵬在延安由江青介紹入黨，後成爲大陸紅色經典電影大師。由於這種關係，坊間便傳言崔小萍是大陸派去的「匪諜」，連播音都暗藏有密碼；還被人密報在臺中墜地爆炸的民航機安放過炸彈。崔小萍由此被「警總」羈押，可調查很久沒有證據，於是從其日記裡斷章取義，把她和同學們一起聊天，認定是開「讀書會小組會議」；一九四九年前崔小萍和姐姐去陝西尋找姐夫，認爲是到共黨據點「受訓半個月」；一九四七年隨同「觀眾劇團公司」到臺灣，係與共產黨合演話劇，所謂巡迴演出，實則是「爲匪宣傳」、「爲匪從事地下工作」。

法官根據上述「罪狀」，以「懲治叛亂條例」第二條第一項「企圖顛覆政府且著手實行」的罪名，初審判崔小萍無期徒刑，複審判刑十四年。一九七五年蔣介石去世，當局宣布大赦，崔小萍坐牢九年〇四個月後獲得減刑出獄。崔小萍後來發表《獄中日記》，說到審判官授意她把「節目部」的幾個上司拖下水，而她斷然拒絕合作。一九九八年，當局正式恢復崔小萍名譽。二〇〇〇年，第三十五屆金鐘獎頒贈給她「終身成就獎」。

當局查禁文藝書刊採取的是軟硬兼施的手法。一般是將「有問題」的書刊封存，不許流通，或銷毀，對所謂情節嚴重者則將作者繩之以法乃至從肉體上消滅他們。肉體上消滅不了，則採用盯梢、包圍的做法，如一九七一年代五月《大學雜誌》出版的「保釣專號」，國民黨如臨大敵，他們生怕保釣運動會發展成一九四〇年代後期反政府的學生運動，因而成立了「寧靜小組」專門負責熄火。負責該雜誌印刷和經營的環宇出版社為此遭到特務盯梢，「寧靜小組」監聽編輯鄭樹森的電話，晚間還經常派人到印刷廠偷偷看校樣。「中國青年反共救國團」專案討論過《大學雜誌》對青年的「不良影響」。「保釣專號」出版後，「警總」突然包圍環宇出版社，在街口阻擋行人，並將電話線切斷。

到了新世紀政權輪替後，「保密防諜」的「諜」，其對象已有了轉化，這是後話。

第二節　取締「共匪武俠小說」

一九六〇年代中期官方發布禁書手冊，禁書之首是魯迅作品，計有《吶喊》、《彷徨》、《故事新編》、《野草》、《朝華夕拾》、《墳》、《熱風》、《南腔北調集》、《中國小說史略》等等。另有茅盾的《子夜》，巴金的《家·春·秋》、《霧·雨·電》，沈從文的《邊城》，丁玲的《太陽照在桑乾河上》，一九四九年前去世的郁達夫的小說《沉淪》，也在查禁之列。他雖然無緣做「陷匪文人」，但官方認為他的作品屬黃色小說。另有《厚黑學》等，其名單之多，令人嘆為觀止。

眾所周知，武俠小說係以武行俠義爲主的小說，作品所構築的是一個奇幻世界。在這個虛擬世界中，許多在現實世界中違背科學常識的事件，依據小說虛擬世界的規則是可能發生的，甚至被視作理所當然。如武功、法術，能讓讀者出現一種「比現實還更眞實」的幻覺，從而產生很強的帶入感。這種小說，其創作在四十年代進入尾聲，在國民黨退居臺灣時，這些作者則幾乎都留在大陸。

哪怕武俠小說與現實距離是這樣遙遠，人們只是把它當「成人的童話」去閱讀，但高喊「保密防諜」的文檢人員不這樣看。他們認爲這些打打殺殺的作品濫耗青少年光陰，復養成怪謬思想，另有爲「匪諜」從事反政府活動提供拉幫結派借鑑的可能。爲此，「警總」奉命負責掃蕩「共匪武俠小說」。

查禁大陸武俠小說，這標誌著國民黨激進主義文藝政策的初步亮相，因而可視爲當代文藝報刊及作品查禁史上的一個惡劣開端：「警總」於一九五〇年二月十五至十七日，在全臺灣地區統一展開取締大陸武俠小說的行動，僅一天就查禁了九十七種十二萬多冊，造成租書店幾乎「架上無存書」，這是對人類精神創造品質的嚴重破壞。這場運動的後果，使包括純文學在內的作家提筆時如履薄冰，不敢越官方文藝政策一步。爲避免文字獄，武俠小說作家只好抽離歷史，展開超現實的想像，形成了臺灣武俠小說「去歷史化」的傾向。弔詭的是，大陸也幾乎是同時在查禁自己過去出版的武俠小說。

查禁文藝書刊，是戒嚴時期一種高度政治化、組織化的政府行爲。這種「政府行爲」表現在「警總」於一九五九年底實施「暴風專案」，全面取締包括大陸、香港所出版或在臺灣翻印的新舊武俠小說，一口氣查禁了武俠小說四〇四種。被譽爲「武林泰斗」的香港作家金庸，在取締「共匪武俠小說」行動中也受到株連，其中封存的有《雪山飛狐》、《飛狐外傳》、《射雕英雄傳》、《書劍恩仇錄》、《神雕俠侶》、《碧血劍》。這些書，多半是一九五七年九月出版的作品。《碧血劍》亦由合作出版社改名爲《碧血劍別傳》，而《射鵰英雄傳》，又由光明出版社改名爲《射鵰英雄新傳》。這種改頭換面的做法很快被警方識破，如《射鵰英雄傳》於一九七二年十月由慧明出版社易名爲《萍蹤俠影錄》，作者改名爲綠文，同樣遭「警總」於一九七三年四月查禁。一九八〇年五月初，遠景出版社另將《射鵰英雄傳》改名爲《大漠英雄傳》，「警總」隨即在當月二十八日取締，並扣壓其出版品。一九八〇年九月，《碧血劍》由「漢牛」、「皇鼎」兩家出版社聯合發行，將其書名改爲《碧血染黃沙》，作者改爲「翟迅」編寫，「警總」以第一速度於同月取締。

當人們回首這段查禁武俠小說的歷史，一定會感慨當局的查禁理由是那樣荒唐，如金庸本不是大陸文人，但因爲他在境外寫的武俠作品在有中共背景的香港《大公晚報》連載，他也就被打成「附匪文人」。更可笑的是查禁《射鵰英雄傳》的理由，竟是毛澤東詩詞中有「只識彎弓射大雕」之句。此外，是黃藥師的外號有一個「東」字。另方面，臺灣歷來認爲李自成屬「流寇」，而金庸小說卻按照中共觀點，將李自成描寫爲農民起義英雄。

在這場運動中，另一武俠小說家還珠樓主受到的傷害也極大。他寫的不同類型的武俠小說，從一九五一年開始，每年禁書目錄中都有他，僅一九五五年被封殺的《蜀山劍俠》，就多達五十集。一九五四年才確定不去臺灣和香港而留在上海的武俠小說家鄭證因，被查禁的作品也有七種。鍾文泓的《風虎雲龍》、田風的《域外屠龍錄》、牟松庭的《關西刀客》，他們的作品都曾在香港左翼報紙《文匯報》和《新晚報》連載，所以也在查禁之列（註八）。梁羽生因爲在《大公晚報》工作，便被視爲共產黨文工幹部，所以他的武俠小說也難逃被查禁的命運。查禁武俠小說還連累了張恨水，他的作品多達一百多部，全部被封殺。

一九七三年春天，正當臺灣社會開始出現都市化，社會流動加速、教育普及、生活水平上升、中產階級崛起時，金庸適時地訪問了臺灣，受到閱讀過金庸小說的蔣經國的接見，這傳達出解禁的信息。直到一九七九年八月，遠景出版社才名正言順出版《金庸作品集》。

官方不僅查「武俠」，也查「文俠」的作品。七十年代初，王曉波遭「臺大哲學系事件」整肅，被扣上思想有問題的帽子。他在幼獅書店出版的碩士論文〈先秦儒家社會哲學研究〉遭查禁，「警總」並派人前來焚書，告知《幼獅月刊》以後不得再刊載王曉波的文章，新聞局黨部亦令《中國時報》等報社不得發表陳鼓應和王曉波的文章。《中華文化復興月刊》約王曉波寫〈孔子思想的形成及其意義〉，「警總」發現後要求抽版。王曉波不僅在臺大遭解聘、賣文又被封鎖，而且兩次申請出國研究都被打回票。國民黨要人李煥將王曉波找到中央黨部，警告他說話寫文章都要格外謹慎。又有一次，大陸在批林批孔，王曉波遭「調查處」約談，說他給學生出的考題「試批判孔德的知識三階段論」是「與共匪唱和」的批孔文章，王曉波連忙解釋說：「孔德是德國哲學家奧古斯汀·孔德，他決不是中國的孔子。」學校領導還是警告王曉波：「你以後凡是姓孔的都不要批判好了，省得給我們添麻煩。」

王曉波是一位愛國主義作家，他對查禁書刊的抗拒，詳見本書第八章。

第三節　「神州詩社」的興亡

在臺灣詩壇，受戒嚴體制打擊最厲害的是「神州詩社」。儘管該社在一九七〇年代的文壇上出盡風頭，並與當時另一重要文學團體「三三」過從甚密，但由於該詩社領袖溫瑞安是「外來戶」，在臺灣停留時間也不長，更重要的是他反對「鄉土派」，與本土論者對立，又不爲國民黨所容，且後來他脫離詩壇而以武俠小說名世，故他差不多被臺灣詩史所遺忘。

溫瑞安（一九五四年～　），出生於馬來西亞。一九七三年入讀臺灣大學中文系，於一九七四～一九八〇年在臺灣創立「神州詩社」，以馬來西亞去臺就學的僑生溫瑞安、方娥眞、黃昏星、廖雁平、周清嘯等爲靈魂人物。按廖雁平的說法，「神州詩社」的創立，事緣天狼星詩社社員殷建波赴臺就讀，導致溫瑞安等人與大馬天狼星詩社產生誤解，終於決裂，上述諸人皆被開除，最後迫於無奈，只好忍痛在臺北自立門戶。該詩社以「發揚民族精神，復興中華文化」爲己任。此後在臺灣六年間，溫瑞安先後主導《青年中國》雜誌社，主編《神州文集》，主持《神州詩刊》，組織長江文社和多個出版文化公司。

作爲一位與金庸、梁羽生、古龍等人齊名的武俠小說家，溫瑞安最鍾情的仍舊是詩，多年來一直以詩人自居，臺灣文學評論家由此把他歸入「現代派」詩歌中的「江湖派」。他的詩作最引人矚目的有馬鳴風嘯的氣勢，有怒潮拍岸的魄力，有除暴安良的雄心壯志。「他直是瀟瀟易水岸邊狂奔而出的荊軻，二十世紀七十年代中的臺灣出現這樣一位自南洋負笈而來的青年，以詩呼喚漢魂楚靈，怎能不叫人懾心折魄？」（註九）

一九四九年後，由於中馬一度未建立外交關係，馬來西亞的華裔子弟來到臺灣留學。他們到了臺灣，認同的不僅是海洋風光，更是世代龍族耕種的神州鄉土。他們半工半讀，習文練武，看到臺北故宮裡的白玉苦瓜，就好似斷奶的孩子又找到了母乳。他們用詩的形式呼喊失落的漢魂，表現浪子接續中國文化香火的轉換與寄託。尤其是從小耳濡目染博大精深、歷史悠久的中國文化的溫瑞安，十分嚮往中國的萬里長城、驚濤裂岸的長江，視華夏文明爲精英文化的重要組成部分。從「神州詩社」的命名到適一千四百行的長詩〈圖騰〉四部曲，均體現了溫瑞安強烈的「文化中國」（註一〇）情結。他的〈山河錄〉，共分十部分，依次爲長安、江南、長江、黃河、峨眉、崑崙、武當、少林、蒙古、西藏，幾乎把神州大地有鮮明中國標誌的景點都寫到了。溫瑞安當時並沒有到過這些地方，用另一位旅臺馬華作家黃錦樹的話來說，溫瑞安的「神州經驗」帶有非現實性，他只是透過極度誇張的文化想像去表現自己「『返祖』式的濃烈文化鄉愁」。

溫瑞安寫於解嚴前的詩，限於政治環境，不可能直抒胸臆，只好借曲筆、象徵等手法抒發自己對現實的不滿，如〈崑崙〉中的一段：

世人寫詩，已沒有了自己，
而我仍守住那不被瞭解的旗！
你是我睡夢中的驚醒？
還是我政府裡的反對黨？
誰是我風煙裡搖曳的燈？
誰是那羽扇綸巾的人？
去留肝膽兩昆……
崑崙太遠。我是殘日下
落霞裡死守的老將
烽火臺上最後的自焚

一股狼煙沖天庭
我是那眼睁睁的復仇人
買舟出海，蕩漾激越的江山

這些詩句雖然不是霹靂，但也是「無聲的雷」。那看似偶然插入的「反對黨」、「復仇人」的詞句，在戒嚴時期十分犯忌，這難免給那些深文周納，斷章取義，肆意歪曲，羅織罪名的文探留下把柄，更何況全詩均以大陸蕩漾激越的山河為背景。金庸的《射雕英雄傳》，就因為有「射雕」二字，被臺灣情報部門認為是影射毛澤東之作（因毛澤東有「只識彎弓射大雕」之句）而被查禁。後來幾經申辯，也不能以原書名出版，只能改名為《大漠英雄傳》。

溫瑞安的〈山河錄〉儘管是「想像中國」的產物，但他所建構的由崑崙、黃河、武當、少林等組成的「符號中國」系統，畢竟拉近了與「現實中國」的距離。（註一一）

溫氏本人既不是政客，也不是軍人，而是一介書生，其文化使命正如他自己所說：「我們辦神州詩社也正是要為這春意更添一份繁華，更增一份正氣。我們必須人人奮發為國家文化做點事，才能自強，而且把僑民生活與所受的煎熬都改善過來。江山萬里，仰天長嘯，才是人生一快。」「以文學救國」作信念的神州詩社社員，不滿足於做苦吟詩人，還苦修武功，注意走向社會，為此舉辦「五方文學座談會」，透過朗讀、吟唱等方式傳播中華文化，讚美祖國的大好河山。他們用實際行動證實自己筆下確有滿地江湖：在不長的時間內，該社團一下發展為三百多人，會員遍布臺灣、香港及新加坡和馬來西亞等地，成了臺灣最具規模的國際性詩社。終日奔波於聯絡組合的溫瑞安，極具親和力和號召力，即使午夜過後，他也可召集到六十多人聚會談詩議政。

按照王文泉的說法，「抵抗性」、「中國性」和「現代意識」是神州詩社的群體心理基礎。「抵抗性」出於反抗馬來西亞的政治壓迫，保護自身文化的迫切需要。「中國性」則是透過對自身文化的再次確認和身分認同，試圖構建理想的中國，找到文化精神歸宿。「現代意識」則是在傳統文化心理基礎上吸收現代主義思潮，以文學作爲主體意識自覺地用有效方式實現文化理想（註一二）。這「抵抗性」表現在少年氣盛的溫瑞安身上，常做些鋤強扶弱的好事，是典型的江湖中人。「他們……編了階級，溫瑞安是大哥，下邊還有一套『死人』『老頭子』等，都算職務，要表現得好，才能慢慢升級。所有的作品都要交給大哥來下評語。他們都出去打工、賺錢，賺的錢交給大哥。」（註一三）這些人懂武術，練就一身功夫，在臺北愛國西路修理過流氓。仿照武林中人的樣子的溫瑞安，把寓所命名爲「試劍山莊」，客廳裝修成「聚義堂」，文友擬了幅對聯「天地軒中神州月，棕櫚樹下武陵人。」地上擺放練武用的榻榻米。正因爲神州人能文能武，每日晨起不是唱「國歌」就是唱「社歌」，組織十分嚴密，並在出版的《高山流水知音》和《風起長城長》兩部詩文集中眷戀崑崙峨眉和江南美景，再加上他們無視戒嚴法的權威，躲在社內飽覽中國風光錄影帶，豪唱大陸歌曲〈草原之夜〉，閱覽禁書，引起臺灣安全部門的嚴重關注。他們認爲，這不是一般的異類或幫派，更不是邪教，而是打著文學旗號的「叛亂」團體。在溫瑞安臺大讀書的第四年，即一九八〇年九月二十五日深夜，三十多位警察破門而入，以「爲匪作宣傳」的罪名查封神州詩社，並逮捕溫瑞安及其得力助手方娥眞。開始被關在「安全局」，後轉移到軍法處。葉洪生透過他的父親在軍隊的老關係，力促「警總」盡快公開案情。到十月中旬，「警總」政治作戰部第六處處長曹建中奉上級之命邀請多位文化界人士吃飯，葉洪生堅稱「神州詩社愛國無罪」。後來葉洪生又努力爲消除溫瑞安的罪名而奔走，並邀約陳曉林、曾祥鐸、尉天驄、王曉波、唐文標等十人簽名上交「陳情信」(註一四)。另一種說法是美國四十二位教授爲溫瑞安、方娥眞求情，島內則有高信疆、余光中以及遠在香港的金庸力保，臺灣當局關押他們四個月後只好將兩人驅逐出境完事。

一九八一年溫瑞安、方娥眞二人被判驅逐出境後，使得在新馬老家也杯弓蛇影、風聲鶴唳，無法久留，從此開始逃亡的顚沛歲月，苦不堪言。年中到香港，適逢港府收緊移民政策，數度申請，皆告失敗，赴臺亦予嚴拒。年底，方終得以海外雇員身分留港。飄泊流浪後的溫瑞安，終於在香港站穩腳跟，成了著名的武俠小說大家，解嚴後才獲准歸臺。

鎭壓「神州詩社」是國民黨製造的一大文字獄。文字獄，《漢語大詞典》將其定義爲「舊時謂統治者爲迫害知識分子，故意從其著作中摘取字句，羅織成罪。」《中國大百科全書》則定義爲「清朝時因文字犯禁或藉文字羅織罪名清除異己而設置的刑獄。」歷史上文字獄用得最多也是最嚴酷的在明清時期，這的確是個荒天下之大唐的舉措，國民黨的特務統治承繼了這一衣缽，它給自己製造出忠實的御用文人，束縛了作家和詩人的自由思想，嚴重摧殘了一些先知先覺的思想文化，影響社會發展，爲臺灣文壇及其詩歌發展帶來了沉重的災難。

又如神州詩社的處理純屬冤假錯案，堪稱法西斯意識形態的一次殺伐。這個「詩社」雖然是失敗的一次自由結社行爲，但他們的壯志豪情也令不少臺灣學生爲之動容。國民黨發起的這種大量製造冤案的禁書運動，常常連批判程序也省略掉。有個別作者豁出老命發表維權聲明，另有被禁作者的朋友向李敖發出賀信，祝賀他「一禁聞名天下知」。

第四節　澆滅龍應台的「野火」

一九八四年十一月二十日之前，全臺灣人都不知道龍應台的名字；就是知道，也不知其是男還是女。但在一九八四年十一月二十日之後，龍應台一夜之間紅遍全臺灣。原因是她在發行量很大的《中國時報》發表了〈中國人，你爲什麼不生氣？〉（註一五），由此她的名字簡直達到家喻戶曉的程度。

一炮走紅的龍應台，《中國時報》於一九八五年三月還專門給她開了「野火集」專欄。在這個光亮度極大的專欄中，龍應台用的不是一般的生花妙筆，而是一把鋒利的解剖刀，用「入木三分罵亦精」的潑辣文風，寫下〈生了梅毒的母親〉、〈幼稚園大學〉、〈容忍我的火把〉一篇篇擲地有聲的抨擊時弊的雜文，其內容主要是呼籲公民的道德勇氣以及環境污染的公害問題、教育體制的缺陷、自由人權與民主體制的議題，最有衝擊力的是對威權政府專制統治的不滿和抨擊。在當年政治壓抑、人們普遍感到鬱悶的臺灣，龍應台的雜文給他們舒了一大口氣，其轟動效應有如野火燎原。如果說八十年代的臺灣是一個「悶」著的瓦斯烤箱，那〈中國人，你爲什麼不生氣〉「就像一根無芯的火柴」（註一六）。

《野火集》出單行本後，受到社會各界的熱烈追捧，在短時間內就再版二十四次。四個月後，也印到將近五十版。大陸緊緊跟上出了眾多簡體字本，其影響遍及整個華語世界，至今不衰。這不僅在臺灣出版史上，而且也在兩岸三地文化史上創造了奇蹟。如果說五十年代有《自由中國》，六十年代有《文星》，七十年代有《大學雜誌》，那八十年代就有《野火集》。這充分說明自由主義在臺灣，並沒有因爲禁書導致文化界噤若寒蟬。

龍應台之所以成爲文化名人，是因爲《野火集》抓住了那個時代「變法」的潛伏精神，因而引起官方的恐慌，首先是軍方報紙《青年日報》發難。他們在負責「安全」的政戰單位暗示下，化密告爲控訴，並直接形諸文字：〈請澆滅火把吧——龍應台大作感言〉（註一七）。另一篇批判文章則無意中透露了抨擊龍應台的動機：

最近我發現，你的《野火集》愈來愈離譜了，先是〈啊！紅色！〉一文誣衊了政戰官，後又有〈不會鬧事的一代〉一文，引起了許多讀者對你產生了疑問（註一八）。

這裡說的「政戰官」，是手持屠刀的劊子手。後來還有〈「火把」與「火災」〉（註一九），對龍應台展開更爲猛烈的攻擊。其實龍應台並沒有「龍膽」去直接攻擊體制，她討論和批判的是環境、治安、教育種種社會問題。當然在那種極權體制下，一般都會聯想到：所有社會問題——如有人在半夜被麻袋罩住沉下大海、失業和失蹤的人不計其數，這一切都來源於政治。這是沒有外國護照的龍應台不能寫出當然也不必寫出的。她相信讀者的判斷和獨立思考能力，一定能從她的文章中找出問題癥結所在。

軍方是這場大批判運動的主力軍。他們所辦的《國魂》轉載批龍文章的同時，同屬軍方系統的《臺灣日報》在同年十二月十三日開闢「春雨集」專欄，以集束手榴彈的方式批判龍應台。此外，新聞和漫畫也出來參戰，惡狠狠地攻擊「喪心病狂」的龍應台，暗示官方應該出面查禁龍應台的作品。龍應台之所以被加上「喪心病狂」的帽子，是因爲她發表了矛頭直指控制言論自由的〈歐威爾的臺灣？〉，另有直呈行政機構弊端的〈「對立」又如何〉。爲此，《中國時報》很快收到「農林廳長」余玉賢的抗議信。〈啊！紅色！〉，也引起軒然大波，不但報社收到不少恐嚇電話，「國防部政治作戰部」也下公文禁止軍中閱讀《野火集》和《中國時報》。龍應台本人則受到「政戰部」主任許歷農的約談，許對龍說：「你的文章，是禍國殃民的」，並告誡龍應台「到此為止」。緊接著，龍應台又被「國民黨文工會」主任宋楚瑜和教育部長李喚約談。這些官方人士的溫和警告，並沒有阻止「野火」的焚燒，龍應台又接二連三寫了〈臺灣是誰的家？〉火藥味甚濃的文章。

不過，龍應台深知：在那個尚未解嚴的年代中如直接去抨擊當局，她就會像李敖那樣被關進大牢或像江南那樣被特務「做掉」。不再天眞爛漫的龍應台，「已發現這個烤箱不是單純的洩氣，它有根本的結構問題」（註二〇），於是她從〈難局〉一文開始策略性的寫作。

龍應台和李敖同是具有反叛性格的作家，但龍應台沒有李敖激進，李敖曾寫過專書批判龍應台的暢銷書《大江大海——一九四九》。

第五節　暗殺《蔣經國傳》作者江南

一九八四年十月十五日，原名劉宜良的江南忙碌了一天後，吃過晚飯開車回到位於舊金山漁人碼頭他自己經營的一家小禮品店，然後將車像往常一樣停在車庫裡。他萬萬沒有想到，車庫有埋伏，那兩個穿黑衣的人向他開黑槍。其中一人持左輪手槍朝江南兩眉間開，江南當場倒地，另一名殺手再朝他的胸部、腹部開了第二槍。江南身中三發高爆開花子彈，被打穿後腦，擊斷小腸、胰腺，擊穿左胸，送醫院途中來不及搶救，就魂歸天堂了。

由於江南持有綠卡，係名正言順的美國公民，故獲得美國聯邦調查局用第一時間啓動偵聽系統調查案情，到同年十一月底即告破案。臺灣派來的情報局刺殺江南的眞相曝光後，美國與臺灣關係迅速惡化。鑑於此案殺人動機無可置疑，臺灣當局不得不承認該案的發生有不可推脫的責任。具體來說，幕後操縱者是來自臺灣的情報官員，但拒不承認與臺灣高層授權有關。爲捨車保帥，臺灣當局「忍痛」將情報局局長汪希苓（註二二）、副局長胡儀敏，還有第三處副處長陳虎門及陳啓禮等人關押。

此案撲朔迷離，背後操縱者也眾說紛紜，早期看法認爲主謀可能是蔣經國或蔣家人，依劉宜良遺孀崔蓉芝堅稱，讓江南斷送性命的就是他寫的《蔣經國傳》以及正在著手翻譯自己寫的《吳國楨傳》。最讓蔣經國無法容忍受的是，江南曾收了錢答應刪掉《蔣經國傳》後三版中抹黑蔣經國的言論，但刪改後仍有多處記述國民黨內部派系鬥爭，被當局認爲有揭蔣家隱私之嫌，視爲侮蔑「元首」的言論。《吳國楨傳》中對國民黨獨裁統治大加揭露與批判，並有涉及蔣介石和宋美齡等國民黨高層的軼事與醜聞，對蔣家在臺灣的統治也有極大的負面作用。因此，很多人都認爲因爲這兩本書，讓江南惹來殺身之禍。

近代看法則傾向認爲蔣經國跟蔣家人（指蔣孝武）未必是主謀，主要策劃者是情報局的高層。據陳虎門口述：劉宜良被殺原因是情報局知悉了江南背叛臺灣情報局，在做「雙重間諜」（註二三），他以至少十萬美元的價格向大陸出賣情報，於是汪希苓下達制裁令，由陳虎門主簽決定「制裁」劉宜良。執行者就是由陳虎門手下受訓的陳啓禮、帥岳峰負責。

此案經過媒體的披露，臺灣當局的「國際」形象受到嚴重損害。這個「政府」竟然跑到海外來殺死一個「背叛」其組織的外國公民，這不僅引發臺灣而且在香港乃至整個華人世界的不滿和批判。這批判，可用「地震」二字來形容。尤其是從臺灣移民過來的老百姓，有點惶惶不可終日。他們馬上聯想到在高雄發生的美麗島事件，還有林義雄滅門血案和陳文成橫屍臺大校園案，紛紛猜測臺灣特務的魔爪已伸到太平洋岸邊來了。著名作家陳若曦是江南的好朋友，她陪丈夫到他家吃過飯，江南也喜歡參與被文友們戲稱爲「陳若曦旅館」舉行的文人聚會，陳若曦與江南同調在海外批評國民黨，所以她很快聽到一個「傳言」，說蔣經國開的暗殺名單除江南外，還有陳若曦等三人。出於預防，陳若曦生平第一次去買人壽保險，爲自己預籌一點喪葬費和孩子的教育費。這使沒有美國公民身分只拿加拿大護照的陳若曦，趕緊去申請了綠卡。

蔣經國是江南的老師，江南曾在蔣經國主持的「國防部」政治幹部訓練班受訓，是政工幹校第一期的學生，所以算是蔣門弟子。至於江南開的所謂禮品店，是爲掩蓋他做情報工作而設，這工作發展爲以搜集人稱臺灣最大的特務頭子蔣經國的材料。後來他整理成書，於一九八三年在美國加州《論壇報》上連載《蔣經國傳》。此傳從蔣經國的童年寫到晚年，裡面有不少內幕新聞和蔣家黑幕，比如蔣經國在江西南部工作時，曾與章亞若有了婚外情，育有兩個婚外孿生子：章孝慈和章孝嚴。《蔣經國傳》出版後，江南又用英文寫國民黨另一失勢人物原臺北市長吳國楨的傳記，同樣有許多訪問傳主得來的絕密資料。大陸一些讀者得知江南在《蔣經國傳》中披露了蔣經國不少醜聞，便很快跑到書店買了大陸新出的《蔣經國傳》，讀後卻大失所望。這位讀者買的是修訂版。

不管人們如何評說，江南是一位敢於揭露蔣家黑幕的英雄。這就難怪過了二十多年後，一個寫有「中國黃山龍裔公墓」的高大牌樓帶領遊客進入另外一個世界。這裡有「劉宜良江南先生之墓」，和用白色石頭刻成的江南半身雕像。在高大的墓碑後面，是一段墓志銘：

劉君宜良，筆名江南，一九三二年生於江蘇靖江，早年就讀於臺北師大，曾任《臺灣時報》駐外記者，後進美利堅大學攻讀博士學位，從事文化新聞事業二十餘載，並著有《蔣經國傳》等多部巨作。江南秉性好義求眞，對史傳之作，名噪遐邇，快筆直書，義無反顧。縱論時政，筆觸犀利，揭弊無遺，智仁之見爲佞者所不容。江南雖身處異邦，和風麗日時有祖國河山之戀，春花秋月常懷葉落歸根之願。深以國事分則損合則益，耿耿此心尤遭忌疑。嗚呼！不幸之災終臨其身，時年五十有二……

這裡，寄託了兩岸乃至整個華人世界對江南的無盡懷念。這位「不幸之災終臨其身」的文人，引起整個政權潰散的骨牌效應。暗殺事件本是蔣家政權崩解的前奏，它直接斷送了熟練地從控制情報到鏟除對手的蔣孝武的政治生命。從此之後，他遠離了臺灣的權力中心，結束了「蔣家二代的獨裁專制統治」（註二三），讓臺灣邁向民主政治，蔣經國臨終前就曾再三表示：「臺灣今後絕不會有蔣家的人來繼承我」。這「蔣家的人」，就是指在此案件中被質疑爲越洋殺人的幕後黑手、掛名爲「中國廣播公司總經理」、接班態勢甚爲明顯的蔣孝武。

江南遺孀曾聘請律師和臺灣當局打官司，後來庭下和解，和解的條件是當局賠償一四五萬美元。

註釋

一　劉心皇：〈自由中國五十年代的散文〉臺北：《文訊》一九八四年三月號。

二　劉心皇：〈自由中國五十年代的散文〉臺北：《文訊》一九八四年三月號。

三　臺灣就有一位小說家筆名為「下里巴人」。

四　臺　北：《民族報》，一九四九年十一月十六日。

五　臺　南：《中華日報》，一九四九年十一月十七日。

六　轉引自劉心皇：〈自由中國文學三十年〉，《當代中國新文學大系．史料與索引》（臺北：天視出版公司，一九八一年八月十日），頁一七。

七　孫　陵：《大風雪》〈附錄〉（臺北：拔提書局，一九六五年），頁四九三。

八　「第四組」編：《查禁三武俠小說》，臺北：《宣傳週報》第十四卷第二十五期，一九五九年十二月十八日，頁六。

九　鄭明娳：〈溫瑞安論〉，載林燿德、簡政珍主編：《臺灣新世代詩人大系》（臺北：書林出版社，一九九〇年），頁二六五。

一〇　據楊宗翰的考證：「文化中國」一詞由溫瑞安最早提出。一九七九年，「神州」創辦了一份新雜誌《青年中國》，繼第一期「青年中國」、第二期「歷史中國」後出版了第三期「文化中國」專號。楊宗翰：《台灣現代詩史：批判的閱讀》（臺北：巨流圖書公司，二〇〇二年），頁一六七。

一一　楊宗翰：〈神州人到馬華人〉，載《台灣現代詩史：批判的閱讀》（臺北：巨流圖書公司，二〇〇二年），頁一三九。

一二　王文泉：〈神州詩社的文化心理研究〉，中央民族大學二〇一二年碩士論文。

一三　辛上邪記錄：《瘂弦回憶錄》（南京：江蘇鳳凰文藝出版社，二〇一九年），頁二二一。

一四　葉洪生：〈回首「神州」遠——追憶平反「溫案」始末〉，臺北：《聯合文學》，一九九七年一月。

一五　臺　北：《中國時報》，一九八四年十一月二十日。

一六　龍應台：〈八十年代這樣走過〉，《狂飆八十》（臺北：時報文化出版公司，一九九九年）。

一七　作者余懷璘；臺北：《青年日報》，一九八五年十一月十九日。

一八　正　言：〈批評者應有的態度——給龍應台的建議〉，臺北：《青年日報》，一九八五年十一月二十六日。

一九　李正寰：〈「火把」與「火災」〉，臺北：《青年日報》，一九八五年十二月十二日。

二〇　龍應台：〈八十年代這樣走過〉，《狂飆八十》（臺北：時報文化出版公司，一九九九年）。

二一　汪希苓是蔣介石的侍從官，和蔣家淵源很深。汪希苓和別的情報人員不一樣：在美國他就看過《蔣經國傳》這本書，雖然和劉宜良少有往來，但他知道劉宜良個人的底細。

二二　另一種說是「三重間諜」，江南還爲美國情報局工作。

二三　陳若曦：《堅持·無悔》（臺北：九歌出版社，二〇〇八年），頁二八七。

第四章　身陷囹圄的李敖、柏楊

李敖、柏楊、陳映眞均是國民黨查禁書刊的主要對象，都是受白色恐怖迫害的難友，但三人不在同一陣營。李敖雖然在千禧年代表從國民黨分裂出來的新黨去參選總統，但他基本上是個獨行俠。柏楊則是國民黨內的「造反派」，而陳映眞是左翼人士，曾任「中國統一聯盟」創會主席，而名譽主席是李敖的「天敵」胡秋原。關於陳映眞，第八節有專論。

第一節　「文星」殉難小島

余光中曾說，六十年代初期是「我的文星時代」。這裡講的「文星」，係指蕭孟能夫婦於一九五二年在臺北衡陽路開的一家以「文星」命名的書店，另指創刊於一九五七年十一月十五日的《文星》雜誌。這本側重學術文化的雜誌，以「生活的、文學的、藝術的」爲宗旨，其內容很像美國新聞處辦的《今日世界》，以報導新知或其他重大事件爲主，設有校園之聲、文學評論、時事評論、藝術、現代詩、電影、人物等欄目。書店開張十年，雜誌辦了五年，均顯得平淡無奇，未能鼓動風潮，造成聲勢。直到中西文化論戰爆發，《文星》成了主戰場，各路人馬紛紛在該刊發表不同意見，尤其是李敖所發射的〈老年人與棒子〉、〈播種者胡適〉、〈給談中西文化的人看看病〉三顆重磅炸彈，《文星》一時洛陽紙貴，才有了眞正的文化生命。

余光中雖然不像李敖那樣在《文星》出盡風頭，但他也是《文星》舞臺上的重要角色。他獲取臺灣文壇的通行證，主要靠的是「文星」。他先後在文星書店出過兩本詩集《蓮的聯想》、《五陵少年》，另三本散文集《左手的繆思》、《掌上雨》、《逍遙遊》也在該書店出版。余光中在出版自己的作品時寫下了這樣的廣告詞：「中國文壇最醒目的人物之一，余光中是詩人、散文家、翻譯家。減去他，現代文藝的運動將寂寞得多。他右手寫詩，左手寫散文，忙得像和太陽系的老酋長在賽馬。」這裡說的「賽馬」，一點也不誇張。余光中除主持《文星》詩頁外，從一九六二至一九六五年的許多的重要詩作和文章都在《文星》發表，如頗具衝擊力的〈下五四的半旗！〉。

在《文星》月刊出版六週年之際，余光中寫了〈迎七年之癢〉，祝賀《文星》迎來它第七個春秋。他這樣高度評價《文星》的出現：

> 不按牌理出牌的《文星》月刊，居然打出了好幾張王牌。《文星》的出現，是近年中國文化界的一個奇蹟。用化學元素比喻，它是稀金屬，是鐳，是精神癌症的剋星。用血型比喻，則它是新血型，是C型（Courage）。《文星》是勇敢的，它不按牌理出牌，而且，只要看準了，往往全部show hand，絕不逃避。

接著余光中將《文星》的風格概括爲「年輕」、「獨立」，這裡說的獨立且超然的精神，正是《文星》的精神。他鄭重地宣告：「知識青年正等待《文星》以全力支持第二個五四」，即支持當時初具規模的在臺灣轟轟烈烈開展的現代文藝運動。

由於《文星》爲中國思想趨向尋求答案，在挖根上苦心焦思，在尋根上愼終追遠，在歸根上四海一家，在定向方面言辭激烈，尤其是有「憤怒青年」之稱的李敖，從第四十九~九十八期任主編時，他讓《文星》走「思想掛帥」的路。李敖深信思想應該領導政治，而不該政治主宰思想。思想本來是一切的根源，思想是冷靜的、愼密的；政治是狂熱的、粗糙的。在李敖執牛耳《文星》的四年裡，他努力在這種思考自由、思想獨立的大方向上，給《文星》讀者乃至兩岸的中國人指引前進方向，使中國人不受獨裁政治的誘惑，這就是李敖這位主編的眞正旨趣。

不是休閒刊物的《文星》，有思想，有追求，它在爲中華民族的思想撥亂反正，在行動上則永遠不忘祖宗。這種辦刊方針，一再觸怒了黨政要人，如曾任「國防部心戰組長」的侯立朝奉蔣經國之命，於一九六四年八月寫了一篇個人署名的檄文〈文化界中的一株毒草〉（註一）。作者以國民黨代言人自居，指控「文星」使用各種拳腳散布毒素和挑戰國民黨的威權統治。說什麼他們「無骨」又「又恥」，「國家在危難中不對共產黨全面戰鬥，而專門找國民黨全面戰鬥」。還說「文星」左右開弓，「左手它拉住『馬克思主義』，右手它牽著『自我中心的論斷』。」此作文風酷似大陸的紅衛兵，發表後反響甚微——儘管這個自印的小冊子也送了「文星」一本，可對方根本不理它，因而這位蔣經國的打手加足火力，又寫了一本更長的書《文星集團想走哪條路？》（註二）。該文分五部分：「從文化到政治、政治變天運作的實徵、文化典押動作的實徵、奧康之刀——刀！刀！、後設追蹤——追！追！」該文認爲，「文星」接過被查封的《自由中國》雜誌的棒子反體制。所不同的是，他們不是組織反對黨，而是透過造輿論從事「政治變天動作」。具體來說，是「倒翻政治體制、倒翻法律體制、倒翻教育體制、倒翻社會體制。」「倒翻」也就是推翻的意思。作者用聳人聽聞的「政治變天」去形容「文星」的輿論導向，很有點「語不驚人死不休」的味道。侯立朝另有《文星與李敖》（註三）。看到此書名有「李敖」二字，李敖讀後簡直高興得要跳起來。因爲此書不僅爲《文星》，也爲此刊的文膽做了廣告：「侯立朝是第一個嵌入『李敖』兩字做書名的人，後來兩岸出了五、六十本嵌入『李敖』的書。中國人得此殊榮的有孫、蔣、毛、胡適、魯迅，我是第六梯次。」（註四）

侯立朝原是經濟學教授，所以文中用了許多統計學方法，如從文章的數量統計，李敖在「文星」發表了二十六篇文章、陸嘯釗發表了二十篇、李聲庭發表了十一篇、居浩然發表了十篇。因而侯立朝封他們爲「文星集團急先鋒」。如不從數量上看，殷海光、韋政通、何秀煌、李晉芳、許倬雲等人的文章，殺傷力也很強，同樣被其視爲該集團的急先鋒。「當然，急先鋒只是急先鋒。先鋒隊的背後，有前進指揮所；前進指揮所的背後，有總指揮部。總指揮部有參謀團、資料室和補給處，這些都是當然的組織。我只說出『文星書店』是前進指揮所，所長是蕭孟能。」侯立朝開出「文星」骨幹成員名單和所謂的「文星」組織結構圖，是以公開告密的方式讓所謂「文星集團」成爲「警總」的刀俎之肉。

《文星集團想走哪條路？》還有圖表，如「文星集團」政治造反動作的模擬圖：

目標：政治造反

方式：倒翻正體、倒翻法律、倒翻教育、倒翻社會

力量：基本力量、國際力量、臺獨力量、赤色力量

目的達成：兩個中國、臺灣獨立、托管臺灣、投靠中共（註五）

這些指控有許多是子虛烏有，但官方相信侯立朝這類御用文人的說辭，便串連出一系列這樣的奇談怪論：文星是「匪諜頭子」、文星走《自由中國》的路、文星是左派「生活書店」的臺灣版，以及什麼文星叛亂、文星在海外「通匪」、文星爲匪宣傳、文星反對中國文化、文星煽動青年、文星影響人心士氣、文星污辱先烈和元首、文星推翻法制、文星顛覆政府……這些推論和指控，完全是無限上綱。正是依仗這些捕風捉影之論，官方於一九六五年八月三十一日先查禁該刊第九十期，再處分其停刊一年。

從三十一～三十五歲四年間，也就是一九六六～一九七〇年前後，是李敖的「星沉」時期。封殺「文星」及其靈魂人物李敖的手法中，最耐人尋味的是國民黨竟利用一批出身共產黨或曾經做過左翼人士的作家，去羅織「文星」的罪名，如參加過共產黨的謝然之，從一九六一年起任國民黨中央第四組主任，監督管制當時所有新聞傳播媒體的內容言論，權力很大，由此與李敖結怨。李敖在《李敖快意恩仇錄》中，專門有章節痛批謝然之，並揭了謝然之不少老底。

以謝然之爲代表的官方對文藝書刊開殺戒之時，恰逢孫中山百歲誕辰，李敖應約寫了一本《孫逸仙和中國西化醫學》，國民黨中央黨部要求給他們審核，通過後才能出版。李敖認爲這種做法沒有法律根據，被其拒絕。書出版後，正好發生了國民黨中央第四組主任謝然之與《徵信新聞報》老闆余紀忠的衝突這一事件。

作爲一位很有骨氣的文人余紀忠，在自己辦的報紙上發表了題爲〈黨紀國法不容誣陷忠良——請謝然之交出證據來！〉的社論，向這位「輿論總監」叫板。李敖索性「趁火打劫」，旗幟鮮明地聲援余紀忠，在一九六五年十二月一日出版的《文星》第九十八期發表〈我們對「國法黨限」的嚴正表示〉，矛頭直指國民黨中央及其主管宣傳的太上皇謝然之。

李敖的戰法是以子之矛攻子之盾，指出謝然之違反了蔣介石的「不應憑藉權力，壓制他人」的指示，與蔣介石所說的「必須放棄一切偏激的、狹隘的、不忍的作風」唱反調。這篇文章火力很猛，構成了《文星》被消滅的最後條件，作者引火燒身也就立竿見影了。謝然之當然不甘俯首就擒，便利用他的權力封殺「文星」，明白告訴蕭孟能的父親蕭同茲「茲據有關方面會商結果，認爲在目前情況下《文星》雜誌不宜復刊。」於是在黨的命令超過行政命令之下，《文星》生存環境更加惡化，最後以冤沉小島告終。李敖說，「這是好像先用行政命令把你打暈，然後再用黨的命令把你殺死。」(註八)這「黨的命令」是指由蔣介石親自下的手令：「該書店應即迅速設法予以封閉」。一九六八年一月二十五日，「警總」用鐵腕手段掐死「文星」。同年三月十五日，「文星」總經理鄭錫華被扣上「涉嫌叛亂」的罪名被捕。三月二十日，蕭孟能被以同樣罪名抓進保安處審問。三月三十一日，在「文星」正式進入墳墓和歷史前，還發生了動人的一幕：爲了搶購，爲了抗議，也爲了惜別，許多讀者將書店擠得水洩不通，場面之壯觀令李敖欣慰，同時令「文星」的敵人膽寒。

在「文星」宣告結束的廣告與海報出現後，一九六八年三月十七日出版的《紐約時報》，便提前報「喪」：

臺北文化人失去書店

治安人員的壓力迫使關門

……從一九六〇年雷震坐牢，到《時與潮》雜誌結束，一連串的文禍都使持不同意見的知識分子常遭逮捕與迫害。文星書店的關門，重新揭開了知識分子的舊仇新恨，和那年復一年的創傷。

歷經朝野雙方共同追殺的「文星」長達四年風雲中，由於黑上加黑，沉上加沉，李敖終於沉到牢裡去了，詳見下節。

第二節　李敖：禁書最多的作家

從中國歷史上看，禁書最多者當推董狐筆還有太史簡，其後有司馬遷及其《史記》。司馬遷寫禁書的時候是生不如死，漢武劉徹臨終前，又將司馬遷處決。「以玩世來醒世，用罵世而救世」的李敖，勇敢地繼承和發揚司馬遷的叛逆精神，帶頭辦黨外雜誌興風作浪，企圖透過寫書顛覆國民黨。

對李敖來說，一九六三年九月二十五日是最難忘的大日子。這一天，文星書店出版他的處女作《傳統下的獨白》，後來又出了不少書包括《閩變研究與文星訟案》，可全交了「華蓋運」，無不被封殺。

剛過而立之年的李敖，眼看前進的道路上布滿了深坑，靠寫作很難謀生，便宣布出版《李敖告別文壇十書》，以得來的版稅爲賣「李敖牛肉麵」鋪路。一九六六年九月一日，李敖在多家媒體尋求刊登賣牛肉麵的廣告。大名鼎鼎的作家既然去做小商小販，這顯然是李敖對當局逼得他走投無路所發洩的憤恨情緒。無論官方媒體如何拒登他的廣告，他都下定決心出版《李敖告別文壇十書》和賣牛肉麵。他在給余光中的信中說：

> 「下海」賣牛肉麵，對「思想高階層」諸公而言，或是駭俗之舉，但對我這種縱觀古今興亡者而言，簡直普通又普通。自古以來，不爲醜惡現象所容的文人知識人，抱關、擊柝、販牛、屠狗、賣菜、引車，乃至抹鏡片、擺書攤者，多如楊貴妃的體毛。今日李敖亦入貴妃褲中，豈足怪哉！我不入三角褲，誰入三角褲？

也許有人會嫌李敖的文字粗俗，可粗俗，正是他行文的一大特色。至於許多人對李敖棄文從商大惑不解，李敖如此寫出苦衷：

> 最主要的是：我已經喪失了一個從事寫作者應享的權利與方便，出書的困難與成本，要比別人高出許多。

這是給友人杰業回信中的一段話。回覆水土的信中則云：

> 你要我打消賣麵念頭，「繼續煮字下去」，你可知道當今之世，「字」豈易「煮」哉？煮好了麵，別人不吃，老夫自己吃，吃它個渾身牛皮味；可是煮好了字，能夠達到「畫餅充饑」的奇效嗎？你只知道我五年來寫文章，「讓大家解解悶」；你可知道我五年來沒有一個正式職業，而最後負債滿身嗎？

賣牛肉麵，本是李敖的氣話，也是他反抗現實的一種特殊方式。以他的地位，當然不會去擺攤。即使賣牛肉麵，國民黨也不會放過他。以一九六六年十一月九日而論，特務搶李敖以賣牛肉麵爲名在印刷廠裝訂的書。沒穿制服的特務警告李敖，你是個烏鴉，但不是孫悟空，你的《烏鴉又叫了》和《孫悟空和我》，不准與讀者見面。書被沒收後，李敖又被帶到警察局，這時他才知道被查禁的遠遠不止兩本。《李敖告別文壇十書》中，《烏鴉又叫了》、《兩性問題及其他》、《李敖寫的信》、《也有情書》、《孫悟空和我》、《不要叫吧》這六本書全都封殺，而《媽離不開你》、《傳統下的再白》、《大學後期日記甲集》、《大學後期日記乙集》，則要求在撕掉蝴蝶圖案及封底後，才可以到市場出售。就這樣，「告別」一書來不及一紙風雲，就胎死腹中。

在政治高壓下，賣文維生不可能，賣牛肉麵更不可能。爲了謀生，李敖再次放下身段，於一九六八～一九六九年間，靠賣電器爲生。他這時忙裡偷閒，編過《胡適語粹》，但不能掛名，以免警察又找上門來。此外他還進入賭場，後有人告他出老千。法官問舉報人你有何證據，舉報人答曰：「我那天記了日記，有我自己的日記爲證。」李敖聽後差點笑出聲來：「這叫什麼證據！如果他日記裡面記我是匪諜，難道我就是匪諜？」理直氣壯的李敖，既反駁了對方，也含沙射影攻擊「警總」，可謂一箭雙雕。

深藏不露的李敖，還與老國大代表湯炎光一起創辦過《文風》雜誌。湯氏做有名無實的發行人，負責內容和編務的是李敖。由於經費有限，這個雜誌其實只有一張紙，四個版面。剛出版一期，「調查局」就前來調查，創刊號也就成了終刊號。

窮得叮噹響的李敖，只好靠出售《古今圖書集成》的舊書換取飯票。爲廣開生路，李敖還和演藝圈的人士接觸。一九六八年十二月八日，著名藝術家李翰祥要李敖幫忙找古代的《唐伯虎千金花舫緣》，李敖滿口答應，但要他拿一百美金作為辛苦費，李翰祥覺得他獅子大開口，李敖說：「翰祥啊，知識很值錢啊！你拿這知識，可以編劇本賣大錢；別人提供知識，怎可以賣小錢啊！」李翰祥說不過他，只好付錢。過後李翰祥落魄，官方給他加了一條罪名「辱罵政府勾結文星李敖」，還說「雙李」在每晚見面餐敘時，「均以罵社會、罵黨國、罵領袖為話題。」這眞是欲加之罪，何患無辭。

遠在六十年代，李敖就想辦一份宣傳自己主張的雜誌，便向新聞局申請了《千秋評論》刊物的執照，但因為李敖與蕭孟能打官司，犯了所謂「竊占罪」被判刑半年。按規定：有案底的人不能辦雜誌，於是《千秋評論》執照被吊銷。既然雜誌辦不成，以智慧、力量和狠心腸的強者哲學去占領輿論陣地的李敖，便另用《李敖千秋評論》叢書的名義，以月刊的形式出版。

查禁《文星》五年軟禁李敖十四個月後，官方終於動手抓在該刊興風作亂的這位文化鬥士。一九七一年三月十九日晚上，李敖被捕。一九七二年三月十一日，官方以「叛亂罪」判他十年徒刑，後獲減刑。李敖入獄前在其情人的幫助下，編好了《李敖千秋評論》叢書共六冊，幾經輾轉，交由葉聖康主持的四季出版社出版。

因書惹禍的李敖，不時接到威脅電話和黑函。他早就作好魚死網破的準備，曾給為他出書的香港出版人王敬義寫信表示「以死事相托。」由此可見李敖寧死也不肯向黑暗與腐敗勢力低頭的錚錚鐵骨。

當《李敖千秋評論》第一冊終於出版成功，也就是在李敖入獄後的二十天，李敖得意地說：前後四年兩個半月，一共出了五十期，但《李敖千秋評論》面世只三十九天，就被文探們發現而沒收。第二冊出版後四十六天，同樣被封殺。「勤奮如此，有恆如此，鍥而不捨如此，守此不去如此，江郎不才盡如此，眞是古今中外第一人！」（註七）從第一期《千秋．冤獄．黨》首篇〈被封殺的《千秋評論》〉，到一二〇期《十年·十年·停》的〈《千秋評論》停刊告白〉，屈指一算剛好十年，而李敖本人也由四十六歲走到五十六歲。他給廣大讀者留下的精神食糧是一二一本的《千秋評論》。他就這樣歷盡艱難險阻，從書店、發行、人事的各種變化，到官方「五堵」、「七堵」、「八堵」式的堵塞，「魔鬼機器警察」式的消滅，導致這些書的銷路已完全淪入「地下文學」而跌入深谷。

據統計，《李敖千秋評論》叢書被查禁的期數計有：一、十一、十六、二十二、二十六～二十八、三十二、三十四、三十六、三十八～四十、四十三（下）、四十四～六十九、七十一、七十四，總計查禁四十二期。也許有人會問：七十五～一二〇期爲什麼允許出版呢？這是因爲一九八七年七月十五日已經解除戒嚴了。據廖爲民的統計，七十四期中被查禁了四十二本，查禁率約百分之五十七（註八）。

一九七六年十一月十九日，李敖特赦出獄。從高牆中走出後，又開始他沒有青春只有鬥爭的生涯，他的第一個動作是由遠景出版社出版《獨白下的傳統》，由此獲得「一個得人心的英雄」的稱號。「遠景過去沒有李敖，李敖過去沒有遠景，現在，都有了。」（註九）

李敖之「反對國民黨，不是出於狹窄的政治利益，而是發自歷史和文化的深厚哲學，也是出於對民主自由的信仰和人權人道的大精神。他的思想是廣泛、深刻、清晰、嚴密而有良知的。」（註一〇）一九七九年六月李敖東山再起後，於一九八〇年四十四歲時出版《李敖全集》。他復出後最風光的事是出全集、上報、結婚和離婚。所謂「上報」，是由高信疆邀請李敖上《中國時報》，這很快引起官方的注意和不滿，甚至由蔣孝武出面干預，但李敖仍然堅持鼓吹民主自由，只是在策略上，跟「文星」時期有所變化。他不再主張「和平而緩慢的轉移式改革」體制，而以激進姿態主張體制翻盤，要求國民黨立馬下臺。前後相比，李敖不再是「淑世的改良主義者」，而蛻變爲「激進改革體制」者。本來，李敖和蔣介石屬敵我矛盾。只有使用一個階級推翻另一個階級的革命，才能將這個矛盾化解。李敖深知此理，此後不再「諒解」和「容忍」。對參加立法委員選舉，他十分瞧不起，認爲這不過是「搶雞骨頭」的把戲，此種選舉其目的是在抗議而不是在體制外改革。而體制外的改革，是「菁英抗暴」和「甘地式抗暴」，只有這樣才能解決根本問題。

在一封被查禁的信中，李敖說：「我是不屑於同國民黨做任何形式合作的。承認它的體制，即使反對它，也會有遺憾的。所以古代的合作主義者，第一條就是不奉他所厭惡的政權的正朔，只有這樣，才算澈底。」李敖反對和企圖推翻體制，主要是他一直受到國民黨的打擊和封殺其作品。對國民黨，李敖自然只有深仇大恨。他認爲，國民黨已病入膏肓，它是一頭自欺欺人的紙老虎。在〈咬熊、鬥牛與政治〉中，李敖宣言：

> 我追求自由民主，但不相信我和老虎謀這張畫皮。讓我們回歸到自己，歸根在同仇敵愾。讓我們不要相信敵人，也不要相信那老是想同敵人合作的「同志」。

一九八一年八月初，因批評臺灣當局，李敖再度被捕入獄一年。兩次「進宮」，李敖成爲聲名遠播的風雲人物。他「伸張正義，以代天討。」他罵國民黨越來越凶，而官方對他書刊的查禁也越來越猛：除使用跟綜與監視這一手段外，還在他家中書架的頂層偷裝了竊聽器。李敖不是有三個保鏢和一輛豪車的權貴之人，他印書賣書都得親自動手。不怕窮困的李敖，何懼圍剿、恐嚇、查禁乃至焚書。李敖深知這玩的是一種「保證互相毀滅」的遊戲。他在《千秋評論》第十三冊中說「……就是作戰的一方，不怕另一方一舉毀滅性的攻擊，因爲不論你怎麼毀滅我，我在被毀滅同時，都有毀滅你的能力，使你清楚知道，你惹我，你是得不償失的，你自己也要付出被毀滅的代價。」不怕毀滅的李敖，自然不怕犧牲，視死如歸。

李敖在〈《千秋評論》停刊告白〉中引用曹雪芹的詩句：「字字看來皆是血，十年辛苦不尋常。」爲報復當局查禁「皆是血」的《千秋評論》，李敖花樣翻新另出有《千秋評論號外》，這「號外」創刊於一九八三年八月二十五日，第二期爲《開槍・鬥牛・蛋》，第三期爲《雞骨・泡沫・搶》，一九八四年四月十五日出版的第四期爲《公論・私通・我》，後者係李敖在黨外雜誌《深耕》、《政治家》、《民主人》所發表的文章結集。至於每月出版一期的《萬歲評論》叢書，於一九八四年一月二十三日創刊，書名爲《萬歲・萬歲・萬萬歲》，與李敖《千秋評論叢書》錯開出版，共出四十冊，其中三十六冊被查禁。《萬歲評論》第八期面世十三天後被查禁，十六日就有市面上的搜書事，十八日李敖接官方命令曰：由臺北市天元圖書公司代理發行之「《萬歲評論叢書》八《白水・白水・白開水》乙書，其中之〈烏雲接落日〉、〈歷史臉譜〉兩文，蓄意爲共匪作有利宣傳……」李敖幽默地回應說：「我整天忙著對自己宣傳還來不及呢！無暇『爲匪宣傳』也。」（註一一）

《萬歲評論》叢書除李敖的文章外，另有曾心儀、叢甦、唐文標、李昂、王拓、丁穎、東平等八十五人的作品，一九八七年三月三十一日發行至第四十期《羊頭・羊頭・掛羊頭》時，李敖用〈掛「千秋」羊頭，賣「萬歲」狗肉〉作爲終刊詞。

值得肯定的是，不管「警總」一直在撲滅李敖，他的名字一概不准在報紙、雜誌、收音機或電視上提及，但李敖總以苦撐待變應對，「繼續出出出出出下去。不但出出出出出，並且爲了回以顏色，我還不斷升高言論，以於報復……總之，國民黨惹了我，就活像惹了一窩文化虎頭蜂，不把國民黨螫個半死，那才怪呢！」（註一二）也就是說，心有不甘的李敖，還要繼續放火下去。有勇有謀的李敖，決定跟當局玩貓捉老鼠的遊戲，採取你禁一本我再出一本的新辦法，讓《李敖千秋評論》每月仍與讀者見面。爲防患於未然，李敖用更換出版日期的方法與查禁單位周旋。李敖戲稱這種日期的更改爲「經期不調」。

禁書令導致一些作家不敢寫作就是寫了也不敢出版，長期被「警總」派員跟蹤的李敖，照舊頂風「作案」，出版眾多批判國民黨乃至民進黨和蔣介石的圖書，如《孫中山研究》、《蔣介石研究》（一～六集）《蔣經國研究》、《國民黨研究》（一～二集）、《民進黨研究》、《鄭南榕研究》、《冷眼看臺灣》。這裡說的鄭南榕，曾因「臺獨」理想無法實現而自焚。

從一九八二年到一九九二年，李敖所展開的解構國民黨的「筆伐」大業，以《審判國民黨》等一百多本著作做支撐，其中有九十六本被禁，成爲當下全世界被禁書最多的作家。官方查禁李敖的書，儘管更換各種理由，其實是換湯不換藥。如查禁《李敖千秋評論》叢書第一冊的罪名是「內容淆亂視聽，挑撥政府與人民情感」，第十一冊的罪名是「鼓煽暴力，誇張事實，淆亂視聽，危害社會治安秩序」，第二十六冊的罪名是「破壞團結，更以猥褻文字，破壞社會公秩良俗，足以影響民心士氣」，《萬歲評論》叢書第四冊的罪名爲「公然散布謠言，爲匪宣傳，曲解事實，誣衊政府，挑撥政府與人民情感。」《萬歲評論》叢書第二十九冊查禁的理由則升級爲「詆毀國家元首。」

李敖反查禁最精彩的是與高雄警方所做的一場較量：一九八五年四月十五日，李敖在臺北出版《我給我畫帽子》一書，托高雄書商孫慧珍銷售一部分，警察王聰琰巡邏時，認爲李敖的書都是反政府的書，因而不管三七二十一將此書沒收。孫慧珍告訴他：此書並沒有查禁，王聰琰氣勢洶洶地說：「我是警察，有權決定查禁任何書刊！」屢出屢禁、屢禁屢出的李敖知道後，感到王聰琰這回違法了，給自己製造了一個絕好的反擊機會，便給高雄市長寫了一封題爲〈致臺灣第一不要臉書〉，控告市長假借職務上的權利，教唆下屬扣壓他不在查禁之列的書籍，已觸犯了刑法第一三四條，高雄市政府理應負起賠償責任。市長接信後不加理睬。深信鬥爭哲學、以做「刁民」爲榮的李敖，又向高雄市政府遞交〈損害賠償損失書〉。在李敖窮追不捨的情況下，市長只好同意賠償，並將王聰琰作出調職處分。

解除戒嚴以後，查禁圖書所依據的七種法令中，「戒嚴法」和〈臺灣地區戒嚴時期出版物管制辦法〉在新形勢下已無法使用，查禁的罪名也沒有從前那麼多，查禁機關爲此發生了「要禁書，缺罪名」的不方便，如「新聞局」手中所能掌握的只有「出版法」和「出版法施行細則」。用這種殘餘的法律去禁書，範圍就不可能像以前這麼大。李敖的《蔣介石研究》、《蔣介石研究續集》、《蔣介石研究三集》、《蔣介石研究四集》及《蔣經國研究》等書，無論用「出版法」那個條目去對號都對不上。但「新聞局」還是以這些書所謂史實不清乃至「無中生有」的名義去查禁。李敖得知後寫了一篇雜文，和「新聞局」局長辯論，認爲他的查禁手法邪門，只能爲後人留下笑柄。

作爲「文化太保」的李敖，既是寫禁書最多的作家，同是也是輾轉於書攤搜求舊書中的禁書最多的出名人物。在五、六十年代，李敖用他的砍價技巧外加一擲千金的氣魄，使一些老闆埋怨很多有價值的舊書，都被眼明心快的李敖「搶」走了。「禁書等於最好的暢銷書」這句話移作李敖身上，也最名副其實。臺北的所有舊書攤，差不多都有李敖的違禁作品。「其中尤以李敖在八十年代入獄服刑期間總共發行一二〇期的《千秋評論叢書》」（註一三），以及四十期的《萬歲評論叢書》，稱得上是臺灣舊書店最暢銷或最長銷的作品。這些都是當時查禁書刊的漏網之魚或盜版蜂起的產物。「快意恩仇、百無禁忌的李敖曾多次開玩笑說：過去有很多人將封面印有〈裸女畫〉的李敖書誤認爲黃色書刊，回家後才發現買錯了書，結果陰錯陽差變成了他的讀者。這或許可以讓人聯想到『千秋』與『萬歲』系列爲何總是常以『西洋裸女』作封面。」（註一四）

哪怕反抗官府無異是雞蛋碰石頭，但李敖仍然我行我素衝決文網。一九九一年李敖創辦了《求是報》，其廣告用詩寫成：

> 李敖創辦《求是報》，
> 男人喊爽女人叫。
> 別的報紙是手槍，
> 我們報紙是大炮。

這首廣告詩送到電視臺被拒登，理由是用詞「不雅」：男人不能喊爽，女人也不能叫。李敖只好把「男人喊爽女人叫」改爲「好人喊爽壞人叫。」但仍然通不過，因爲廣告詞還有殺氣騰騰的「手槍」和「大炮」。八年後李敖創辦電子報，他又把這首廣告詞改了一下，總算可以借電子報開「炮」了。

李敖以一人勇敵百萬黨政軍特，以一張嘴罵遍天下卑鄙小人，以一枝筆寫盡查禁書刊黑幕。官方想撲滅他，但李敖越批越香，讀者也越來越多。李敖在一九九八年九月一日出版的《李敖快意恩仇錄》

中，爲高雄市政府向他賠錢一事得意地寫道：「刁民鬧衙，國庫賠錢，有民如此，夫復何言！」

從以上李敖眾多作品被禁這一事件對照戒嚴社會的發展過程，可以發現查禁者的理性與被查禁者的情感是並行的、二元的。相對來說，〈戒嚴法〉強調理性，李敖和他的紛絲強調情感。「警總」和這二者導致整個社會生活秩序、讀書秩序，甚至政治秩序大異其趣。出版者及編者、作者李敖再加上讀者由情感走上了自由主義；官方〈戒嚴法〉是理性主義占主導地位，強調統一思想及其理性建構，由此走向專制主義；「警總」強調意志，用鋼鐵般的意志和手段撲滅自由思想，最後走向納粹的極權統治。這統治導致錯判的情況極多，如超級統派李敖，因與「臺獨」巨頭彭明敏共同反對國民黨結成統一戰線（但李敖堅決反對「臺獨」），一度竟被判爲「臺獨」人士，這是抓住一點不及其餘，可謂是顛倒黑白。

第三節　柏楊：臺灣的「扁鵲」

柏楊（本名郭定生，又名郭衣洞）和李敖同樣是著名的雜文家，又是和張學良、李敖一起並稱的臺灣「三大難友」。

柏楊於一九六八年任《自立晚報》副總編期間。其夫人倪明華任職另一家《中華日報》，此報從美國進口了連環畫《大力水手》，夫人建議柏楊翻譯。這篇翻譯，刊登在一九六八年一月三日的《中華日報》家庭版。

《大力水手》譯稿寫卜派父子從內陸逃到小海島上，在那裡建立獨立王國，並開始爭權奪利競選總統。結果父親當了總統，兒子成了皇太子。這組畫刊出後，很快被人告密爲影射蔣家父子。一九六八年二月二十六日，由國民黨中央委員會第四組、司法行政部調查局、臺灣省警備總司令部、臺灣市警察局聯合組成專案組，偵探此案。專案組一致認定：《大力水手》漫畫是「挑撥政府與人民之間的感情，打擊最高領導中心。在精密計劃下，安排在元月三日刊出，更說明用心毒辣。尤其出自柏楊之手，嚴重性不可化解。」這「嚴重性」表現在想像力特強的柏楊並未忠實於原文，創造性地加上「六百萬」，便被認爲是影射當時的臺灣人口；〈告全國同胞書〉也是原文沒有的，這進一步被認爲是影射蔣介石於例年元旦所發表的〈告全國軍民同胞書〉。柏楊由此被捕，倪明華則被迫辭去中國廣播公司長達七年的工作。她到處托朋友幫忙營救外子，尤其是給海外科學家、有「中國原子科學之父」之稱的孫觀漢寫信，孫觀漢也的確在海外發起了聲勢不小的營救運動。

原本由軍法審判柏楊爲死罪，後因調查柏楊另一部描述俄共、紅軍「殘暴」情況的《煌蟲東南飛》小說的指控落實不了而減刑。這部小說明明是反共抗俄，但調查官員們認爲：柏楊對俄共情況知之甚詳，是否與俄共有勾結？這種荒唐的推論自然無法成立，因作家寫殺人不一定要當劊子手，寫妓女也不一定要親自去當嫖客，便改判柏楊有期徒刑十二年，並開除國民黨黨籍。有關當局不管是逮捕、起訴還是判決，都是暗箱操作，從未公諸於世，臺灣的媒體也無法進行任何報導。

大陸學者陳漱渝訪問柏楊時，問他「《大力水手》有沒有主觀故意諷刺蔣家父子？」柏楊答：「我當時並沒有想搞什麼影射，但在潛意識中卻有不滿蔣家父子的東西……我切身感受到蔣經國神經過敏得很。」這種回答有點「此地無銀三百兩」。所謂「潛意識」云云，說明柏楊的確多多少少有「主觀故意」。柏楊又爲「影射」舉例說，有一部西方影片，描寫拿破崙被囚於一個海島，蔣經國看後竟說「這是在諷刺我們退居海島呀！」這部影片就這樣被禁了。（註一五）這部外國電影當然不可能影射臺灣發生的事情，柏楊舉此例是爲自己的「影射」辯護。

柏楊在軍警人員的逼供下，曾自誣編造自己的「犯罪事實」。後來因蔣介石逝世減刑爲八年，但一九七六年刑滿後又被移送「警總」綠島指揮部，再非法囚禁一年二十六日，後來因爲國際特赦組織等人權團體的要求才被釋放。柏楊在黑暗、殘暴、冷酷的監獄中，前後整整囚禁了九年二十六日。出獄後妻離子散，眾叛親離。他除了身上的囚衣，一無所有。

由於柏楊自少年時期愛讀魯迅、巴金等左翼作家的作品，思想一度左傾，有所謂「前科」，故與柏楊有關如由藍玉鋼編、於一九八二年八月一日四季出版社出版的《〈七十年代〉論戰柏楊》，也遭查禁。這本香港出版的書，登載了許多爲柏楊辯護、主張言論自由的文章，如姚立民的〈評介向傳統挑戰的柏楊〉，讚揚柏楊對於世事、人情是既洞明又練達，這出自於豐富的人生體驗。另有林啓邦的〈柏楊案件並非文學問題〉。九位作者的十三篇文章，雖然看法不一致，但仍認爲柏楊被關押是文字獄造成的。臺灣「警總」表示，此書「內容淆亂視聽，挑撥政府與人民情感」，且《七十年代》係「匪僞」在境外出版的刊物，故依法予以查禁。

柏楊是著名的雜文家，他的作品洋溢著滿腔救國救民的熱血和正義感。官方對柏楊的彈壓是無視民意、民權的專政表現。柏楊的作品大力抨擊臺灣當局的專政，其動機是要建立一個民主開放的社會，爲清除現實的陰暗面而努力。拘捕柏楊，澈底撕掉了所謂「自由中國」民主自由的假面具。

柏楊還是小說家，他用鄧克保筆名發表的小說《異域》，寫一支流落中國雲南和緬甸的孤軍，在充滿毒蛇、猛獸、螞蟥、瘧疾和瘴氣的異域苟延殘喘，企圖和解放軍背水一戰。這裡有沉重的所謂喪國之痛，還有淒慘的哀號。這是七十年代大學生最愛讀的報告文學式的小說，行銷百萬冊，震撼臺灣整個出版界。小說被改編成同名電影後，檢查官認為有六段不妥，如把國軍寫成老打敗仗，裡面充斥著殘兵敗將的鏡頭。柏楊寫信給新聞局局長邵玉銘申辯：這是紀實，國軍的確打過敗仗，既然有敗仗就有殘兵敗將。如果粉飾現實，就會造成民怨。迫於輿論的壓力，官方於一九九〇年八月二十二日正式將電影《異域》裁定為「輔導級」，不修剪准許上映。

集思想家、歷史學家、小說家、雜文家於一身的柏楊，堅定地認為臺灣是一個病態社會。他以臺灣的「扁鵲」自居，專醫醜陋心靈之病、「醬缸文化」之病以及沉疴的老昏之病。這裡說的「醬缸文化」，是指中國社會歷經數千年的演變，由於君權過盛，整個社會慢慢地由因循守舊而形成一個大「醬缸」。在這個「醬缸」中，人們喪失自尊，失去獨立人格，芸芸眾生都被醬成只會討好上級欺負老百姓的軟骨動物。像貪污盛行、忠奸不分、各種現代民主社會中極力排斥的弊端，在「醬缸」社會裡卻經常出現。更由於大家見怪不怪，視為當然。柏楊由此認為一百多年來中國國勢之所以不振，係「醬缸文化」既深又大所造成的。柏楊因此呼籲國人要正視「醬缸」的存在，為打破「醬缸」或稀釋「醬缸」的腐蝕度而努力。

在七十年代，針對大陸發動的「破四舊」的文化大革命，蔣介石在臺灣發動了「中華傳統文化復興運動。」柏楊的「醬缸文化論」，便被認為有損中華傳統文化的光輝，不利於「中華文化復興運動」的開展，更何況柏楊對儒家思想的批判與當時大陸掀起的「評法批儒」的論調十分相似，當局便給柏楊扣上為中共進行文化統戰的罪名。

柏楊多種作品被查禁，告訴了廣大讀者許多殘酷的事實：在威權統治時代，臺灣並沒有言論自由，行政和司法糾纏不清，新聞界沒有自由報導的專利，廣大民眾有的是惶惶不可終日的幻想力。當然什麼事情都有兩面性，如從正面看，柏楊案充分說明一位富有正義感的作家不會孤軍作戰，許多讀者都會聲援他，這是因爲「柏楊冤獄在打破中國傳統之君權政治思想上，不啻爲一有力的催化劑。」（註一六）

幾十年來，柏楊用他的天才，用他的勤奮，用他銳利幽默針砭時政的文字，爲社會做了許多療病的工作。他爲實踐民主科學的觀念服務，爲人道服務，這就是這位「扁鵲」在歷史上所建立的不朽功業。

註釋

一　一九六四年八月自印，後又收在《文星集團想走哪條路？》的附錄中。

二　侯立朝：《文星集團想走哪條路？》，自印，一九六六年三月。

三　臺　北：現代雜誌社，一九六八年十月。

四　李　敖：《李敖自傳》（北京：人民文學出版社，二〇一八年），頁一五八。

五　侯立朝：《文星集團想走哪條路？》，自印，一九六六年三月。

六　李　敖：《李敖自傳》（北京：人民文學出版社，二〇一八年），頁一六〇。

七　李　敖：〈《千秋評論》連出五十期了〉，載《李敖雜寫》（北京：中國友誼出版公司，二〇一一年），頁一〇三。

八　廖爲民：《我的黨外青春——黨外雜誌的故事》（臺北：允晨文化事業公司，二〇一五年），頁二二四。

九　韓妙玄：《消滅李敖，還是被李敖消滅？》（臺北：遠流出版事業公司，一九八五年），頁一二九。

一〇　彭明敏：〈自由的滋味〉，見《李敖自傳》（北京：人民文學出版社，二〇一八年），頁二四五。

一一　李　敖：《李敖雜寫》（北京：中國友誼出版公司，二〇一一年），頁六五。

一二　李　敖：《李敖雜寫》（北京：中國友誼出版公司，二〇一一年），頁二二。

一三　李志銘：《半世紀舊書回味（一九四五～二〇〇五）》（臺北：群學出版公司，二〇〇五年），頁一一三。

一四　李志銘：《半世紀舊書回味（一九四五～二〇〇五）》（臺北：群學出版公司，二〇〇五年），頁一一三。

一五　陳漱渝：〈他在爭議中保持自我〉（北京：《團結報》，一九九一年四月二十七日）。

一六　吳新一：〈柏楊事件的啓示〉，《柏楊六五——一個早起的蟲兒》（臺北：星光出版社，一九八四年），頁三四。

第五章　彈壓「臺獨」書刊

第一節　林央敏的「迷惑」

一九八〇年代後期，林雙不、宋澤萊與林央敏有「文壇三劍客」之稱。這「文壇」當然不是「臺北文壇」（註一），而是指「南部文壇」。這個「南部文壇」，從海外引進「臺灣民族主義」這一概念作爲精神支柱，激進的林央敏甚至把它昇華爲「臺灣國家主義」。宋澤萊的《臺灣人的自我追尋》、林央敏的《臺灣民族的出路》及《臺灣人的蓮花再生》三本書，就是這種論述的結晶。

據林央敏的解釋，爲「獨立建國」作輿論準備的「臺灣民族文學論」，其內涵爲：

一、是本著臺灣人意識，站在臺灣人立場的社會寫實文學。這裡所謂的「臺灣人」，是臺灣民族中的臺灣人，所以臺灣人意識也可以稱爲「臺灣民族意識」。

二、他的風格與內容是本土性的臺灣文學。因此是扎根在臺灣歷史的、文化的、社會的、民眾的文學，所以是社會寫實主義的文學。這正好繼承了日據時代，臺灣新文學運動的本土精神與寫實風格，而不是繼承中國三千年的中國文學傳統，因此臺灣新民族文學的臺灣色彩很鮮明。也正因爲如此，臺灣的民族文學掌握了世界文學的大傳統，得以在世界文學的行列中，稱得上是代表臺灣特色的臺灣文學。

三、它的精神是反抗壓迫的人權文學。臺灣新民族文學的這一特質也繼承了日據時代臺灣舊民族文學的反帝、反封建、反殖民精神，不過反抗的對象有些轉移，由反清、反日變成反國民黨空降政權的壓迫與反中國（共）侵吞，再加上反抗第一世界的經濟帝國主義，而且還明白地標舉出爭人權的意向。這種富於抗爭精神的作品，有人稱之爲「人權文學」。

眾所周知，在辭典裡只有「中華民族」，未有「臺灣民族」。從這一論述也可以看出，「臺灣民族文學論」與過去文學本土論的最大不同，是突出臺灣文學排斥中國文學的立場：論者不僅將反抗矛頭指向中國國民黨，也指向對岸的中國共產黨。

這「三劍客」各人的路數不同：林央敏既寫小說，還寫新詩，這是林雙不、宋澤萊所不及的。宋澤萊和林央敏本是同一戰壕的戰友，他曾以「高舉民族、人權雙面大旗的文學健將」爲林雙不定位。他認爲林雙不的《大統領千秋》，是臺灣第一本批判最高統治者的「暴君小說」。這裡說的「暴君」，具體來說是指蔣介石。這部作品不加掩飾地鞭撻暴君，對其獨裁統治作了無情的揭露。但是，不能將這部作品視爲紀實小說，畢竟有許多虛構的成分，再加上作者巧妙運用反諷筆法，繪聲繪色，讀來使人感到比報上的新聞更加眞實。下面是小說末尾所解構的「聖王權術」及其「帝王神話」：

（本報訊）昨日萬聖節，我們偉大首腦大正凱撒．阿里固達大統領崩殂，舉世同哀，即使平日游手之徒亦爲大統領的仁義道德所感化。昨天下午一點多，藏匿於興華達克地區的流氓五十餘名，群集興華達克縣城的大正廣場，向三十米高的凱撒大統領銅像拜跪自首，舉行懺悔儀式……圍觀民眾皆受感動，或謂凱撒大統領人格高超偉大，他的崩殂已使頑石點頭浪子回頭。昨日跪哀儀式，經過三個小時後，彼等流氓仍跪哭不起，後經保警大人一番苦心婆勸，乃自請警方爲他們銬上手枷足鎖，由維安小組送往保警廳。

這篇作品在《臺灣新文化》發表後五天，正好「小蔣」病亡，三天後刊物便被「手枷足鎖」查禁並作停刊半年處分。當局查禁書刊，並沒有限制作者的人身自由。林央敏利用這一點，查禁後再出版《大統領千秋》續篇《大統領出山》，「報導」蔣經國「死亡實況」，諷刺獨裁政權如何安排百萬民眾哀悼，甚至還導演了「跪路迎棺」的情節，名副其實成了「暴君小說」的後集。

在臺灣文學史上，直接以「兩蔣」爲題材的小說鮮見。一旦政治氣氛由陰轉晴，二〇〇五年二月，作者又將《大統領出山》的影射由暗轉明爲《蔣總統萬歲了》，差不多同時又將《大統領出山》改爲《蔣總統要出山》。前者分上、下兩部分，在《臺灣新文化》的姐妹刊物、於一九八九年三、四月出版的《新文化月刊》第二、三期刊出。

林央敏遭查禁的另一篇小說爲〈誰是秦尼斯：一個臺灣留學生的迷惑〉，這同樣是一篇激烈本土派反蔣加反中的代表作。所謂「秦尼斯」，是一位教天文學的資深教授。他早年赴美時將大中國意識帶到海外。作爲臺灣留學生心中的偶像，他名不副實。一旦同這位教授正面接觸，就會發現他的學術成就水分甚多，不值得留學生飄洋過海向他請教。這位秦尼斯，作者刻畫時虛幻成分本多於實際。他有限的科學成就並不屬於他的中國大陸，而是屬於給他提供施展舞臺的美國。在小說即將結束時，「覺今是而昨非」的秦尼斯，認爲不識愁滋味的少年，膜拜虛幻的圖騰不切合實際，血統論也不可靠。書中不少地方宣揚不同於「中國意識」的「臺灣意識」，作品還對「中國結」作出批判。當時反蔣和批判「中國意識」，是在挑戰官方，故這本小說和林央敏的另一本連書名都使人「迷惑」無法讓官方認可的評論集《臺灣民族的出路》，一起遭查禁。

陳千武也有遭查禁的這類經歷。所不同的是，他不是直接抨擊蔣政權，而是單獨使用沒有「中國」前置詞的「臺灣」二字惹禍。一九七〇年十一月，他策劃的雙語詩選《華麗島詩集》，由日本東京都若樹書房出版。儘管該書封面和版權頁都明顯加上「中華民國現代詩選」的副標題，但因該書附錄的導讀〈臺灣現代詩的歷史與詩人們〉使用的不是「中國現代詩」或「中國臺灣現代詩」的概念，便有反共派詩人指責此文有「臺獨」傾向，導致贈書全部禁止進關，退還日本。後來，日方出版社把「臺灣」二字塗掉，分批寄到幾位詩人家裡，再加上在「國家安全會議」任職的葉泥的周旋，讓其大事化小，部分樣書才蒙混過關。

臺灣流行的「政治小說」，常常政治大於藝術，林央敏的小說也不例外，許多地方寫得過於直露，不似《華麗島詩集》的部分詩作耐人咀嚼。

第二節　查禁《臺灣新文化》

臺灣文化，以海洋文化著稱，但對此不能誇大以至上升爲臺灣文化的唯一特徵，更不能與大陸文化對立起來，因爲大陸也有海洋文化。激烈本土派企圖將海洋文化即「藍色文明」與「黃色文明」也就是大陸的中原文化對立起來，從而爲建設所謂「海洋國家」打下基礎，這既違反學理也不符合現實。下面談及的幾種「臺灣文化」雜誌，宣揚的便是臺灣文化應該脫離中華文化的主張。

一九八六年六月，島內由有「南臺灣文化鬥士」之稱的柯旗化主持出版《臺灣文化》季刊，和海外由陳芳明唱「獨角戲」於一九八五年七月出版的同名刊物，意識形態路線接近。這兩家海內外刊物，於一九八七年夏正式結盟，成爲「臺美文化交流中心」的骨幹刊物。島內《臺灣文化》第四期因刊登明哲〈柯旗化〉的悼亡詩〈母親的悲願〉、社論〈二·二八事件的反省〉，踩了官方的紅線，再加上兩篇抨擊當局教育政策的文章〈黨化教育與民主教育〉、〈國民黨會放棄校園控制嗎？〉，旋即遭「警總」查禁。言論最激烈的第八期社論〈臺灣前途應由臺灣全體住民決定〉，主張臺灣「主權」問題應由官方確立民主自決的方針，讓臺灣成爲「一個新的獨立的國家」。第九和第十期另有鄭兒玉的〈臺灣是否有可能獨立——用歷史分析臺灣人的心態〉、彭瑞金的〈先有獨立的臺灣文化，才有臺灣〉，這些文章都用政治學的方法探討「臺灣獨立」的可能性。刊物採取「左翼的臺灣解放路線」的激進主張，把文學當作政治的奴婢，當作社會解放運動的工具，這就難怪該刊出至第十期後停刊。

如果說，《臺灣文化》是南臺灣「第一出版社」催生的，那《臺灣新文化》則是在北部「前衛出版社」的搖籃裡問世的（註二）。《臺灣新文化》創辦者原先並不知道高雄已有組織鬆散、並未形成「南部詮釋集團」的《臺灣文化》雜誌。乍看起來，兩者刊名幾乎雷同，但並不存在接續關係。《臺灣新文化》原想用《臺灣新文學》的刊名，後考慮到當時的本土文學運動遠遠超出文學範圍，便決定用與文化有關的刊名。這份由「同人組織」但向外邀稿的「非同人刊物」，內容以批判中華文化爲主。批判中華文化，具體來說就是「宣揚受壓迫的臺灣文化」。他們一致認爲，「臺語」是臺灣文化的靈魂，所以《臺灣新文化》創刊伊始，便用很多篇幅論述「臺語」及其「臺語文學」的重要性。《臺灣新文化》第十五期發表過胡民祥的重要文章〈舌尖與筆尖合一：臺語文學運動的生存意義〉。但這種論述加推廣的做法收效甚微，只有少量的「臺語詩」和「臺語歌謠」點綴在臺灣文化的論述中。後來臺灣文化發展成混語式的華語文書寫，則顯得更爲混亂，不堪卒讀。

在戒嚴體制下，文學環境談不上寬鬆。作家們在高壓下過日子，本土作家要改變「重中輕臺」的做法，極不容易，精神上顯得十分苦惱，即使有人敢寫「重臺輕中」乃至「有臺無中」的作品，也不一定有人敢登，而《臺灣新文化》正好填補了這個空缺，改變了本土文學進入「加護病房」奄奄一息的狀況，滿足了本土作家建立「獨立」詮釋體系這一需求。

這種反中和反體制的刊物當然得不到以「中國」正統自居的官方資助，財團也不理他們，只好由編委每人出五萬元做基金。出資者有吳晟、李喬、林雙不、宋澤萊、高天生，此外還有前衛出版社社長林文欽、臺中市議員王世勛、民進黨新潮流系統的利錦祥等八人。其中王世勛爲發行人，利錦祥爲社長，總編輯先後有宋澤萊、林雙不、林文欽、高天生。這個本土組織，領頭的是強悍並具有反叛人格特徵的宋澤萊和林雙不。

《臺灣新文化》內含政治、社會、歷史、文化等方面，文化包括小說作品的刊登。該刊先後製作了吳濁流特輯、二·二八四十週年紀念專輯、姚嘉文專輯、校園文化專題、理想的臺灣人民電視臺專輯，還有並吞主義批判專輯、改造教育專輯。論述範圍涵蓋社會批評、焦點作家近況、歷史與文化方面的內容，也有與本土有關的校園動態，使刊物呈一種立體狀態。但宋澤萊們不滿足於某些南部作家的溫和抗議精神，在文化論述的深度上比《笠》詩刊更超前。此論述的主要作者有鍾逸人、柯旗化、李喬、謝長廷、林央敏以及筆名爲老包的詹錫奎。他們都有強烈的臺灣或「臺獨」意識，比所謂純文學的本土刊物

《臺灣文藝》、《笠》，顯得更爲激進。

爲了配合宣傳「臺灣民族主義」，《臺灣新文化》首次向全島文化界推動「臺語文字化」運動，並發表了一些「臺語文學」作品。吳濁流以「二・二八」事件爲題材的《臺灣連翹》，一九七五年以日文寫成，其中提及「中國外省人」比「日本官僚」更會貪污，且不重任臺灣本地人。該書第一至第八章中譯本發表在《臺灣文藝》雜誌第三十六～四十五期上。後來，第九至第十四章由鍾肇政譯出刊登在《臺灣新文化》。雜誌因而得禍，辦七期被查禁五期。

《臺灣新文化》的生存，既有來自本土內部的制衡，更多的是來自「警總」的外部壓力。當時「主流」的本土派不讚成宋澤萊、林雙不的過激做法，認爲要先建立「臺灣國」才談得上有「臺灣國文藝」，臺灣文化主體性的建立也不可能一蹴而就；來自官方的壓力是指專政部門採用「虧損財力以達嚇阻效果」的手段，在雜誌來不及出廠時就扣壓並取締：

> 他們查禁書刊不會在印刷製版時查禁，而是雜誌在印刷廠趕工、印妥、裝訂、一批批放入紙箱完後，等待派發雜誌的工人來取貨，結果等來的是一群拿著黑色槍管的人，把雜誌一箱箱搬走。（註三）
>
> 負責來執行查扣任務的人員也說「不這麼做，你們不會斷根！」（註四）

在編輯人員只能東躲西藏的環境下，《臺灣新文化》堅持出刊，於一九八八年一月出至第十六期時，因刊登史新義的〈我們都是臺灣民族的兒女〉、林旺的〈誰的國父？誰的歷史？〉，立即被臺北市政府新聞局以違反出版法第三十二條第一款「觸犯或煽動他人觸犯內亂罪」爲由，給予停刊半年的處分，同時沒收印刷品。

海外的《臺灣文化》雙月刊曾在第四期發表〈查禁雜誌，查禁不了思想〉的社論加以聲援島內的《臺灣新文化》。《臺灣新文化》出版的二十期中，有一半遭查禁，精神損失無法估量，僅財力損失就達約四百多萬元。其中第六期「二‧二八專號」六千本在工廠被全部沒收。「警總」一九八六年十一月十五日以（七十五）劍佳字第五四二六號函查禁時稱：《臺灣新文化》「混淆視聽，足以影響民心士氣」、「挑撥政府與人民情感」。出滿二十期後《臺灣新文化》宣告停刊。

「你有政策，我有對策」，《臺灣新文化》從第十期開始轉用《臺灣新文化每月叢書》，由前衛出版社接替發行。這種叢書於一九八八年五月一日劃下休止符，共出版了四期。這時，恰逢國民黨反攻大陸的神話澈底破產，臺灣邁向由嚴峻到相對寬鬆的新紀元。在這種新形勢下，謝長廷於一九八九年二月，以「臺灣命運共同體的終極關懷」創辦了《新文化》月刊。它的出現，標誌著八十年代臺灣文化逐步復甦。但好景不長，一九九〇年十二月因經濟原因該刊也逃脫不了灰飛煙滅的命運。本土文化界不甘心自生自滅，於是王世勳以競選節餘的一百多萬經費，保留《臺灣新文化》的原班人馬，全力支持宋澤萊於一九九五年四月創辦的《臺灣新文學》季刊（二〇〇〇年九月停刊）。二〇〇一年二月，前衛出版社的林文欽又出資創辦不定期的《臺灣e文藝》，承接了《臺灣新文學》尤其是《臺灣新文化》的本土路線，同時大量刊登母語文學。

儘管標榜「臺灣」、「本土」，企圖建立「臺灣民族主義」的《臺灣文化》、《臺灣新文化》雜誌在政府的打壓下相繼停辦。這不能簡單地看成財力不足或外部壓力所造成，主要是因爲主事者過於極端和超前。

第三節　陳芳明的三本著作停止發行

一九四八年出生的陳芳明，於一九六九年獲輔仁大學歷史系學士學位，後在輔仁大學及東吳大學任教一年。一九七四年赴美，入西雅圖華盛頓大學繼續攻讀史學，爲該大學博士候選人，並任《臺灣文化》總編輯。回臺後於一九九二年八月至一九九五年六月任民進黨文宣部主任，後爲政治大學臺灣文學研究所所長和講座教授。著有詩集《含憂草》，論文集《鏡子和影子》、《詩和現實》、《典範的追求》、《左翼臺灣——殖民地文學運動史論》等。另出版《放膽文章拚命酒》、《臺灣人的歷史與意識》、《鞭島之傷》、《受傷的蘆葦》、《謝雪紅評傳》，還出版有九卷本《陳芳明文集》，另編有《臺灣意識論戰選集》、《楊逵的文學生涯——先驅先覺的臺灣良心》等。

陳芳明在大學讀書時，是「中國青年反共救國團」所舉辦的「戰鬥文藝營」的風頭人物。他的老師瘂弦在事後回憶時，含蓄地指出陳芳明是吃過國民黨「文藝營養品」成長起來的文藝青年。（註五）正因爲如此，他年輕時堅守「一個中國」原則，心儀的是博大精深的中華文化，最瞧不起的是所謂臺灣文學，認爲吳濁流主辦的《臺灣文藝》是如此「瘦脊」和粗糙，遠遠比不上中國三十年代文藝（註六）。基於對「臺灣無文」的偏見，他對充滿「中國意識」的余光中詩作高度迷戀，以致成了余光中的「護院武師」（註七）和頭號余光中研究專家。

一九七四年九月，陳芳明到美國華盛頓大學求學時，給自己定位爲「一個不折不扣的大中國沙文主義者」。而且「是臺灣教育體制下製成的最好標本。乾淨、純潔，不帶任何一隻左派的細菌，那就是三十歲以前的我。」（註八）這可從他一九七一年代參加《龍族》詩社及由他起草的《新的一代新的精神》可以看出，陳芳明認爲龍族精神就是開族、兼容並蓄的精神。詩人們必須走民族精神的路線……，與自己所處的時代和民族攜手並進。在〈飛入今天的現實——《詩和現實》代序〉中，陳芳明如此宣告自己既「乾淨」又「純潔」的文學觀：「歷來的文學家相信，文學和社會是互爲表裡的；文學是社會的枝葉，社會是文學的根土，因爲依賴了枝葉，社會才能吸收陽光，也因爲有了根土，文學才得以成長，這就是活的文學，人的文學。」（註九）

正是這樣一位才華橫溢、批評的解剖刀「特別銳利而且偏鋒」（註一〇）的詩評家，自從在美國讀了外國人柯喬志宣揚「臺獨」的書《被出賣的臺灣》，和透過秘密通道結識了海外「臺獨」精神領袖彭明敏，並於一九八〇年八月至一九八四年春以「放棄學位，放棄友誼，放棄國家」（註一一）的代價加入許信良在美國辦的「臺獨」雜誌《美麗島週報》陣營後，便迎來了生命中一場凄厲粗暴的大雪，由此告別長江黃河，改弦易轍從「文學評論」、「歷史重建」、「時事月旦」、「詩文創作」四路夾攻，以論戰的方式，並以從事歷史研究爲名和寫超過百萬字的政論宣揚「臺獨」的理論主張，大肆鼓吹臺灣文學的「獨立性」，由此剔除「余光中情結」，並寄了一封「絕交書」給余氏。至於他原先不屑一顧的《臺灣文藝》，則從一九八四～一九八八年間分別用宋冬陽、施敏輝、陳嘉農還有本名陳芳明給該刊寫過許多文章，以致成了「高戰鬥性、高焦慮性的臺灣意識論者」（註一二），也就是魯迅當年所說的「翻筋斗」的評論家。

在八十年代，強調本土意識、宣揚本土文化的陳芳明，係美國出版重量級的《臺灣文化》的

「『臺』杜作家」。爲不負「『臺』杜作家」的美譽，他先後分身爲「政論家施敏輝（此筆名中的「敏」，即彭明敏）」、「文學評論家宋冬陽」、「詩文創作者陳嘉農」。《放膽文章拚命酒》便是陳芳明以「宋冬陽」筆名出版的宣告結束美麗島事件以來自囚生活的一本論文集，也是標誌他文學評論道路發生重大轉折：大寫鼓吹臺灣文學不屬中國文學的「放膽文章」，大喝「拚命酒」——不怕別人攻訐，更不懼「查禁封鎖」的冒險文學生涯的開始。

一九七四年離開臺灣到美國後的陳芳明，不再有「龍的傳人」信仰，以致成爲「臺獨理論家」，被國民黨宣布爲不受歡迎的人，不許他回臺灣長達十五年之久。後來，迫於輿論的壓力和島內形勢的變化，國民黨當局於一九八九年允許他回臺，但只能停留一個月。當陳芳明到北美事務協調會辦簽證時，官方向陳芳明約法三章，其中第一條禁止事項是「不得主張臺灣獨立」，不許參與任何政治性的演說活動。但這些約束對陳芳明來說無異是一紙空文，故他一到臺灣便出版三本以反國民黨專制爲名宣揚「臺獨」思想的書，其中兩本是於一九八九年七月由前衛出版社出版的《在美麗島的旗幟下——反對運動與民主臺灣》，和由他主編於一九八八年九月由前衛出版社出版的《二·二八事件學術論文集》。這部論文集的觀點，與《人間思想與創作叢刊》所論證的「二·二八事件」是反獨裁、爭取自由民主自治的抗爭，是左翼知識分子努力倡導民族團結，批判把族群衝突無限上綱的觀點大異其趣。另一本副題爲「統獨論爭與海峽關係」的《在時代分合的路口——統獨論爭與海峽關係》，於一九八九年七月由前衛出版社出版，陳永希的序爲〈臺灣要往何處去？〉。該書共分四輯：第一輯「統派·民主·神化」，由〈如果陳鼓應那麼熱愛民主〉、〈落日照大旗——島內統派大結盟的觀察〉、〈甲級統派的困境——再論胡秋原事件〉等六篇文章組成。這裡提及的陳鼓應是主張國家統一的原臺灣大學哲學系教授，胡秋原則為「中國統一聯盟」創會名譽主席兼《中華雜誌》發行人。第二輯「自決・獨立・現實」，由〈不能讓台灣獨立的主張淪為言論禁區〉、〈這不是法律與警察可以阻擋的——論台獨思想的草根性〉、〈臺灣主權與公民投票〉等七篇文章組成。儘管這些文章帶有「學術性」，但掩蓋不了其主張「臺灣獨立」的內容。第三輯「中國・低聲・高調」，由〈我們對中國招降國民黨的看法〉、〈臺灣自決與北京對臺政策〉等十一篇文章組成。第四輯「臺灣・人民・出路」，由〈沒有台灣，何以中國？——對臺灣海峽新形勢的觀察〉、〈國民黨站在誰的立場？——論美國國會的「臺灣人」爭議〉等十一篇文章組成。光看標題，就知道這些文章極具前沿性和挑戰性，這無異是公開向國民黨的政策叫板。該書後記〈離臺十五年祭〉，內容也是如此。

這本三書出版時，解除戒嚴已有兩年，社會已由封閉走向開放。這些書所收集的文章，不屬「地下」即在臺灣各媒體發表過。只不過陳芳明當時的身分仍然是宣揚分離主義的「思想犯」。就在有關部門准許陳芳明從美國回臺灣一個月到期之際，時任臺北市市長的吳伯雄突然下令「新聞處」查禁這三本書。陳芳明當時不解的是：「這些政論在報紙發表時，為何未遭到警告，卻在收集成書之後反而變成禁忌？更令我困惑的是，書被查禁之後，我也不能獲准再入境。」（註一三）這充分說明當時國民黨對「臺獨」學者管制之嚴厲和苛刻。但政治權力的干預，並無法消滅異端的思想和行為。這三本書因查禁讀的人越來越多，是最好的證明。

這些書和林雙不的《大聲講出愛臺灣》、施明德的《施明德的政治遺囑》、彭明敏的《自由的滋味》一起，被當局以「主張臺灣獨立，散布分離意識」的罪名而查禁。其中《自由的滋味》開始時並沒有查禁，但因重複授權的緣故，李敖也出版了這本書被禁，所以連帶前衛出版社出的同名書遭查禁。另外，前衛出版社和在美國的「獨派」「臺灣出版社」合作，出版吳濁流描寫「二・二八事件」的《無花果》，還有謝里法、江文也等人的作品，結果過了一兩年後也被查禁。（註一四）為此，前衛出版社發表聲明「嚴重抗議」，文學團體「臺灣筆會」也發表聲明，但這些都沒有使當局查禁宣揚「臺獨」書刊的態度軟下來。

別看陳芳明是激進的「臺獨」理論家，但他的行為頗受「同行」的異議，如他和同是「獨派」的葉石濤、趙天儀和彭瑞金，存在不少分歧，彼此關係也很緊張。彭瑞金在悼念趙天儀的文章說，陳芳明「背叛」昔日的恩人趙天儀，「引發了他（趙天儀）全身的憤怒」，以至寫了不少揭發陳芳明「一件又一件不良的惡行敗德」的文章（註一五）。趙天儀的所作所為，代表了相當多的本土人士對陳芳明的不滿和怨恨。

第四節　關押《臺灣國》詩集作者

在所謂「臺灣獨立建國」運動中，敏感的詩人衝在前面，謝建平就是其中一位。

還在世新大學讀書時，謝建平就主辦過《洛城》詩刊。後來他進入政論刊物《民進週刊》工作，成了臺灣民主化過程站在前列的現場目擊者。一九八九年九月，謝建平即將入伍服役，在進入軍營之前決定出版第一本詩集。這位後來成了「民進文宣軍團」總幹事、筆名為「灣立」的謝建平，出版了號稱臺灣第一本「獨派」現代詩集《臺灣國》。這本詩集的名字儘管體現了作者對這塊土地的堅執信念，但同時也暴露了作者不切實際的政治理想。

該書共分爲四卷：「臺灣國」、土地與環境、階級、二十歲以前。全書除傾訴對鄉土臺灣熱愛之情、批判工業區的環境污染和都市的色情現象外，一個重要主題是鼓吹臺灣「獨立」建國：「眞正的祖國是腳下這塊土地/不在夢中，更不在遙遠的對岸」。對於國民黨政權將主張「獨立」的年輕人陳維都加上叛亂一類的大帽子，作者在詩中深表同情：

我告訴別人，我仍然堅持
你是我的朋友，不是叛亂犯

不僅如此，作者還鼓勵陳維都：

許久未曾踏上故鄉黃土的你
此刻在水泥鐵條的環繞下
夢中應該不會忘記，當年
我們信守約定，保證故鄉不受侵犯
不管現在身居何處
這條坎坷的路，我們決定走下去

作序者林雙不和謝建平取同一立場。他在被官方查禁自己撰寫的《大聲講出愛臺灣》中，明確反對

「光復」的說法，以他的觀念應該稱作「淪陷」。和謝建平一樣，林雙不做夢都希望「建立自己的國家」，對那些「還想抱著所謂祖國的大腿，希望祖國多給我們一點奶水喝」的人，表示十分蔑視和厭惡。他認爲「祖國這個東西十分可怕，祖國想到的是來迫害、來剝削我們而已，我們還認爲他們是來保護我們的！」他哀嘆臺灣人政治意識覺醒得這麼慢，而他的詩集據說可防止臺灣人悲劇的產生。基於這一點，林雙不在《獨立建國的詩歌》序中，對《臺灣國》這本詩集的政治主張加以肯定和呼應。

像這樣一本露骨宣揚「獨立建國」也就是推翻中華民國的《臺灣國》出版後，國防部以《懲治叛亂條例》六條之二「文字叛亂罪」，將此案移送臺北地檢署偵辦。一九九〇年，遭馬防部以『敵前抗令』唯一死刑罪名收押禁見，後在民進黨立委黨團和文藝界人士奔走營救下，以不起訴處分釋放。一九九四年十月，該書由M&M工作室再版。

謝建平的詩作用通俗易懂的文字，宣傳他主張的臺灣意識乃至「臺獨意識」。反覆詠唱的形式，再加上押韻便於朗誦，由此影響更大。苦苓在〈說到這個人嘛——序謝建平詩集〉中說：謝建平是個「死腦筋的臺灣人。臺灣人有各種迷信，在執政者眼中，最大的『迷信』就是臺獨了，謝建平不但迷而信之、信而推廣之，恐怕早晚還要出而實現之。」苦苓本是外省人，但他已完全被分離主義者同化。

官方在查禁「臺獨」書刊的一連串，應屬正義舉動，對「思想犯」處理得太激烈引起反彈。導致在本土化的思潮像洪水猛獸洶湧而來的時候，特別是戒嚴令解除後，被查禁陳芳明等人出版的書刊差不多都得到重生，當作「重放的鮮花」出版。

註釋

一　「臺北文壇」，一般是由突出「中國意識」或「中華意識」的作家所組成。「南部文壇」，通常是以突出「臺灣意識」或「臺獨意識」的作家所組成。兩者的區分不是絕對的，時有重疊和交叉。

二　李靜玫：〈《臺灣文化》、《臺灣新文化》、《新文化》雜誌研究（一九八六年六月～一九九〇年十二月）：以新文化運動及臺語、政治文學論述為探討主軸〉，臺北教育大學臺灣文化研究所碩士論文，二〇〇六年六月。本節參考了她的研究成果。

三　李靜玫整理：〈訪林文欽〉，載李靜玫：〈《臺灣文化》、《臺灣新文化》、《新文化》雜誌研究（一九八六年六月～一九九〇年十二月）：以新文化運動及臺語、政治文學論述為探討主軸〉，臺北教育大學臺灣文學研究所碩士論文「附錄」，二〇〇六年六月。

四　佚　名：〈拯救臺灣新文化〉，臺北：《臺灣新文化（每月叢書）》總第十九期，一九八八年四月。

五　參見陳明成：〈陳芳明現象及其國族認同研究〉，成功大學碩士論文，二〇〇二年六月自印，頁一三二。

六　陳芳明：《受傷的蘆葦・轉折》（臺北：林白出版社，一九六八年），頁一六八。

七　杜正荃：〈龍乎？蛇乎——讀《龍族詩刊》十五期有感〉，《詩人季刊》第四期，一九七六年一月，頁三五～三七。

八 陳芳明：〈向左偏一點〉，《臺灣日報》「臺灣副刊」，一九九七年四月二十八日。

九 陳芳明：《詩和現實》（臺北：洪範書店，一九七七年）。

一〇 蕭蕭：〈現代詩批評小史〉，臺北：《中華文藝》第七十六期，一九七七年六月。

一一 黃旭初記錄：〈陳芳明談從詩人、學者到參與政治的心路歷程和筆名的由來〉，臺北：《自立晚報》「本土副刊」，一九九三年二月十五日。

一二 參見陳明成：《陳芳明現象及其國族認同研究》，成功大學碩士論文，二〇〇二年六月自印，頁一五。

一三 陳芳明：〈禁書經驗與禁書驚豔〉，載陳芳明：《孤夜讀書》（臺北：麥田出版社，二〇〇五年九月）。

一四 陳盈如：〈前衛出版社之研究〉，臺北教育大學臺灣文化研究所碩士論文，二〇一二年打印稿。

一五 彭瑞金：〈趙天儀教授二三事〉，高雄：《文學臺灣》二〇二〇年秋季號。

第六章　民間的自發「查禁」

第一節　一種獨特的文化景觀

儒家文化的核心是講規矩，講禮制。但禁書政策不講規矩，更不講禮制。臺灣文藝的發展方向不是與儒家文化有關而是跟戒嚴政治密切相關，或者說是戒嚴政治制約著文藝發展方向。這裡講的戒嚴政治文化，主要由「警總」主控，這主控者的禁書理由千奇百怪，毫無規則可言。意想不到的是，爲配合戒嚴者查禁，竟出現了一種獨特文化景觀，那就是不勞「警總」動手，實行自發查禁。

所謂「自發查禁」，就不是從上而下，而是由身在基層的文人發起或實施。這有如轉一個彎，繞一個圈，而仍然不違背主流意識形態，以免「警總」興師動眾，橫衝直撞，鬧得雞飛狗跳，碰得頭破血流。本來依照出版法，「警總」無權查扣還未出廠的書籍，一本書要等裝訂好後才可以查禁。但膽小的編輯由於害怕逮捕、審問、監禁、刑求乃至槍殺這種「頭破血流」的查禁，便主動銷毀已排好版的書刊，或因版權問題將已裝訂成冊的書封存；一些書刊編者、出版者在「恐共怕赤」的心理下「自動戒嚴」；或爲減少出版阻力讓作品更快問世，以便不喪失迴旋餘地，便實行「自律」。爲了領取高額獎金，某些書商將收來的禁書主動交給警政部門，以領取數百元乃至數千元的獎金。或爲了怕秋後算賬，書商乾脆將禁書一燒了之，以免查禁部門說他犯了包庇罪。如八十年代初曾有某個書商在光華書店經營時，收到一本《中共人名錄》嚇得當場焚燒。

一瀉千里的黃河，下游處引入清流，使河水不顯得那麼混濁，但這並不意味著那股清流就願意同流合污。臺灣出版社的發行人不一定是國民黨黨員——即使是國民黨黨員，也十分恐懼「警總」的淫威和圖書檢查制度的無所不在，因而他們往往採取「下游引入清流」的「自律」方法，修補原稿時以不損害「底本」爲原則，如張愛玲離開內地到香港後創作了長篇小說《赤地之戀》，原稿中有這樣的句子：「人家說毛主席就是這顆痣生得好」，臺灣慧龍出版社小心翼翼地將其改爲「人家說毛主席就是這顆痣生得怪」。這樣改是爲了順利出版，並不意味著出版社已與「警總」同流合污。但張愛玲不理解人家的良苦用心，一鼻子辛酸聲稱看後「十分痛心」（註一），認爲這樣改完全違反了她的原意。可見「自律」雖然給出版社出書排除了障礙，卻由此得罪了作者。皇冠出版社當年就只按原稿排版，對《赤地之戀》不作任何改動，等政治清明時再出版，這是一種明智的做法。

對「警總」來說，鎮壓異端的批判精神是一把雙刃劍。某本書被查禁了，「警總」似乎成了勝利者，可隨著查禁事件的頻繁發生，人們對統治者剝奪言論自由的法西斯專政手段，有了更深刻的認識，於是查禁書刊越多，文藝界的牴觸情緒就越來越加劇，尤其是「警總」的查禁範圍只限於當前不利於統治者的言論，而對遙遠年代出現的「文化漢奸」再次沉滓泛起採取姑息態度時，文壇便出現異議聲音，如余光中出自民族自尊心和正義感所發起的對「文化漢奸」胡蘭成的聲討。

「警總」不可能把文藝創作看作是一種審美活動，而理所當然地視爲一種政治文化行爲。查禁工作人員普遍沒有自己的靈魂，把被查禁對象當成飯碗，然後膜拜自己的飯碗以使自己獲得存在的價值。可惜的是「警總」及其協查單位所端的內政部的飯碗不是鐵做的，有時候會摔破，即不時發生查禁書刊半途而廢的事情。之所以未能將查禁進行到底，是因爲官方內部有人暗中作梗，或派系鬥爭引發查禁中斷，或辦刊人員不懼鎮壓堅持出刊，或個別書商勇敢衝破禁令印製銷售所謂反動書刊，或查禁部門意見有分歧，或迫於輿論壓力收回禁令。關於後者，最典型的是一九五四年十一月五日，內政部公布〈戰時出版品禁止或限制刊載事項〉，涉及面甚廣，即不再局限於《中國新聞》一類的黃黑刊物，而差不多擴大到所有的新聞媒體，引發輿論界的強烈抗議。在強大的反對聲浪下，只過了五天，行政院駁回內政部所公布的文件，變成五十年代最短命的禁書的行政指令。

在流產的查禁過程中，「警總」好像沒有占上風，但涉事者也會付出一定的代價，詳見本書第七章第三節。

在禁書政策下，文藝創作很難向前推進。在高壓下，文藝家難於躲避駭人聽聞的「文字獄」，但統治者往往搬起石頭砸自己的腳，臺灣的「黨國文化」最後就是毀滅於自己的禁書文化，而主要不是民間的反抗。當然，民間對查禁的反抗也不可忽視。一九五四年七月，官方大規模開展的文化清潔運動，引起文化界一些人士的反彈。他們認爲「赤色沒有，黑色似是而非，只有黃色，但也不需要這個運動」。在「除三害」運動如火如荼開展之際，《自由人》發表文章，認爲黃黑滋長的原因，是因爲官方對刊物管制太嚴，造成刊物內容單調，黃黑便趁虛而入。著名文化人成舍我拒絕在「文清」宣言上簽名。至於黃黑的定義，資深出版家王雲五以對該運動不清楚爲由逃避參加。學者鄭學稼認爲「文化不是搞什麼運動，就可以清潔的。」在八十年代初，有個筆名叫「史爲鑑」的人編了一本叫《禁》的書，系統地指控國民黨當局實施戒嚴時搞焚書坑儒式的禁書，嚴重打壓言論和出版自由。這本罪與罰、意與趣、來世與今生均在其中的書，讓「警總」十分難堪，多次討論要禁這本書，最後還是不敢禁也不便禁，因爲《禁》被禁，那會成爲最大的黑色幽默（註二）。

由於各種社會政治力量的博弈，「警總」查禁文藝書刊不可能一帆風順。正是在「廟堂」與「廣場」勢力之間的博弈和碰撞，使書刊檢查制度不再是死板僵硬的條條框框，而是一個充滿文學權力爭奪與反爭奪的場域。在混亂的查禁體制下，禁陳列、禁銷售、禁閱讀等一連串的措施，尤其是老百姓訂閱的書刊被查扣，連政府部門訂的書刊也遭到檢查和扣壓，便引起群眾的強烈不滿，這不滿情緒在報刊上不常可以看到。

如果把「查禁」理解爲與文藝幾乎同步產生的概念，那麼任何一個專政時代都存在著與時代相匹配的查禁制度。這是一個不斷變化的流動的文藝現象，如一九五八年〈出版法〉修正通過後，竟賦予行政機關未經司法程序，即可給報刊警告、停刊及撤銷登記等處分，這引起臺北新聞業者的強烈反對，特別是大面積查禁以魯迅爲代表的三十年代文藝作品，把法律程序丟在一邊，點燃了文化界抗議的怒火。後來風氣日開，從六十年代末起，臺灣便陸續出現要求開放三十年代文藝的呼聲。在解嚴前夕，在「警總」的威風江河日下的情況下，當局只好作出讓步，將大陸書和其他禁書放在大學圖書館「限閱」區內，讓學生自修或寫論文時也能看到這些書。

第二節　「文化漢奸」得獎案

禁書說學術一點就是「圖書檢查制度」。根據胡述兆的《圖書館與資訊科學大辭典》解釋：

傳統上所謂的檢查制度，通常指政府機構、宗教團體、民間社團，以及社會上的一些個人，基於國家安全與公共道德的主觀認定，對於一般民眾在資訊取得、閱讀與聽聞各方面加以限制與防止。

下面說的「文化漢奸得獎案」，便是一些民間的學者基於道德的主觀認定，對梁容若個人及其著作進行批判。

臺灣文史家劉心皇在《當代中國文學大系‧史料與索引》論述到六十年代文藝時，談及一樁「文化漢奸」得獎案。這裡講的「文化漢奸」，係指梁容若。「得獎」，係指梁容若寫的《文學十家傳》，於一九六七年十一月十一日獲中山學術文化基金會的文學史獎，得獎金五萬元。

梁容若（一九〇六～一九九七年），河北行唐人，又名梁盛志。北京高等師範肄業，在日本帝國大學文學院獲碩士學位。一九四八年到臺灣省立師範學院任教，旋即任《國語日報》總編輯。在臺灣住了二十七年後曾回母校即現今北京師範大學參觀，後旅居美國。在抗日戰爭期間，他曾撰寫〈日本文化與支那文化〉，應徵日本紀元二六〇〇年紀念國際懸賞徵文，獲得冠軍。胡秋原批評梁容若，在此文中，鼓吹皇民思想，並用辱罵中華文化的手法去抬高日本文化，爲日本侵略中國張目。梁容若到臺灣後，仍活動自由，出版了《容若散文集》、《中國文化東漸研究》，於一九六一年六月出版了《中國文學的地理發展》、《國語與國文》等書，後將東拼西湊的《文學十家傳》送去評審。正如胡秋原指出：這本傳記缺乏學術著作的嚴肅性。以杜甫傳爲例，著者對杜甫的生年瞭解支離破碎，有重要的遺漏。梁容若「不但對唐代的社會，天寶亂後的中國，全無理解，而對杜甫詩中所描寫的戰亂和個人身世憂患也全無印象。」對杜甫在這樣大亂奇窮生活中的大抱負和人格，亦知之甚少。（註三）對韓愈這樣一個大家，著者隨意抄抄新舊唐詩本傳充數，外加自己的臆斷和妄說。對黃遵憲和梁啓超文學特點成就和對後世之影響，梁容若也未曾作科學闡述。正是這樣一本最多只收集了若干前人對傳主的評論外加版本說明的拼湊之作，劉邕、賀蘭進等人竟大加吹捧，說此書如何有學術價值。當張義軍首先在《中華雜誌》上著文批評梁著時，獎金董事會竟出來爲梁辯護，說此獎辦得公平正當，並說批評者抱的是「個人恩怨」，逞「乖戾之氣」。梁容若本人也自稱「世界公民」，到處發動宣傳攻勢保自己。對批評過他的胡秋原，他打電話以「不喜歡談閩事」相要挾，還要胡秋原去「忠告」寫過文章批評他的徐復觀「自己站起來」。梁容若在爲自己那篇文章〈日本文化與支那文化〉辯護時，對胡秋原說：那戰時日本懸賞論文集有歐美印度人的文章，而審查人員「全是知名的世界第一流學者」，並以其日本老師稱其「高瞻遠矚未曾有」自豪，又說日本人篡改了他的文章約有十分之二之多。但實際情況是：日本當年那班評委除小泉外，其餘均夠不上「第一流學者」資格。就算是「第一流學者」，又怎麼會亂改別人的文章，且是動大手術後才拿去評獎？〈日本文化與支那文化〉後由張義軍、曾湘石節譯，胡秋原讀後認爲「字字奸意，不是十分之二的問題」。自然，這是歷史問題，梁容若過了幾十年後仍未有悔改之意，而不認識文章的嚴重錯誤，還作爲今時評獎的資本。一旦遭人揭發批判，其同黨還打人罵人，甚至還要封雜誌，這自然引起眾怒。爲文批判者除上面說的張義軍、胡秋原、徐復觀外，還有趙滋蕃、田膺、曾湘石、劉心皇、太史筆、高陽、沈野、劉中和、杜育春、許逖、徐高阮、何南史等人。《徵信新聞報》、《中華雜誌》、《陽明》雜誌，《警察之友》還發了社論，與之配合。

批判梁容若得獎一事持續一年多，震動了文化界和文藝界。後來，《陽明》雜誌社出版了《文化漢奸得獎案》一書記載此事。此事之所以持續那麼長時間，其「嚴重之點，還不在那得日寇特獎者又可得中山獎，成爲永恆得獎者；而在這一事實：即主持國柄者又是主持文柄者，而其知識之貧乏與其對民族大義之冷淡相平行；其對邪妄之愛好與其對公意之藐視相對照。」（註四）這不僅是社會禍患之由來，也是將來危險之所在。有識之士的不滿，其源蓋出於此。但獎金最後還是沒有追回。弔詭的是，梁容若後來將《文學十家傳》擴充爲《文學二十家傳》，在八十年代後期由（北京）中華書局出版。

北京之所以接納梁容若，其原因可能是：

一、「文化漢奸」是較難界定的概念。事實上，當年只有柳雨生、陶亢德等極少數人被當作「文化漢奸」繩之於法。司馬文偵的《文化漢奸罪惡史》（註五）所開列的十七名「文化漢奸」名單，也無梁容若。

二、指梁容若爲「文化漢奸」的張義軍（註六），僅憑梁氏一篇親日文章，證據不足，至少沒有指出梁氏曾經落水任僞職或積極參與過「日僞卵翼下的漢奸文學活動」，由此認爲梁容若「實夠得上天字第一號的文化漢奸」，顯然上綱過高。

三、共產黨在對待漢奸問題上，總的說來比國民黨嚴厲，但對「文化漢奸」處理起來與別的漢奸有所區別，如「文化漢奸」總頭目周作人在南京解放後，解放軍便不要周作人辦理手續，讓其門生接到上海。當時，大陸不像國民黨那樣對其作出「通謀敵國，圖謀反抗本國」的明確決定，讓其從滬返京改用筆名周遐壽發表研究魯迅的論著。在六十年代「三年自然災害」時期，還發給他比大學一級教授還高的工資。

四、在國共戰爭期間，所謂「共匪」被國民黨視爲比汪精衛一類的「舊漢奸」更具危險性的「新漢奸」。反共即所謂反「新漢奸」，經常成了替「舊漢奸」打掩護的障眼法。國民黨不對漢奸嚴辦反而勾結某些投誠的漢奸一起反共，成了臺灣文化界愛國人士的一塊心病。聲討「文化漢奸」梁容若得獎案，便是這種不滿情緒的宣洩。與其說這是申張民族正義或補劃「文化漢奸」嫌疑人梁容若為「文化漢奸」，不如說是一種道德審判，「更像是文化界內部以文字來主持正義，淨化自身的工具」。（註七）

五、梁容若的《文學二十家傳》，畢竟是學術著作，對宣揚中華文化有好處，裡面並無不妥內容。

第三節　檢舉紀弦為「文化漢奸」

「紀弦者，以介介竹竿一根，擾亂池水，有英雄血統。」（註八）白萩這段話，雖然含有誇張成分，但確可窺見紀弦當年高揭「現代派」大纛，高喊「向國際水平看齊，進而越超國際水平，向世界詩壇學習，進而影響世界詩壇」的不同凡響之處。

紀弦本是一棵樹，一位怪客，一匹獨往獨來的「狼」。他唇邊留的一小撮鬍子，嘴含菸斗6，手拿拐杖7，加起來就是一個大不吉利的數字13。

這裡不妨舉個例子：一九七〇年，他由中華民國有關單位提名為中國作家代表，派往韓國出席國際筆會。在他出國前夕，即五月二十二日，臺灣出版的《大眾日報》發表題為〈中國筆會究竟做了什麼〉的社論，對紀弦出國的團體「中國筆會」痛加針砭。同月二十三日該報第三版頭條在「讀者投書」欄目內則發表了「鍾國仁」（「中國人」之諧音）的文章，除指出「中國筆會始終維持小圈子主義，緊閉會門，飄裙帶風，不能開誠布公，難免有不可告人之事」外，還檢舉紀弦是當年的「文化漢奸路易斯」，無資格代表中國作家出席國際會議：

紀弦其人者，此人名叫路逾，平時以詩人自命，到處吹噓。在抗戰前，以路易斯之名，撰寫新詩。在抗戰期間，竟背棄祖國，腼顏投敵，落水為漢奸，出席日本召集的大東亞文化更生會，大放厥辭，賣身求榮。當中國抗戰時期的陪都重慶被炸，傷亡慘重之時，他在上海撰詩歌頌，其辭有曰：「炸吧，炸吧，把這個古老的中國毀滅吧……」，這是盡人皆知的事實，且有上海淪陷期間出版物為證。似此出賣國家民族文化的人，怎麼可以代表中國人到韓國去出席國際筆會？應請該會迅速將其除名，不要把（中國）人（的臉）丟到國外去……

此文末尾由於有批評中國筆會不「吸收有成就的作家和報社主筆入會」的內容，因而有人猜測「鍾國仁」係此家「報社主筆」的化名。他因未被吸收入會轉而對中國筆會進行攻訐，而有歷史問題的紀弦便成了「替罪的羔羊」。但這只是猜測而已。紀弦不少摯友都知道「鍾國仁」是誰，卻始終不願意告訴他。紀弦直至二十世紀末還未弄清楚事實眞相，臨終前仍念念不忘要報這一箭之仇：除了一再罵其為「文醜、文妖、文棍、文渣」外，聲稱「如果我有一把手槍，一定要把這畜生打死！」（註九）這充分體現了紀弦愛激動的神經質性格。他當年的同窗王綠堡在為其詩作寫序時就說過：「易士是個感情脆弱而個性又很強的人。因了前者，他是比誰都容易傷感；因了後者，『恨』在他的心中又特別容易產生。」（註一〇）

正因為「讀者投書」是匿名寫作，有關單位無法向其核實一些具體事實，如〈炸吧，炸吧〉這首詩題目叫什麼，署的是筆名還是真名，在什麼地方發表。出席大東亞文化更生會見諸於何種報刊記載，他「大放厥詞」的具體內容是什麼，有哪位當事人或目擊證人可作證，因而對紀弦是所謂「文化漢奸」一事，未進一步深究。紀弦本人則想控告《大眾日報》「主筆」犯有誹謗罪，並請了羅行律師在七月二十五日的《青年戰士報》上發表聲明。另方面，紀弦本人還油印了一百多份致文壇詩友說明眞相的公開信廣為散發。眼看一場文壇官司就要爆發，但由於找不準被告對象即「鍾國仁」是誰，朋友們便勸紀弦不要感情用事，紀弦本人也可能因心中有顧忌而未訴諸法律，因而這場「文化漢奸出席國際會議案」，不似另一位臺灣作家梁容若於一九六七年十一月十一日獲中山學術文化基金會的文學史獎後，被人檢舉為梁容若即當年的文化漢奸梁盛志，為此鬧得沸沸揚揚，還編了一本《文化漢奸得獎案》的小冊子；更重要的是官方有可能認為紀弦來臺後政治立場堅定，寫了大量的「乒乓劈拍達達轟隆隆地打回來」配合「反攻大陸」的「戰鬥詩」，他確是「愛國反共」的。還可能認為這個揭發者夾雜有洩私憤的因素在內，因而未加理睬，使紀弦順利地於一九七〇年六月二十九日隨團長陳紀瀅以觀察員身分出席了在韓國召開的第三十七屆國際筆會。

不妨回顧紀弦在抗戰時期的一段歷史：

一九四一年十二月八日，日本開始進攻香港。在英軍彈盡援絕，只好在山頂樹起白旗的情況下，紀弦的摯友杜衡決定回重慶。紀弦因盤纏不夠，只好帶著一家五口於一九四二年夏到淪陷區上海。同年秋天，他到南京去看在一九三八年下半年香港結識、並已在汪偽政權任「行政院法制局」局長的胡蘭成，希望能給他解決生活問題，胡便安排紀弦在偽「法制局」任秘書一職。但紀弦在二〇〇一年十二月由聯經出版公司出版的三卷本《紀弦回憶錄》中，矢口否認此事，說自己「婉言謝絕」了這份秘書工作。令人不解的是，紀弦在一九八〇年代寫的一篇回憶錄（註一二）中，分明說「在他（胡蘭成）那邊『混』了沒多久」。可見紀弦有可能已到任，只是做了一段時間後，感到不適應又回到上海而已。他在新出的回憶錄中把自己美化為「我是一朵蓮花，出污泥而不染」，這未免言過其實。事實是：在上面這兩種不同版本的回憶錄中，紀弦均坦認自己與大漢奸胡蘭成過從甚密。在交往中，他對胡蘭成的為人有透澈的瞭解，兩人還建立了深厚的友誼。他曾這樣稱讚「胡蘭成這個人，文章寫得確實不壞，他不但長於雜文、政論之類，而且隨筆、小品也很雋永有味；此外，他還具有頗為強大的批評才能。」紀弦在文中舉了胡蘭成對他的詩作及對張愛玲小說的評論為例。胡蘭成用如此「強大的批評才能」吹捧紀弦，顯然不限於紀弦文筆漂亮，更重要的是兩人氣味相投：無論是政治傾向還是文學觀念上，彼此均有相似之處。紀弦後來雖然「離京返滬不拿他（胡蘭成）的薪水了」，即不再為偽政權工作，但他還為汪偽雜誌看稿件。楊之華出過一本大型季刊《文藝世紀》，印過一冊很厚的《文壇史料》（署名為楊一鳴），內收胡蘭成評論路易斯的兩篇文章：一是〈周作人與路易斯〉，在為周作人寫「無聊的小品」作辯護的同時，又為路易斯詩作表現的個人主義與頹廢傾向，及為人的傲慢作掩飾。二是〈路易斯〉，以胡氏和路易斯相識六年之久的瞭解，為路氏詩作在中國新詩史上定位：「一九二五～一九二七年中國革命，是中國文學的分水嶺。在詩的方面，革命前夕有郭沫若的《女神》做代表；革命失敗後的代表作品，則是路易斯的。《女神》轟動一時，而路易斯的詩不能，只是因為一個在飛揚的時代，另一個卻在停滯的，破碎的時代」。胡蘭成這樣評論路易斯的詩作的時代特徵，應該說是確切的。此外，胡蘭成還這樣評論路易斯的為人：「……是一位又高又瘦的青年，貧血的，露出青筋的臉，一望而知是神經質的。他那高傲，他那不必要的緊張、多疑、不安，與頑強的自信……。」又說：「路易斯，你和他談理論，只能聽到慷慨激昂，卻往往不知所云。他談文藝理論，有時候也談政治，但很少研究，也不想研究，只是在世界上，有他所反對或讚成的東西，如此而已。」「他沒有一般人所有的主義，沒有宗教，也沒有任何生意經，乃至於在人間他沒有得到一絲溫情。這樣的人，他的存在，他的理想，簡直找不到一個字眼來下一個定義。」這對自稱爲詩人，也和唐·吉訶德一樣自稱爲武士的路易斯的評價，非常到位。它建立在作者對路易斯多年的深刻瞭解上，由此說胡蘭成是路易斯的知音，是不爲過的。時至二十一世紀，紀弦實在不應該再爲他昔日好友胡蘭成鳴冤叫屈，借用余光中一九七五年評胡蘭成在臺灣出版媚日著作《山河歲月》的話來說：「現在非但不深自歉咎，反圖將錯就錯，妄發議論，歪曲歷史，爲自己文過飾非，一錯再錯，豈能望人一恕再恕？」這裡不妨讀《紀弦回憶錄》第十六章〈抗戰勝利後離滬赴臺前〉的一段：

> 我記得很清楚，就在勝利後不久，一九四五年八、九月裡，上海各家小報和黃黑刊物，就開始對文藝界的名家大罵特罵起來了。北京的周作人、上海的胡蘭成，被罵得最厲害。除了南胡北周，他如沈啓無、楊之華、柳雨生、陶亢德、張愛玲、蘇青等，皆被加上一頂「文化漢奸」的大帽子，瞎罵亂罵一陣。

這裡說張愛玲、蘇青是漢奸，誠然屬「瞎罵」。因這兩位女作家只是與漢奸來往密切，但沒有寫過歌頌大東亞戰爭的作品，也沒有在汪僞政權中擔任過要職，因而還未成爲貨眞價實的漢奸。但「大罵」周作人、胡蘭成，還有「罵」當時以「文化漢奸」名義被正式逮捕的柳雨生、陶亢德，有什麼錯？像「南胡北周」所戴的「文化漢奸」帽子，難道是憑空加上去的嗎？他們是吃政治飯的，像胡蘭成前後任過汪僞政權中央委員、宣傳部次長、行政院法治局局長、汪精衛機要秘書，他亦用文藝做武器協助日本人征服中國人心，怎麼能說他們僅僅是「文藝界的名家」？他們罪大惡極，難道不該口誅筆伐？批判他們的不少是愛國報刊，怎麼能籠統說都是「黃黑刊物」？其實紀弦當時也一起被「圍剿」過，是因爲他與胡蘭成、楊之華、柳雨生、陶亢德等人關係密切，他會受公眾輿論的譴責，也是事出有因。他始終仍認爲「讚美敵機轟炸重慶，頂多坐牢；但是罵蔣，那就要殺頭了！」把擁蔣不恰當地置於國家民族利益之上。這裡不妨再補充一個例子：由於爲汪精衛擔任社論委員會主席，爲胡蘭成任總主筆的《中華日報》副刊寫稿的關係，路易斯和其他名家一樣於一九四三年被聘爲編纂，按月支付車馬費而不用上班。有汪派提供的固定薪水做後盾，路易斯這時的生活大有改善，不再三餐不繼，並還有積蓄於一九四四年三月獨資創辦《詩領土》月刊，還用「詩領土」名義於一九四五年二月、四月出版了個人詩集《夏天》和《三十年集》。另一部於一九四四年五月出版的詩集《出發》，則由漢奸文人柳雨生、陶亢德主持的太平書局出版。當然，不能像劉心皇說的那樣凡是在漢奸文人主持的出版社出過書的人就是漢奸，但至少說明紀弦敵我不分，他們之間的關係非同一般含有政治內容。

路易斯在上海淪陷期間與漢奸胡蘭成的親密關係，以及拿汪派薪水，積極爲汪派副刊寫稿，這使他思想和行動上頻頻失足。這就難怪「史方平」於一九七〇年八月十日寫了〈紀弦、路逾與路易斯的漢奸活動〉，文中稱：

路易斯在一九四三年抗戰游擊隊出沒的蘇北，主要任僞「軍事委員會委員長蘇北行營上校聯絡科科長」，代表敵僞對蘇北進行「文化宣撫」。曾有大規模的兩次對青年的演講，一次是在泰興縣講〈和平文學與和平運動〉，另一次在泰縣講〈大東亞共榮圈與和平文學〉。聽他演講的人，還有人在臺灣。……他在蘇北一或二年之後，由於胡蘭成的關係，把他調到宣傳部，擔任專門委員會的僞職，在上海從事文藝活動。

此文係打印稿，未公開發表。劉心皇爲撰寫〈抗戰時期淪陷區文學史〉(註一二)，曾從臺灣《文化旗》雜誌社取得一份。此文並不是如紀弦在新出的回憶錄中說的該槍斃的「忘八旦」捏造或「死鬼劉某（古按：指去世的劉心皇）胡說八道」虛構的，如文中說：

關於出席日本所召集的會議問題：據當時在蘇北泰縣從事抗日工作的某君說：「路易斯在抗戰期間投敵之後，出席日本所召集的會議，是東亞文學者大會，不是大東亞文化更生會。大東亞文化更生會中國出席的漢奸有柳雨生（存仁）、周作人、丁丁等人，路易斯並不在內。」

這裡講的「東亞文學者大會」，即一九四四年十一月在南京召開的「第三次大東亞文學者大會」，出席的有周作人、馬午、關露、周黎庵、路易斯等人。「路易斯即紀弦，在此次大會上大放厥詞。」所謂「大放厥詞」，除指路易斯乞求日本侵略者應「保障作家生活」外，還指紀弦在大會上得知汪精衛剛死去時，一方面參與用中文和日文爲汪逆致悼詞的寫作，另方面還自告奮勇即席賦詩〈巨星隕了〉。這種漢奸詩的寫作，眞應了他自己的那句詩：「何其臭的襪子何其臭的腳。」

獲得路易斯參與漢奸文化活動的重要依據還有：司馬文偵在《文化漢奸罪惡史》提到的紀弦：

> 與蘇青齊名的「男作家」，要算路易士了吧，天天揮著手杖，吸著板菸，在馬路上散步，一付高傲的樣子，自以爲是了不起的大詩人，寫寫「魚」詩，倒也罷了，有時神經發作，要寫幾首政治詩，反英美，反「重慶」，反共，擁護「大東亞」、「僞政府」的口號，都在他的詩裡出現。有人勸告他，他竟說：「抗戰如果成功，他等著殺頭！」可是近來，有人看見他露著一付可憐相，頗有想念幾首勝利詩的樣子（註一三）。

這裡披露了路易斯的漢奸言論，但證據不夠過硬，有些可能還是道聽塗說。但無風不起浪，路易斯的確寫過歌頌僞政府的詩。至少紀弦主辦的《詩領土》第四期，刊登過日本詩人朝島雨之助歌頌「汪先生」的媚日詩作。該詩作對大漢奸汪精衛客氣地稱爲「汪先生」，並肯定所謂「新國民運動」，又多處出現「拔刀」、「灑血」、「斬之」、「血之肅清」等侵略性意象，這可理解爲代表了紀弦的政治立場。凡是有愛國心的人，都不會刊登和不讚同詩中所說的「大東亞道義」。

正因爲路易斯（士）有這些劣蹟，戰後被國民黨中央宣傳部對日工作委員會留用的作家堀田善衛，於一九五一年發表了短篇小說〈漢奸〉，其中心人物就是以路易斯和柳雨生爲原型而塑造的「安德雷」。

從上述紀弦的抗戰經歷中，他無疑參加過一些漢奸文化活動，還寫過歌頌漢奸的作品，與那些恪守民族氣節，敵我界限分明，潔身自好的愛國作家有本質不同。他屬於民族立場歪斜、民族氣節虧敗、正義觀念淪喪的大節有虧的作家。對紀弦來說，不能認為當年置身於淪陷的國土，是迷惘、惆悵的陰影籠罩著自己而迷路，更不能因當時國民政府沒有追究、到臺灣後情治單位也沒過問，便罵批評過他的人為「文醜文妖」。另方面，對文學史家來說，要嚴格區分「文化漢奸」與不分敵我是非、親近日偽、參加過漢奸文學活動的作家的界限。退一步來說，紀弦寫過漢奸文學作品屬實，但在他詩作中不構成主流，作品數量也極少，他亦非漢奸政權要角或汪偽文壇的頭面人物，再加上「史方平」的文章缺乏人證、物證，因而不應再去「補劃」他為文化漢奸。（註一四）從這個角度看，紀弦在新出的回憶錄中說「我絕非漢奸！絕非漢奸！」（註一五）倒是對的。

紀弦的歷史問題，不影響他後來為臺灣詩壇開一代詩風的貢獻，更不能因為他在抗戰期間一度親近「大東亞文學」，而否定他在這一時期創作別的題材的作品和對現代詩的探索乃至對整個中國詩壇的貢獻。

第四節　余光中發起「討胡（蘭成）戰役」

還在六十年代，就有人向余光中推薦曾任汪偽宣傳部部長胡蘭成的《今生今世》，讚揚那是一部慧美雙修的奇書。當時余光中看後，覺得文筆輕靈，用字遣詞別具韻味，形容詞下得頗為脫俗，但是對於文字背後的情操與思想，則嫌其遊戲人生，名士習氣太重，與現代知識分子相去甚遠。（註一六）

由於臺灣有不少張迷，故愛屋及烏，許多讀者對張愛玲的先生胡蘭成在《今生今世》中回憶與張氏相愛的過程津津樂道，認為很有看頭。余光中是稱讚張愛玲《秧歌》的，但遠不算張愛玲的崇拜者，對胡蘭成更是保持一定的距離。

余光中並不一筆抹殺胡蘭成的文字才能。對胡氏的另一本舊書《山河歲月》，余光中讀後總的感受仍是「憎喜參半」。不過，比《今生今世》少了「喜」的成分，多了「憎」的內容。在〈山河歲月話漁樵〉一文中，他「先說喜的一面。《山河歲月》的佳妙至少有二。第一仍然是文筆，胡蘭成於中國文字，鍛鍊頗見功夫，句法開闔，呑吐轉折迴旋，都輕鬆自如。遣詞用字，每每別出心裁，與眾不同。『這眞是歲月靜好，現世安穩，事物條理，一一清嘉，連理論與邏輯亦如月入歌扇，花承節鼓。』『中國人是喜歡在日月山川裡行走的，戰時沿途特別好風景……年青學生連同婉媚的少女渡溪越嶺，長亭短亭的走。』這樣『清嘉』而又『婉媚』的句子，《山河歲月》之中，俯拾皆是。『胡體』的文字，文白不拘，但其效果卻是交融，而非夾雜。」（註一七）第二個優點，在於作者的博學。從書中所運用的知識看，胡蘭成學貫中西，對中國的傳統文化與民情風俗都有一定的認知，且能處處跟外國文化作比較，時有灼見。此外，作者可謂胸襟恢宏，心腸仁厚，對天地間的一切人物不是表尊重就是表同情，充溢著樂觀主義精神。胡蘭成對中國的歷史一往情深，對中國文化也表示了高度的信任。

一個人的長處在一定的條件下，往往會變成短處。就以胡蘭成對中國傳統文化的態度來說，他只見其精華，未見其糟粕。他如此全盤肯定五千年的中華文化，乍看起來是一種愛國主義精神，但余光中認爲：「當作一種知性的認識來宣揚，則容易誤人。胡先生在書中一再強調『知性的指導』，可是在自己立論時，又擺脫不了民族情緒的束縛。本質上說來，胡先生學高於識，是一位復古的保守分子。」（註一八）余光中還認爲胡蘭成理想的士不事生產，不食人間煙火，不與庶民爲伍，其志卻在天下：這種風光賴於寄託的農業時代與貴族社會，已經一去不復返了。臺灣正從農業社會轉入工業社會，我們目前極需提倡的是民主意識與科學精神，而不是思古的幽情。讀經可以叫大學生和研究生去做，但一般老百姓不用這樣專門化，對他們來說，主要是做好手中的日常工作。

胡蘭成當過漢奸，後受到法律的制裁。但他在《山河歲月》中仍不改對日本的讚揚態度。以有過抗戰這一強烈而慘重經驗的余光中來說，不會對日本軍國主義有任何好感，胡蘭成在書中如此避重就輕並用模稜兩可的口氣敘述抗戰，余光中無論如何不能認同下面一段文字：

> 抗戰的偉大乃是中國文明的偉大。彼時許多地方淪陷了，中國人卻不當它是失去了，雖在淪陷區的亦沒有覺得是被征服了。中國人是能有天下，而從來亦沒有過亡天下的，對其國家的信是這樣的入世的貞信。彼時總覺得戰爭是在遼遠的地方進行似的，因爲中國人有一個境界非戰爭所能到……彼時是淪陷區的中國人與日本人照樣往來，明明是仇敵，亦恩仇之外還有人與人的相見，對方但凡有一分禮，這邊亦必還他一分禮……而戰區與大後方的人亦並不克定日子要勝利，悲壯的話只管說，但說的人亦明知自己是假的。中國人是勝敗也不認眞，和戰也不認眞，淪陷區的和不像和，戰區與大後方的戰不像戰。（註一九）

胡蘭成又說：

> 凡是壯闊的，就能夠乾淨，抗戰時期的人對於世人都有樸素的好意，所以路上逃難的人也到處遇得著賢主人。他們其實連對於日本人也沒有恨毒，而對於美國人則的確歡喜。（註二〇）

余光中對此評論道：這兩段話豈但是風涼話，簡直是天大的謊言！這番話只能代表胡蘭成自己，因爲在水深火熱的抗戰之中，他人都在流汗流血，唯獨胡蘭成還在演「對方但凡有一分禮，這邊亦還他一分禮」的怪劇。也許胡蘭成和敵有方，「有一個境界非戰爭所能到」，可是在南京大屠殺、重慶大轟炸中，無辜的中國人卻沒有那麼飄逸的「境界」。只因爲胡蘭成個人與敵人保持了特殊友善的關係，他就可以污蔑整個民族的神聖抗戰說的是假話，打的是假仗嗎？這麼看來，胡蘭成的超越與仁慈豈非自欺欺人？看來胡蘭成一直到今天還不甘忘情於日本，認爲美國援助我們要經過日本，而我們未來的方針，還要與「日本印度朝鮮攜手」。胡蘭成以前做錯了一件事，現在非但不深自歉咎，反圖將錯就錯，妄發議論，歪曲歷史，爲自己文過飾非，一錯再錯，豈能望人一恕再恕？（註二一）

評《山河歲月》一文是在臺灣極具影響力的雜誌《書評書目》上發表的。余光中在《青青邊愁》後記中，稱這是自己「『討胡』的首次戰役」。（註二二）當時余光中對才高於德的垂暮老人惻惻然心存不忍，未將書評投給大報副刊，不料竟觸怒了出此書的老闆，事後不但國恨移作私嫌，且在該社的宣傳刊物上刪掉余光中的大貶，突出他文中的小褒，斷章取義運用這篇書評。余光中認爲，在民族的大節之下，一家出版社的榮辱得失不過是芝麻綠豆般的小節。那家出版社無論是什麼人，哪怕是自己父親開辦的，胡蘭成那本書仍是要評的。余光中並不否認那家出版社出過不少好書，但這個污點必須擦掉，而不應採取逃避的態度。（註二三）

這裡講的「那家出版社」，是指頗負盛名的遠景出版事業公司，其老闆沈登恩有出版界的「小巨人」之稱。該公司有眾多的第一：第一個把金庸的武俠小說引進寶島，第一個把倪匡的科幻小說引入臺灣，第一個給出獄後的李敖出書，第一個在臺灣推出《諾貝爾文學獎全集》，還有第一個出胡蘭成的書。「遠景」出了胡書後，不但引發出余光中上述批評，還引起張愛玲的不快，這是原來未料到的。因而有濃厚「張愛玲情結」的沈登恩，永遠失去了與張愛玲合作的機會。沈登恩與張愛玲通過幾次信，曾談及出書一事，終於功虧一簣，這是沈登恩終生遺憾之一。

第五節　《陽光小集》自行解散

臺灣文壇一大特點是「結黨營詩」，《陽光小集》便是典型一例。

《陽光小集》由向陽、張雪映、李昌憲、沙穗、陳煌、莊錫釗、陌上塵、林野八人發起、在高雄熱河一街三九〇號成立，從一九七九年十二月創刊到一九八四年六月，共出版十三期。

從南部陽光出發的《陽光小集》，除刊登余光中、李莎、洛夫、周夢蝶等元老詩人的創作外，還發掘出一批新人，如該刊的創辦人向陽的《十行集》。

《陽光小集》的編輯宗旨是「臺灣土地　開放陽光」，這是向陽主持該雜誌階段的信念。在第十期由向陽執筆發表了社論〈在陽光下挺進：詩壇需要不純的詩雜誌〉：

> 我們寧可踏實地站在臺灣這塊土地上，與人群共呼吸、共苦樂；寧可磊落地站在詩的開放的陽光下，種植各種花草，欣賞各種風景——我們不強調信條、主義，不立門派，不結詩社，不主張某種來自某時或某空的「繼續」或「移植」！

我們不求「純粹」辦一份專門爲詩人辦的詩刊，但願「不純」地爲詩壇開闢一道活水，爲關心詩的大眾提供一份精神口糧。以詩爲中心，嘗試各種藝術媒體與詩結合的可能，嘗試詩非「國土」，只是一份媒體的可能，嘗試反映而非引導的可能，嘗試詩人非人類的貴族或遺族，而只是文化大花園中某塊有極限的小花圃的可能。

這裡說「與人群共呼吸、共苦樂」，談何容易！《陽光小集》內部就勾心鬥角，沒有做到「共苦樂」。該刊設有「每季新詩評介」專欄，倒極具挑戰性，如第八期的〈每季詩評——詩人的成績單〉及所附的〈評鑑一覽表〉，在詩壇引起一定的震動。第九期對洛夫《詩壇春秋三十年》所作出的集體回應，第十一期〈熱鬧非凡，意義重大：一九八二年現代詩壇十大事件〉，都是鋒芒畢露的文章。在倡導政治詩方面，《陽光小集》也做了出色的成績。該刊提倡的政治詩，其內容主要是指體制外的抗爭，對政客、賄選、冤獄、白色恐怖、省籍意識、限制言論自由均進行全面的嘲弄與顛覆。《陽光小集》政治詩的主要作者有白萩、嘉農（陳芳明）、溫瑞安、渡也、吳明興、劉克襄、王浩威、林野、鍾順文、林宗源、廖莫白等人。另還有「我看政治詩」座談會，並有溫瑞安〈「神州詩社」的起落興亡〉。這些理論加創作，促成一九八〇年代政治詩的進一步繁榮。

《陽光小集》在兩岸詩藝交流方面做了開路先鋒。該刊第十一期率先轉登大陸詩人作品，推出「朦朧詩特輯」，讓顧城等人的作品第一次跟臺灣讀者見面。其規模雖然比不上稍後《創世紀》由葉維廉策劃的「大陸朦朧詩特輯」，和《春風》第四期製作的〈崛起的詩群〉，但說明該刊能將視野投向對峙三十多年的大陸詩界，可見其目光之敏銳。

出於對「三大詩社」長期壟斷詩壇的不滿，「陽光」同仁還於一九八二年舉辦「青年詩人心目中的十大詩人」票選活動。最有撞擊力的是一九八三年十二月十八日，《陽光小集》社長張雪映在其家裡舉辦「政治詩座談會」，出席者有葉石濤、柯旗化、林宗源、楊青矗、黃樹根、莊國金等人，由李昌憲主持。座談會記錄發表在《陽光小集》第十三期「政治詩專輯」上。葉石濤說：「政治詩是表示某一階級對當時政權的不滿；爲臺灣社會結構裡面，農、漁民、勞工階級等低收入者做最強烈的發言。」這個專輯由於敏感，發言又過於強烈，只好壓了一段時間，直至一九八四年六月才出版。後來該詩刊發行人向陽要求將內容敏感且又未經內部同仁審閱發行的第十三期全部寄給他，並向全臺詩社、詩人和出版社發出緊急聲明，宣布自即日起解散《陽光小集》。

關於解散的原因，普遍認爲這屬「政治詩專輯」惹的禍，其實這只是一個方面，另一原因是《陽光小集》總編輯苦苓在終刊號付印前夕，擅自在封面上加了一行駭人聽聞的要目：〈《陽光小集》被收買了嗎？〉，其中云：

> 《陽光小集》沉寂的這半年裡，編輯部接到數不清的電話，除了詢問何時出刊……有人說「是不是你們的政治詩專輯受到干擾，不敢出來啦！」有人說：「你們《陽光小集》的同仁都被出賣了！」有人說：「他們已經注意你們的這次座談會，並且記錄得很清楚，什麼人講哪些哪些話。」

這裡講的「他們」，是指專政機關。新添加的還有極具殺傷力的「短評」單元《陽光短打》，其中第一則〈獎的另一面〉云：

> 最近又有好幾個文學獎頒布，例如國家文藝獎、中興文藝獎還有文協的文藝獎，有的固然是實至名歸，有的則要靠良好的人際關係和有力團體的推薦。

儘管這篇「短打」是所謂不純詩雜誌的實踐，但它影射了向陽在一九八四年五月七日所獲得的「國家文藝獎」。該文還暗中諷刺向陽、林宗源、黃樹根從事「臺語詩」的寫作：「詩也講方言？」這種「添加」內容，使原要為詩壇「開闢一道活水」的向陽相當不高興，甚至痛心。他的痛心，來自曾經並肩作戰同僚的「污蔑」。那時他年輕氣盛，一怒之下，決定讓「活水」變為「死水」——解散詩社。這解散，既是「人的組合」的瓦解，也是「觀念的組合」的破滅（註二四）。《陽光小集》自行「查禁」或解散的消息傳來，令余光中這樣的詩翁「心情不由沉重」（註二五）。

強烈關注政治詩的《陽光小集》，並非全部政治先行，他們還關注被某些人不屑一顧的席慕蓉作品，將大眾化詩歌納入自己研究的範疇，這正是向陽說的「種植各種花草，欣賞各種風景」的實踐。

第六節　自廢武功的《純文學》

在「反共抗俄」的年代裡，信奉自由主義文學思潮的林海音，所高揚的是「純文學」旗幟和創作自由論。這在客觀上正好與政治掛帥的「三民主義文學」相對峙。在林海音主持下於一九六七年創立的《純文學》，讓一篇又一篇政治不掛帥而文學形式純正的作品登場，甚至採用日本左派三島由紀夫的評論〈結合劇作家的才能與小說家的才能〉的文章，在一定程度上是作爲「戰鬥文藝」的對立形態和文壇的補充力量出現的。不管當時創辦者對《純文學》刊名作何種解釋，但「純文學」一詞正是政治強加於文學的一種反抗，其潛臺詞是認爲反共文藝受政治支配，常常有「戰鬥」而無「文藝」，不算純正的文學。以這樣的文學觀念編出來的雜誌，自然與主流文學呈不同風貌，這就難爲官方所容。就像當年林海音參與編輯的《文星》被當局所封殺一樣，《純文學》在官方控制的園地裡也顯得異常刺目，有位立法委員在立法院質詢時就曾造謠說「林海音當年編的《文星》雜誌是美國人出資辦的，現在又是美國人出資辦《純文學》月刊」（註一六）。「當年」是指一九五七～一九六一年林海音兼任《文星》雜誌編輯，負責文藝專欄外加校對。

《純文學》後來停刊，和銷路打不開、一直虧老本有極大的關係，但白色恐怖的蕭殺氣氛，才是促成《純文學》之花雕謝的眞正原因。這點均爲《林海音傳》及其他回憶文章所忽略。據一度成爲臺灣作家，卻不寫「戰鬥文學」的「自由派」文人——即香港版《純文學》主編王敬義寫的紀念林海音的文章中說：《純文學》的終止「是受一宗政治大案的牽累。主持人爲了避禍，不惜『自廢武功』，最後停了刊」——

> 這要從李荊蓀案談起。六十年代在臺灣，是白色恐怖獗獗逼人的時期。文化人朝不保夕，被捕入獄者多不勝數，柏楊、李敖之外，還有崔小萍（傳媒人）、陳映眞（小說家）等。而到了李荊蓀

被捕（一九七二年），也就達到了最高峰。因爲李荊蓀是著名報人（《大華晚報》的總主筆）。

我記得在李荊蓀被捕之後不久，七十二年十一月我因事到了臺北，住在館前路的中國大飯店。一天早晨電話突然響了起來，接聽時發現是林海音的夫君何凡帶著萬分緊張的聲音：「王敬義，我必須現在來酒店一趟，和你見面談！」當我們約好在酒店的頂樓的咖啡廳見面後，他立刻掛斷了電話。何凡在北京長大，講一口京片子，平時給朋友的感覺是非常平易近人的。那天的緊張談吐，殊非尋常，令我意識到有事發生了。果然，半小時後就見何凡從咖啡廳的門口匆匆走進來。他戴著大近視眼鏡，神色嚴肅，坐在身後，還左顧右盼了一陣子。我爲他叫了飲料，他開始說：「王敬義，林海音有話跟你談。我來替她說。」

他的緊張傳染了我，我怔怔地望著他。

他說：「王敬義，你回香港後準備一下，《純文學》要停辦了。」那時《純文學》雖然一直虧損，在臺港兩地已出版了超過五個年頭。他說：「《純文學》辦不下去了，林海音辦這個刊物，熬夜校對眼睛都快瞎了。學生書店（《純文學》的投資人）賠了幾百萬臺幣還不算，政府在拉人坐牢啊！」他又左右張望了一下，繼續說：「李荊蓀給拉進去啦，你在外邊想必已經知道了，早幾天主筆團還在一起吃飯，第二天就把人拉進去啦。說拉就拉，誰還敢辦刊物？……現時林海音手頭還有一批稿，再出多一期臺北這邊就決定停刊了。香港那邊，你自己斟情處理吧。」說完他站起身，說句「我先走了。」轉眼就不見了人。（註二七）

臺灣版《純文學》於一九七二年二月停止運作後，香港版《純文學》一九七六年四月問世，後由月刊改為雙月刊，出至六十七期終止。跨越三十三年後，即一九九八年五月，港版《純文學》在香港特區政府藝術發展局的資助下，由王敬羲主持重新復刊，到二〇〇〇年十二月共出了三十二期。這種「純文學」香火不斷的現象，也算是對「問君此去幾時來，來時莫徘徊」的林海音的一個慰藉吧。

第七節　圍剿《一九八三臺灣詩選》

在臺灣眾多詩選中，以「臺灣」命名的年度詩選，由於有「文建會」撥款，又有強勢媒體如《中國時報》和《聯合報》的宣傳鼓吹，因而極具權威性，影響也最大，與「中本」也就是以「中國詩人」（這在當下屬「政治不正確」）自稱的作家出詩選相比，由於沒有官方贊助，只好拿退休金中的生活費湊份子，故其光亮度和影響力非常有限。

最富戲劇性的一九八四年，連續出現了三種「年度詩選」：一是蕭蕭編的也就是一信說的「西化板塊」、由「爾雅版」出版社出版的《七十二年詩選》；二是吳晟編的也是一信說的「本土板塊」、由前衛出版社出版的《一九八三臺灣詩選》；三是郭成義編的金文詩人坊叢刊《當代臺灣詩人選·一九八三卷》。其中蕭蕭曾推薦十二首詩代表該年度的水平，可在同樣標榜「優秀作品」的在《一九八三臺灣詩選》中全部落選。這裡除藝術標準的分歧外，另有意識形態的差異，這就難怪「前衛版」曾引起具有「中國意識」作家與堅持「臺灣意識」詩人的激烈論戰。其中有的批評者站在官方的立場，批評這本詩選不該選登「醜化」國民黨的作品，個別人還以文藝政策代言人自居，如朱炎認為對方有可能被「共匪」操控：「毫無疑問，惡意攻訐政府，專門暴露社會的黑暗面，一心想破壞勞資雙方感情的所謂寫實作品，都是三十年代牢騷文學的苗裔。往事不遠，記憶猶新，我們不能再容忍這些社會主義的符咒，把文藝界的夥伴蠱惑得神志不清，任其擺布，做出傷害國民的事體而不自知！」（註二八）這位臺大教授想像力很豐富，其實，「詩選」的編者和出版社都不可能與大陸的共產黨發生聯繫。後來的指控者也是唱同一論調，指責詩選的編者所繼承的是一九三〇年代左翼文人的衣缽，如《秋水》主編涂靜怡不再「唯美」轉而強調要維護文學世界的純潔性：

> 從許多新近出版的作品，某些偏激的政論性刊物，借文學性的作品，以達其政治性的目的，固不必說，即以純粹的文學刊物，例如某一年度詩選擇，我實在不明白的，爲什麼那些所謂新生代的「詩人」，竟然要標榜「關懷鄉土」、「關切現實」，而卻專門選一些竭力醜化政府，醜化執政黨，醜化我們社會，破壞、分化我們內部的團結的詩作呢？是想要繼承三十年代左翼作家的衣缽，爲中共「解放臺灣」效犬馬之力呢？還是不自覺地中了中共和臺獨對臺灣進行統戰和破壞的詭計？（註二九）

這裡說的「醜化政府」的詩作，是指悼念林義雄滅門慘案、支持李師科以及一些批評環境污染的作品，再加上「前衛版」「導言」的作者李勤岸直截了當指出：「一向被認爲是政黨政治中制衡角色的黨外民主運動，也一直無法在正常的軌道內運作，政治事件仍然層出不窮。一九七九年底更爆發了震驚全世界的美麗島事件，大部分的黨外菁英被捕入獄，使得許多認爲民主政治是臺灣唯一出路的知識分子，萬分沮喪，憂心忡忡。」（註三〇）他這種挑戰政府的言論及其詩作，無疑觸動了那些忠於「黨國」保守分子的敏感神經。後來批評者均按此論調批評本土派，如劉菲在〈關切現實之外〉說：「某些詩人的作品以某本年度詩選解釋之後成爲與原意相反的『統戰』作品，這是用文字搞政治鬥爭的最高手法。」（註三一）連研究楚辭的蘇雪林也破門而出說：「由過去對『共匪』陰謀的體驗，便知道寫這類文字的是什麼人了。」弦外之音是無論是編者、作者還是出版社，均有從批評當局達到推翻政府目的的嫌疑。物極必反，涂靜怡等人的言論，給鄉土作家巨大的壓力，從反面加快了他們由「鄉土」轉爲「臺灣本土」的步伐。

當然，參與論戰提倡中國詩的《葡萄園》詩刊，不是要詩人拒絕擁抱臺灣。相反，「我們要擁抱臺灣時，也該不忘記，我們也要擁抱中國。此所謂愛鄉也愛國，甚至愛鄉更愛國也。」（註三二）基於這種觀點，文曉村嚴肅批評《一九八三臺灣詩選》的選稿標準有分離主義傾向：「今天，文藝界有少數年輕人，受了某些分離主義分子的思想污染，企圖……建立一個什麼『臺灣國』。」（註三三）這種綱上意識形態的做法，便遭到對方的強烈反彈。他們發表〈沒有土地哪有文學——臺灣一九八五年文學整風即進入暴風圈〉和〈小人到處有，文壇特別多——鬼影迷蹤的臺灣文壇〉（註三四），謾罵以文曉村爲代表的《葡萄園》詩刊的做法是「做賊心虛」，屬「可鄙的卑鄙行爲」，前衛出版社還發表嚴正聲明。面對這個「聲明」，《葡萄園》詩刊也不甘示弱，徐哲萍的文章指出：「吾人最反對的就是『分裂意識』！關懷鄉土是美事，反映現實乃至不滿現實都無不可，但如有分裂意識，那眞是祖宗不容國人所共棄了！……吾人不只反對臺獨，且反對『一切獨』！」（註三五）

到了一九九五年，未曾提出反駁的《一九八三臺灣詩選》主編吳晟和前衛出版社，終於有代言人出現，即政論雜誌《前進》在第九十五～九十七期和在第一百期發表反彈《秋水》、《葡萄園》的文章。

文中認爲朱炎等人的批評，是國民黨政治勢力在滲透文壇，批判者不是國民黨的「警總」打手就是御用文人。張雪映、何捷、苦苓也曾爲文批駁《葡萄園》。《葡萄園》不甘示弱，在該刊總第九十、九十一期又發表四篇文章進行批評的再批評。認爲無論是政論雜誌《前進》還是《詩評家》的指控，均不能成立。後來對方沒有再發表文章，這場論戰也就畫上句號。

《秋水》、《葡萄園》和前衛出版社這場遭遇戰可謂是短兵相接，後來前衛出版社在出《一九八四臺灣詩選》時，不再以政治意識區分詩作題材，也取消了那些招致批評、非文學性的〈導言〉，編者只是就詩論詩。這意味著負責編務的詩人和出版社，透過反思即「自發查禁」已在一定程度上有所改正。

吳晟後來回憶這場論戰時檢討說：「綜合起來，關乎詩學的探討，反而遠比『意識心態』的撻伐少之又少，是反共體制下的陰影重現。」（註三六）吳晟說得對，關於詩選的論爭主要從政治著眼，如果說有詩學，也是政治詩學而非審美詩學。這是由當時的文化生態所決定的。那時戒嚴還沒有解除，雙方都有一定的政治自覺和立場，爭論中雖然沒有提出要將對方的「詩選」查禁，但其評判標準與查禁單位不謀而合。

附　撕燒漢譯本《台灣論》

當中國統派幹上《台灣論》　當政客遇到「慰安婦」

當內政部官僚堵住小林善紀　當媒體掀起《台灣論》風暴……

這是黃邵堂等著《台灣論風暴》（註三七）封底的廣告詞。這裡說的《台灣論》，係指日本小林善紀的漫畫《台灣論：新傲骨精神》，它原先是寫給日本人看的，在日本狂銷近三十萬冊。全書共分十二章，其中有四章是李登輝個人的訪談，並用將近四分之一的篇幅談臺灣的認同以及民族主義，還有臺灣的大血統及臺灣的國土歷史。它資訊豐富，不僅涉及國際關係、國家定位等這些敏感問題，還有哲學觀和向讀者介紹臺灣好吃好玩的地方。當中譯本於二〇〇一年二月在臺灣由前衛出版社出版後，在島內掀起一場巨大的爭議和一股反抗浪潮，引發政治界、文化界一場巨大的風暴。該書還在日本發行時，就引起臺灣愛國人士和媒體的密切關注。這場爭議關係到政治、外交、經濟、社會、歷史、文化、語言各方面。在時空上跨越過去、現在及未來，爭議持續四個月才落下帷幕。

小林善紀既不是專業評論家，也非歷史學家，他只是以漫畫爲業的文藝工作者。他創作《台灣論》的初衷是出於對日本現狀的不滿，企圖借臺灣作爲日本社會反思和借鑑的標本。作者關心的是一個想像中的日本，而臺灣恰好是在現實中難於找到的獨一無二的代替品。本想是爲臺灣發聲，但由於小林善紀對臺灣歷史和文化的偏頗，更重要的是他的右派立場，而他以其一個基層居住在日本的外人角度來解讀臺灣社會及臺灣人的心態。他自以爲在臺灣這個所謂「國家」裡找到了戰後頹廢的日本人已經消失的「日本精神」，而這精神存在於以李登輝爲代表的日本殖民時代的臺灣人身上。這個年代的精英正是引領臺灣社會邁向未來的重要人物。「邁向未來」，就是從日本對臺灣的殖民統治看到「臺灣國家形成」的前途，由此希望日本能找回遺失在臺灣的日本精神，同時重視以此精神爲根基建立臺灣與日本的密切關係。此番言論也立即招致臺灣內部各族群的爭議。

小林善紀爲人所詬病的不僅是其歷史觀，而且還有他的職業道德。在《台灣論》中許多重要人物和他的私人談話，均未徵得本人同意或審正全部在書中曝光，這引起某些當事人的嚴重不滿。

小林善紀從自稱是日本人的李登輝及其同一代的媚日派人士的會談內容去梳理日本人統治臺灣的情況，強調日本人主要不是侵略而是幫臺灣人民施政，並對幾個重要人物的施政事跡加以表彰，而對慰安婦等負面事件不是辯解就是淡化，甚至肯定日人發動的蘆溝橋事變，並以此和光復後接收臺灣的國民黨政權作鮮明的對照。

《台灣論》封面一個武士站在一顆土豆上，小林善紀在書中將「武士」般的李登輝視爲日本遺產的保護者，認爲臺灣是保留日本傳統文化的重要根據地，對支持統派的日本左翼人士則作無情的批判和打壓。該書強調：在殖民史上出現的霧社事件和反抗日本人的原住民，卻在大東亞戰爭中爲日本建立了功績。《台灣論》引用許文龍的話說：「事實上，日軍當時也相當重視人權，能成爲慰安婦，對這些婦女而言是出人頭地，每個人都抱著希望進入軍隊，哪裡是被強迫從軍？」參與批判這種親日言論的有政治家、作家、婦運團體、原住民團體和媒體。抨擊的重點對象爲前總統李登輝、奇美實業董事長許文龍、上市公司偉詮電子董事長蔡焜燦及「國策顧問」金美齡。

小林善紀的臺灣史觀符合本土派人士的看法，而與在野人士的主張南轅北轍。小林善紀赤裸裸地宣洩他的反中國意識，理所當然遭到反對人士的撻伐。這就不難理解，在臺灣各黨派中，親民黨會一馬當先痛批《台灣論》參與對話者的媚日心態，毫無臺灣人的尊嚴。這些人一有機會就大唱日本軍歌〈軍艦進行曲〉，大行日本軍禮，甚至戴上頭巾後便幻想自己是日本人。親民黨主席宋楚瑜說：「愛臺灣不只是愛這塊土地，更應愛這塊土地上的人與歷史；眞正愛臺灣的人，無權扭曲臺灣歷史，更應還原臺灣的歷史眞相。」「立委」李慶華痛批正是許文龍及李登輝等政治人物如此媚日、親日，才增長日人的囂張氣焰，由此他當場氣憤地撕毀《台灣論》，發起民眾打電話向奇美實業抗議運動，陳水扁並應主動撤換許文龍「總統資政」一職。新黨「立法委員」馮滬祥等人在臺北街頭，也當場焚燒許文龍及小林的漫畫像和日本國旗，並要求書店將《台灣論》下架。連呂秀蓮也說慰安婦絕對不是出於自願。親民黨團總召集人鄭金鈴、發言人黃義交、「立委」周錫瑋等人均要求許文龍、蔡焜燦兩人應公開向社會道歉，並自動請辭「總統府資政」職務，前衛出版社應主動收回《台灣論》，不但書店、超市要配合，民眾也應拒看、拒買以抵制，「教育部」、「新聞局」則應透過一切管道，澄清書中的不當言論。

在威權時代，人們成長在「反共抗俄」、「恨日仇日」的教育氛圍下。到了新世紀，再也看不到「反共抗俄」的標語，「恨日仇日」也沒有人提了，甚至出現「親日」的言論，如李登輝對《台灣論》推崇備至，他說「有了《台灣論》便可忘記其他所有有關臺灣的歷史書，因爲這本書已表現一切。」許文龍在書中提及蘆溝橋事變時爲日本辯解，表示「如果我是爲政者，大概也會被迫做同樣的決定」。對臺灣抗日英雄，許文龍則說「日本人侵臺灣，臺灣有很多抗日義士，但我不認爲他們的行爲應有如此高的評價」。周錫瑋及謝章捷諷刺許文龍、蔡焜燦兩人乾脆移民日本，歸化日本籍。新黨「立委」謝啓大激動地說：「韓國人受到日本人的欺侮，全國人民至今不說日文。反觀臺灣的企業家，竟然到現在還在媚日。請問我們的政府、我們的人民，怎麼能夠繼續容忍這種喪失民族觀念的行爲？難道當企業家就可以爲所欲爲嗎？」莊國明律師認爲，《台灣論》內容篡改歷史，掩飾日本軍國主義罪行，小林善紀的奇談怪論，令人感到不齒。聯合國人權委員會曾經兩次調查慰安婦議題，認爲日本政府應向慰安婦賠償、謝罪。王清峰律師也曾調查確認慰安婦被徵召的過程都是被騙、被強迫，足證小林善紀描述之謬誤。

小林善紀不是「灣生」的「二世」，也非臺灣人，更不是政客。他言辭尖銳，要「臺灣人表態，長期而言，如果中國民主化了，你們是否就願意與他們統一？短期而言，臺灣的生意人是否認為經濟繁榮是至高無上的目標，因此，不在乎當中國人、還是臺灣人？坦白一點，你們到底是要建構怎樣的國家？」（註三八）面對這種挑釁，尤其是針對蔡焜燦認爲「日本法院竟判決慰安婦勝訴，令人百思莫解」等說法，婦援會董事長林方皓指出，小林善紀完全是以軍國主義立論。爲避免繼續讓這些誤謬的言論扭曲事實，再度踐踏阿嬤們的人權，婦援會經過查證及討論後，決定召開記者會澄清，並發起連署抗議行動。加入連署行列的婦女團體包括婦女新知基金會、現代婦女基金會、勵馨社會福利基金會、民進黨婦女部、玉蘭花基金會等十二個團體。在親民黨記者會中，婦援會則播放慰安婦「阿桃」回顧往事聲淚俱下的談話，「阿桃」說自己雖然不漂亮，但「就算是蕃薯葉也是一片葉子」，當初她被騙說要去日本做褓姆，沒想到竟然被人糟蹋至此。

臺灣光復後，當局進行「去日本化」教育。但在日本皇民化教育中成長的金美齡，不認同東方民族主義，狂熱地從事本土派活動，後被國民黨當局通緝，只好長期旅居在日本。金美齡從不諱言自己是本土派活動的頭號女性黨員。她此次特地引介《臺灣論》作者小林善紀到臺灣，還召開記者會聲援小林善紀，並替許文龍叫屈，陳水扁也強力支持金美齡等人的言論。這的確讓臺灣的政局更陷於混亂紛爭。

許多作家也參加了這場論戰。其中原臺大哲學系教授、文藝評論家王曉波認爲，即使對《台灣論》無法律可據去取締，至少應有知識上的批判，這裡有侵犯人民權利的問題。慰安婦、原住民、抗日義勇軍，也是人，也該有人權，他們也該有免於污辱和誹謗的自由權利。有臺灣人至今願意接受日本軍國主義以「日本精神」耀武揚威的自由，但也該有臺灣人不願做日本軍國主義共犯的自由。陳水扁要眞的維護言論自由，就應該組織調查小組，公布調查眞相，協助慰安婦、原住民、抗日義勇軍以司法方式討回公道，或還《台灣論》以司法的清白。和王曉波不同，陳芳明雖然認爲小林善紀必須爲他的強硬態度而認錯，但卻認爲「焚旗燒書的行爲，嚴重侵犯言論自由，國人當然不能容忍少數政客的橫蠻。禁止小林善紀入境，嚴重違背基本人權。」（註三九）

《台灣論》的讀者大都是年輕人，他們中的許多人對日本侵占臺灣這段歷史認識不足。漫畫的感染力強，比全部都是文字的書籍更易被年輕人接受，所以給這些年輕人灌輸極右史觀。這和現今臺灣存在一股盲目崇拜、追逐、模仿的現象分不開。這種文化風氣被稱爲「哈日風」，沾染這種風氣的人被稱作「哈日族」。可由於有臺獨勢力的支援，如「國策顧問」金美齡從日本回臺發表聲明，官方必須向小林道歉，否則，內政部、外交部部長必須下臺。在這種形勢下，《台灣論》不僅沒被打壓下去，反而成爲年度暢銷書的頭一名。事件結束後，前衛出版社出了有關這一事件的《台灣論風暴》，而統派作家陳映眞主持的人間出版社卻出版了批判《台灣論》的專書。

註釋

一　宋以朗：《宋淇傳奇——從宋春舫到張愛玲》（香港：牛津大學出版社，二〇一四年），頁二二五、二二六。

二　楊　渡：〈我在臺灣看禁書的故事〉，廣州：《南方周末》，二〇〇六年三月十日。

三　胡秋原：〈論杜甫與韓愈〉，臺北：《中華雜誌》一九六八年二月號。

四　胡秋原：〈論杜甫與韓愈〉，臺北：《中華雜誌》一九六八年二月號。

五　上　海：曙光書局，一九四五年。

六　張義軍：〈中國文化與漢奸〉，臺北：《中華雜誌》第五卷第十一號，一九六七年十一月二十日。

七　劉正忠：〈藝術自主與民族大義——「紀弦爲文化漢奸說」新探〉，臺北：《政大中文學報》第十一期，二〇〇九年六月，頁一六六。

八　白　萩：〈魂兮歸來——臺灣詩壇回顧〉，《笠》總第二期，一九六四年六月。

九　紀　弦：〈從一九三七年說起——紀弦回憶錄之一片斷〉，臺北：《文訊》總第七、八期，一九八四年二月。

一〇　王綠堡：〈綠堡的序〉，載氏著：《易士詩集》（上海：作者自印，一九三四年），頁五。

一一　紀　弦：〈從一九三七年說起——紀弦回憶錄之一片斷〉，臺北：《文訊》總第七、八期，一九八四年二月。

一二　臺　北：成文出版社，一九八〇年五月。

一三　司馬文偵：《文化漢奸罪惡史・三年來上海文化界怪現象》（上海：曙光書局，一九四五年），頁五。

一四　在大陸學界，不僅有人要「補劃」紀弦而且還要「補劃」張愛玲爲「文化漢奸」。其實，共產黨在處理漢奸問題上，總的說來比國民黨嚴厲，但對「文化漢奸」處理起來與別的漢奸有所區別，如「文化漢奸」總頭目周作人在南京解放後，解放軍便不要周作人辦理手續，讓其門生接到上海。當時，中共不像國民黨那樣對其作出「通謀敵國，圖謀反抗本國」的明確決定，讓其從滬返京改用筆名周遐壽發表拿高稿酬的研究魯迅的論著。

一五　紀　弦：《紀弦回憶錄（三卷）》（臺北：聯經出版事業公司，二〇〇一年十二月）。

一六　余光中：《青青邊愁》（臺北：純文學出版社，一九七八年），頁二六一。

一七　余光中：《青青邊愁》（臺北：純文學出版社，一九七八年），頁二六一、二六二。

一八　余光中：《青青邊愁》（臺北：純文學出版社，一九七八年），頁二六二。

一九　胡蘭成：《山河歲月》（臺北：遠景出版事業公司，一九七五年），頁二六七、二六八。另見余光中：《青青邊愁》（臺北：純文學出版社，一九七八年），頁二六五。

二〇　胡蘭成：《山河歲月》（臺北：遠景出版事業公司），頁二七一、二七二。另見余光中：《青青邊愁》（臺北：純文學出版社，一九七八年），頁二六五。

二一　余光中：《青青邊愁》（臺北：純文學出版社，一九七八年），頁二六六。

二二　余光中：《青青邊愁》（臺北：純文學出版社，一九七八年），頁三一三。

二三　余光中：《青青邊愁》（臺北：純文學出版社，一九七八年），頁三一三。

二四　轉引自向陽：〈烏雲終有散盡時——《陽光小集》的聚散離合〉，臺北：《文訊》二〇一七年四月號，頁九九。

二五　徐望雲：《帶詩蹺課去——詩學初步》（臺北：三民書局，一九九一年），頁一八四。

二六　夏祖麗：《林海音傳》（臺北：天下遠見出版公司，二〇〇〇年十月）。

二七　王敬羲：〈白色恐怖・林海音・《純文學》〉，香港：《明報》，二〇〇一年十二月六日。

二八　朱　炎：〈眞摯優美的道路〉，臺北：《中央日報》，一九八四年五月二十四日。

二九　涂靜怡：〈維護文學世界的純潔〉，嘉義：《商工日報》，一九八四年七月二十七日。

三〇　李勤岸：〈「關懷現實」導言〉，載《一九八三臺灣詩選》（臺北：前衛出版社，一九八四年四月）。

三一　臺　北：《秋水》第四十四期（一九八四年十月），頁五。

三二　文曉村：〈政治歸政治，文學歸文學〉，臺北：《葡萄園》第九十、九十一期，一九八五年五，頁二〇～二一。

三三　文曉村：〈政治歸政治，文學歸文學〉，臺北：《葡萄園》第九十、九十一期，一九八五年五月，頁二〇～二一。

三四　《詩評家》第二期，一九八五年。

三五　徐哲萍：〈無分裂意識就好〉，臺北：《葡萄園》第九十、九十一期，一九八五年五月，頁二四。

三六　吳　晟：〈一首詩一個故事·詩選何罪〉（臺北：聯合文學出版社，二〇〇二年十二月）。

三七　臺　北：前衛出版社，二〇〇一年六月。

三八　施正鋒：〈由「仇日」到「知日」〉，載黃昭堂：《臺灣論風暴》（臺北：前衛出版社，二〇〇一年六月），頁八。

三九　陳芳明：〈對《臺灣論》事件的回應〉，載陳芳明：《孤夜讀書》（臺北：麥田出版社，二〇〇五年），頁二四二。

第七章　流產的查禁

第一節　亮出「臺灣人」旗號的鍾肇政

鍾肇政（一九二五～二〇一九年），桃園人，從小接受日文教育，戰後從頭學習中文，畢業於彰化青年師範學校，歷任《民眾日報》副刊主編、《臺灣文藝》雜誌社社長、臺灣筆會會長、臺北市客家文化基金會董事長，陳水扁執政期間任「總統府資政」。

鍾肇政爲臺灣「大河小說」創作第一人。他的《臺灣人三部曲》包括《沉淪》、《滄溟行》、《插天山之歌》，反映了臺灣人民反抗殖民統治歷經半個世紀所走過的武裝反抗、民主運動、臺灣光復三個階段，是一部形象的臺灣近現代史。作品人物眾多、結構宏大、場景豐富、氣勢雄偉，全面地反映了臺灣人民的命運與歷史悲情，堪稱史詩般的文學傑構，難怪被香港《亞洲週刊》選入「二十世紀中文小說一百強」。

這部大河小說第一部在一九六〇年四月寫作時，原名爲《臺灣人》。那時正逢從大陸回來的自由派李萬居所辦的《公論報》復刊。雖然李萬居態度有點曖昧，但他主張廣開言路，反國民黨的立場還是引人矚目的。這份報紙與雷震辦的《自由中國》半月刊有些類似，即主事者不是「歌德派」而是對當局持批判態度。這種態度自然不受官方青睞，因而官方使出各種奇招讓其自動停刊。後來該報也是從大陸回來的人將其起死回生。「回生」後要鍾肇政小說稿連載，並明確說「我們的報紙是爲臺灣人辦的，副刊也是以本地作家爲主。」這種提法既新鮮又親切，鍾肇政就毫不猶豫將寫了三、四萬字的《臺灣人三部曲》的第一部，交給了他們。

《公論報》復出前有「試刊」，《臺灣人》便登在試刊號上，其中「臺灣人」這三個字出自鍾肇政的手書。報紙一出來，馬上被奉命停止。「警總」的人說：他們要審查《臺灣人》這部書稿，核准後才許連載。《公論報》還未正式復刊，就這樣胎死腹中。吃一塹長一智的《公論報》，便決定不連載《臺灣人》了，該報試刊便由此獲准。過了一年多後，鍾肇政的原稿才被歸還。

到了一九六七年，《臺灣日報》又向鍾肇政索要長篇連載。爲了不重蹈覆轍，鍾肇政只好將《臺灣人三部曲》的第一部《臺灣人》改名爲《沉淪》，連載期間便沒有引發「警總」的注意。不但第一部，而且第二部、第三部直至一九六八年六月都平安無事連載完畢。

和葉石濤一樣，鍾肇政也是臺灣本土文學的提燈者。所不同的是，他的行動比葉石濤早。在白色恐怖的五十年代，鍾肇政用《文友通訊》的方式把當時在文壇上露臉的本地作家陳火泉、李榮春、鍾理和、施翠峰、鍾肇政、廖清秀、許炳成等人初步組織起來。在首次與文友通訊時，鍾肇政爲臺灣作家作出這樣的定位：「我們是臺灣新文學的開拓者」，「臺灣文學要在世界文學占一席之地是我們的責任」（註一）。當時占主流地位的是反共文學，活躍在第一線的作家則是官方支持的軍中作家，現在忽然由鍾肇政打出「臺灣文學」的旗號，顯然有和軍中作家爭主流、爭地位之嫌。

爲了掩蓋《文友通訊》這種秘密結社和爭主流的行爲，鍾肇政寫信時小心翼翼生怕踩了地雷，故一提到臺灣文學便連忙聲明它是「中國文學的一支」。

《文友通訊》不僅以通訊方式相互鼓勵，還透過聚會的形式將省籍作家集結起來。第二次聚會在陳火泉家舉行時，發現門口站滿了警察，後由陳火泉出面解釋這純屬文人聚會而非秀才造反，才有驚無險。即使這樣，事後陳氏仍被警備總部「約談」。鑑於來自軍警單位的壓力，《文友通訊》出至第十五期後只好無疾而終。

出於創作需要，鍾肇政常參考和閱讀大陸「五．四」以來的作品。但在白色恐怖時期，這有如偷嚐禁果。他為了保存閱讀過的一些「陷匪」作家的書而苦思焦慮，燒掉又捨不得，但找什麼地方藏起來呢？最終決定藏在衣櫃底部裡層的空隙，但仍然擔心有一天會被查到，不是坐牢就是被處決（註二）。

儘管受壓，鍾肇政為臺灣本土文學提燈的決心沒有改變。一九六二年，鍾肇政企圖透過自己的影響力出版《臺灣作家選集》或《臺灣作家叢書》，以展示戰後二十年間本省作家辛勤筆耕的成果，證明在「自由中國文壇」外另有一支不被官方重視的文學勢力的存在。但在那個年代，打出「臺灣」旗號很容易被認為是與「中國」分庭抗禮，因而經過再三思考，「叢書」最後定名為《本省籍作家作品選集》。這樣一來，敏感的政治問題避開了，但也有人認為將臺灣文學降低為地方文學了。不管如何評價，《本省籍作家作品選集》的出版，宣告了在壓迫中成長的本土作家正在崛起，它與外省作家所走的是一條不同的創作路線。《臺灣省青年文學叢書》出版的阻力更多，因為出版者不是出《本省籍作品選集》的民間「文壇社」，而是官方「救國團」主持的「幼獅書局」，故書名儘管不是以「臺灣」而是以「臺灣省」的「政治正確」名義出現，但鍾肇政所開列的以本土作家占絕對優勢的名單被增刪，尤其是硬塞進去兩位「不忠於」本土嫁給外省人的作家，破壞了這套臺灣文學叢書的「純度」，使鍾肇政十分不爽。不過，這兩套「叢書」最終都能在戰後二十年的一九六五年公開推出，充分顯示出鍾肇政組織臺灣本土文學隊伍的才幹。他就好比臺灣本土文學運動的火車頭，在拉著整批本土作家向前奔跑。

鍾肇政以創作爲主，評論著作有《臺灣文學十講》。這部書以自己的切身經歷提供了臺灣文學發展不少原始資料，並表述了鍾肇政自己對臺灣文學的啓蒙過程與後來追求的堅定，其中敘述了他爲什麼會成爲「澈底的臺灣文學論者」的原因（註三）：

一、官方的打壓。執政者除動用專政機器不許「臺灣文學」出現外，還壟斷文壇，讓鍾肇政成爲退稿專家，並放出空氣說「二十年內出不了臺灣作家」（註四），這從反面促使鍾肇政加快培養本土作家的步伐。

二、友人的譏諷，如被鍾肇政譽爲「臺灣文學之寶」（註五）的林海音，對鍾肇政過分強調臺灣文學很不以爲然，在一九六四年她不無嘲諷地說鍾肇政是「臺灣文學主義者」，這使鍾肇政以客家人的硬頸精神，讓這「尚不爲任何人所認可的名詞」（註六）即「臺灣文學」能盡早地堂堂正正進入臺灣文壇。

三、本土文學陣營中的異議聲音，也使鍾肇政在每種場合都宣揚臺灣文學的純正性，如在一九九九年臺灣文學經典研討會上，陳芳明出來爲張愛玲的作品《半生緣》爲什麼是臺灣文學說項，這從反面加深了鍾肇政他不願以外省人同源同種及「臺灣文學不是中國文學的一支」的極端看法。

鍾肇政後來有《「戰後臺灣文學發展史」十二講》，多次談到與同輩作家和第二代作家、第三代作家的交誼，還詳談了「臺灣筆會」與客家運動的關係，史料更爲豐富。

鍾肇政還有理論文章在黨外雜誌發表。他在民進黨「立法委員」江迅主編的《南方雜誌》發表了不少文章，並擔任該刊榮譽發行人。該刊共出版十五期，被查禁十二期，與前衛出版社出版的《臺灣新文化》有相似的命運。

同樣以「臺灣人」自居，亮出「臺灣意識」旗號的還有李南衡。但那時並沒有本土文學生長的土壤，如一九七六年，官方發動了對鄉土文學的圍剿。在第二次「文藝大會」上，「警總」的代表揚言：「我們不是不辦，而是時候未到。」在這種磨刀霍霍之際，熱愛臺灣新文學的李南衡，自籌資金創辦「明潭出版社」，於一九七九年三月編印出版了五冊《日據下臺灣新文學明集》，並以《賴和先生全集》爲第一冊，這很快引起「警總」注意，說這是一種思想左傾行爲，不符合「自由中國」的文藝政策，要查禁。李南衡約王曉波一起去見胡秋原請求支持，鄭學稼更是仗義執言。《中華雜誌》還發表文章，極力爲臺灣新文學即鄉土文學辯護。在這種輿論壓力下，官方查禁此書一事未能執行。

第二節 《臺灣文藝》：在「省籍」壓迫下出刊

國民黨查禁圖書一個重要目標是「臺獨」書刊，並規定成立文藝社團或創辦刊物，必須以「中國」、「中華」乃至「亞洲」之名，而不許單獨使用「臺灣」二字。如要使用，也只能是「中華民國臺灣省」，但吳濁流不信這一套，他於一九六四年四月一日由自己出資創辦《臺灣文藝》雜誌。據說，他在申請刊號時，官方要他去掉「臺灣」二字，但吳濁流沒有接受。

在創刊前，吳濁流也曾徵求過鍾肇政的意見，提出《青年文學》等幾個刊名供他參考，鍾肇政幾乎是脫口而出說就叫《臺灣文藝》好，吳濁流聽了後會心地莞爾一笑說：「『臺灣』二字，也許有人會認爲不妥當。」這「有人」說得很委婉，鍾肇政心知肚明，這指的是國民黨「新聞局」。回想一九五七年四月，鍾肇政牽頭創辦前述的油印刊物《文友通訊》，是一種反潮流的行爲，其作者是一群反戒嚴體制、反查禁書刊文化人的組合。他們在這薄薄的散發出油墨香氣的內刊中相知、相識、相輔，互相激勵。鍾肇政依靠他的親和力和組織力，不僅把戰前老作家，也把戰後新人結合在一起。

在某種意義上說，《臺灣文藝》可看作《文友通訊》精神的延續。長相形似「土地公」的吳濁流，始終認爲應該辦一份能夠讓省籍作家耕耘的園地。不過，吳濁流雖然衝破文網打出了《臺灣文藝》的旗號，但爲躲避查禁，他在具體操作時仍小心翼翼，如一九六四年十月出版的第五期所亮出的創辦宗旨：

一、本刊的園地提供青年作家耕耘，以期在文化沙漠中培養的幼苗，進而使其茁壯綠化。

二、本刊希望青年們以青年人的純眞、誠實、勇毅和熱情，共同擔負建立有中國文化格律的責任。

三、本刊不拘形式門戶派別，希望作家以本刊爲中心，攜手合作，共同努力以推進中國文化。

「中國文化格律」是吳濁流所主張的「漢詩」，即舊體詩詞。這段文字不見「臺灣文藝」而只見「中華文化」，可謂用心良苦。

《臺灣文藝》的創刊，當然不是吳濁流一時心血來潮的產物，也不能單純認爲吳濁流年事已高，且身體不好，他必須趕快做完一件事，即實現他多年來主辦屬於臺灣本土刊物的願望。這本以「臺灣」命名的雜誌問世，根本原因應是時勢所造成。當年省籍作家十分不滿文壇被「外省作家」所壟斷，本地文人沒有自己的發表園地。多產的鍾肇政投稿時累投累敗，自嘲成了「退稿專家」，便是一例。這與當局認爲只有中國文學，沒有單獨存在的「臺灣文學」有關。在官方看來，如果允許本地文人打著「臺灣」的旗幟結社，只注意發表「小鄉土」的作品而忽略表現「大鄉土」的作品，只認「臺灣」而不認「中國」，這是在助長分離主義。這種理由冠冕堂皇，但反過來說，只要「大鄉土」不要「小鄉土」，也是不對的。正是這「不對」，引發出本土派的強烈反彈。

以「臺灣文藝」命名的雜誌，並非吳濁流所首創。如日據時期由東京留學生所組織的「臺灣人文化圈」就出版過與吳濁流一樣的同名刊物，只不過它只印了二十本發行了一期，就因政治原因而終刊。另有一九三四年由賴明弘、張深切等人組織的「臺灣文藝聯盟」，出版了該聯盟的機關雜誌《臺灣文藝》，共發行十五期，於一九三六年八月二十八日停刊。一九四四年五月還有原「皇民奉公會」文化部改組的「臺灣文學奉公會」發行的機關雜誌《臺灣文藝》。一九六四年，吳濁流再次使用《臺灣文藝》的刊名，當然不是巧合，而是接續了日據時期臺灣新文學的寫實主義與批判精神。

吳濁流不僅寫小說，也寫詩，以寫傳統舊詩著稱。可他辦《臺灣文藝》，並沒有讓舊詩一枝獨秀。在該刊出現的新詩作者有吳瀛濤、陳千武、趙天儀等人。該刊不分流派，有跨越時代的老作家龍瑛宗、吳新榮、王詩琅、黃得時、葉榮鍾、王昶雄等。至於戰後第一代、第二代、第三代的作家投稿登出的就更多了。富有中國意識的吳濁流，也沒有偏頗到讓本土作家包辦刊物，而是網羅了外省籍作家寒爵、兩峰、鳳兮等人。

吳濁流辦《臺灣文藝》總共十三年，責任編輯爲龍瑛宗，其中有十一、十二年是鍾肇政幫吳濁流編輯小說稿件。吳濁流描寫二·二八事件的《無花果》原爲日文所寫，鍾肇政找到幾位朋友將其翻譯出來，在《臺灣文藝》連載多期，不少朋友為他擔心，因為二・二八事件是禁區，是不能反映的，當時便有奉官方之命的文探向責任編輯鍾肇政提出警告，說《臺灣文藝》是「不三不四的雜誌」（註七），應與其保持距離。至於後來《臺灣文藝》為何沒有查禁？鍾肇政猜想：「《臺灣文藝》的銷路不多，看的人也寥寥無幾，所以放它一馬沒有查禁。」（註八）《無花果》到後來出單行本時才被查禁，那是一九八四年。

《臺灣文藝》自五十四期至七十九期即革新一號～二十六號，由鍾肇政繼承吳濁流的遺志主持出版。第八十～一〇〇期由陳永興獨立出版。第一〇一～一〇四期，由李敏勇接棒。第一〇五～一一六期，改為具有強烈運動性與鮮明政治立場主導的「臺灣筆會」的機關刊物，由楊青矗主編。第一一七～一二〇期，仍為「臺灣筆會」的機關刊物，由陳千武主持。從第一二一～一四〇期，由前衛出版社支持出版，林文欽主持。第一四一～一五二期，由李喬主編。從第一五三～一六九期，由鄭邦鎮主編。第一七〇～一八七期，臺灣筆會「收回」監管權，張國男出任總經理，傅銀樵主編。後因負債累累只好停刊。這些後繼者，都不是「祖國派」而是「臺灣派」，其刊物朝向臺灣文學的主體性、獨立性前進，其中第九十一期「王詩琅專輯」被當局查禁。

吳濁流的一生，都為他深愛的土地臺灣作出貢獻。他為恢復臺灣新文學的傳統而努力工作，在人力、財力的奉獻方面，他成就了光復後臺灣文學重新開展的契機，這其中包括他設立的「吳濁流文學獎」，頒發給每年在新詩、小說方面的優秀作家，這個傳統已維持了幾十年，使本土文學的土壤不再貧瘠，而趨向肥沃。

第三節　有驚無險的蔡文甫

蔡文甫對臺灣當代文壇的貢獻，廣爲人知的是他爲許多作家、學者出了不少有價值的作品和論著。他於一九七八年獨資創辦的九歌出版社，其宗旨「爲讀者出好書，照顧作家心血結晶」。當時鄉土文學論戰還未結束，後來又遇上文學商品化的年代，可「九歌」遷就市場卻不違背原則，堅持出版可讀性強又能有益世道人心的高品位書籍。

作家辦出版社是大陸新文學的優良傳統。這個傳統一九四九年後在大陸被中斷，而臺灣卻一直保持著。在「純文學」等所謂「五小」出版社中，堅持最久、成效最爲顯著的是九歌出版社。辦文藝出版社容易倒閉，就是不關門也會越辦越小，能堅持下來也是因爲滲淡經營，但蔡文甫的九歌出版社卻越辦越興旺，老字號的「九歌」竟像母雞下蛋生出了子公司。在「九歌」出版史上，更值得稱道的是《中華現代文學大系》，其中一九七〇～一九八九年，計十五冊，約六百萬字，另於二〇〇三年推出一九八九～二〇〇三年同名「大系」，仍分五卷，厚達九千餘頁，計十二冊。無論是作爲總編輯的余光中爲全書寫的〈總序〉，還是各卷主編寫的〈導言〉，均構成了十年文學創作很好的歷史總結。如果把各卷〈導言〉匯合起來，也就成了最佳的臺灣文學斷代史。

蔡文甫不僅是一位傑出的出版家、編輯家，還是有創作個性和風格的小說家。在眾多作家競寫時代的動盪和戰爭殘酷的年代，蔡文甫將自己的筆觸伸向日常生活。他始終堅持追求人性的完美，並創作過回憶錄《天生的凡夫俗子》，其中〈白色恐怖的陰影〉所述寫小說差點引發出坐牢的風波，其遭遇令人同情。這是無需政治「正確」而隱瞞事情原貌的眞實回憶：

蔡文甫當年接到《新文藝》主編王璞的約稿，要求作品內容以輕鬆和有趣味性爲好，不必出現槍炮子彈一類具有戰鬥性的內容。當時蔡文甫正在創作二十多萬字的小說〈雨後的月亮〉，沒有時間寫短篇，便委婉地拒絕。但後來他又想起臺中李升如主辦的《作家》雜誌約過一篇稿，至今未見刊用，原因是該刊將停辦，便去信要求李升如退要求還稿件，然後再轉給《新文藝》，這正好趕上該刊二月底的截止日期。

《新文藝》一九六六年四月五日出刊後，扉頁上有「恭祝　總統當選連任特輯」字樣。第一頁就刊出瘂弦和王祿松兩首詩，都有「爲恭祝總統連任而作」的副題，而其他各類作品沒有這個副題。該刊還有比蔡文甫名氣更大的作者如盧克彰、公孫嬿、曹抄、姚曉天，但他們都未能享受到小說欄頭條刊出的待遇。蔡文甫作品〈豬狗同盟〉，描寫郭明輝所養的母豬生了十八隻小豬，只有十二個奶頭，無法供全部小豬吸吮，鄰家母狗自動餵養小豬。

在每月均由「警總」公布禁書目錄的年代，李姓保防官檢舉蔡文甫時稱：文中主角「郭明輝」係指「國民大會」，母豬生了十八隻小豬，是在影射「蔣總統」連任十八年。此案由「警總」查辦，治安人員紛紛出動在蔡文甫服務單位調查其言行，個別軍中好友向其暗示「案情嚴重」，這是涉嫌攻擊「元首」的重罪，該案送由服務於「警總」的一位小說作家會簽，這位作家因不知道事情的來龍去脈，所以也例行公事，認爲蔡文甫的小說有影射之嫌，後經總政治部第二處副處長也是作家田原的說情，理由是「對岸正進行文化大革命，難道我們也要呼應中共的文化鬥爭？」，「國防部總政治部」執行官王昇聽了後勉強同意「存查」，但仍表示該文污辱領袖不可饒恕。鑑於蔡文甫本人平時表現良好，與「匪諜」

沒有任何牽連，才未追究蔡文甫的刑事責任，致使他未在柏楊之前進入綠島監獄，但由此撤銷了王璞《新文藝》主編的職務，並取消蔡文甫參加第二屆「國軍」文藝大會的資格（註九）。

〈豬狗同盟〉故事來源於某報一九六五年十一月十八日一則新聞報導：

小豬無乳餵養，母狗喜做奶娘

愛撫有加，視同己出

（本報竹山訊）母豬一胎生產十七隻小豬，哺乳發生困難，竟有母犬權充奶娘，而且對小豬愛撫有加，視同己出，傳爲佳話。

山崇裡居民許春成的母親，所飼養的母豬，於本月十一日，一胎生下小豬十七隻之多，因母豬只有十二個奶，以至乳量分配不過來，飼主擬將其中體弱的四隻拋棄，恰好有社寮裡集山路二九八號莊雜貨店女老闆莊柯娥到許家，便把那四隻小豬帶回家，本想用牛奶來餵養。奇怪的是這些小豬放在院子裡，竟能與她家所飼養的母獵犬所生的七隻小狗混在一起，互相追逐，一同吸食母犬的奶，而母犬不但不加拒絕，反而愛撫備至。

也有報導寫作十八隻小豬，報導時還配上母犬小美餵四隻小豬的情形。蔡文甫覺得這是一則溫馨的寓言故事，亦是動物小說的難得題材，因爲「畜生這樣友好，我們人類怎能互相猜忌、殘殺……」，這也是該小說的結尾，眞是「編筐編簍全在收口上。」

蔡文甫事後回憶道：「〈豬狗同盟〉的篇名太政治化了。如果改爲〈水乳交融〉或〈近鄰一家親〉

之類，就不會犯下滔天大罪了。」另外，瘂弦等人的詩「都是例行發排的稿件，都是在總統當選以前所寫，《新文藝》當局如能據實呈報，證明所有作者除兩位詩人外，均不是爲『特輯』而寫的作品，他們都不知當選連任，更和『恭賀連任』無關，也許問題就不會那麼嚴重了……」（註一〇）。又說：「那位檢舉的李姓保防官，不知道編輯作業流程，以爲一本雜誌在短短一週內即可完成，認爲所有作品都是爲『恭祝總統當選連任』而作。在當時『寧可錯殺一百，不可錯留一個』的肅清匪諜口號下，難怪他想像豐富急於檢舉立功。如果不是王昇將軍採納田原的意見，本人就一定會步上柏楊先生的綠島之旅（或許下場比柏楊更慘），豈能如王璞『下了臺』那麼輕鬆？」（註一一）這裡說檢舉別人是爲了立功受獎，也許有一定道理。

通常說來，影射是用一種事物暗示或說明另一種事物，有引導和提示的作用或借喻的作用。蔡文甫事先並不知道小說中要有歌頌「元首」的內容，更談不上未卜先知「連任」這一件大事，故所謂影射，也就失卻了根基。再從內容上看，母豬這一主體與政治無關，只與農民的發家致富事業有關，所以說他「暗指」也就成了無源之水，無根之木。但當時「警總」並不這樣看，蔡文甫只是靠其「良好」的表現和朋友的幫助，才使這場風波有驚無險。

關於有驚無險，不僅小說領域有，詩歌也有，如情治單位懷疑洛夫寫晦澀詩〈石室之死亡〉暗藏玄機，作者思想有問題，後經洛夫的上級解釋以至打包票說：「他們都是忠貞之士，其思想沒有問題，只不過是喜歡創作上標新立異而已」，使得《創世紀》這本詩雜誌沒有遭查禁。瘂弦後來編刊物寫文章，爲了不踩地雷，便將手抄本中的一些內容，特別是翻譯文章，用「馮蝶衣」的化名發表。他還和保防官玩貓捉老鼠的遊戲，如被國民黨特務暗殺的聞一多，瘂弦就用他的本名聞家驊的名字發表。滯留大陸的卞之琳，也用他的本名卞季陵發表。情治人員沒有這種現代文學常識，以這種方式介紹大陸的作品，也就蒙混過關。吃一塹長一智，爲防他人舉報的痙弦，在主編官方刊物《幼獅文藝》時，凡看見「魯迅」二字，便會加上括號，標註「此人曾受共黨利用」，下面就可以繼續做文章了。（註一一）

第四節　高準衝破阻力首訪大陸

是永恆的情人在夢裡飄渺
是生我的母親卻任我漂泊
　故鄉呀！

我的故鄉是中國！

自從我有了知覺　故鄉呀
我讀你的名字　聽你的名字
我寫你的名字　喊你的名字
一萬　兩萬　三萬　多少萬遍了呀！

你的名字呀就是光彩與驕傲
你的名字呀就是美麗與榮耀

但我卻見不到你的容貌
——自從我開始尋找
……

這是出生於上海，但一直未能回大陸的高準在一九六九年底寫的〈念故鄉〉。（註一三）他對歷史的、文化的、地理的故鄉充滿深情，對大陸的新詩發展更是倍加關心。但當時大陸新詩研究被列為禁區，資料無從查到。「一九三五年出的那部以第一個十年為範圍的《中國新文學大系》，就像『絕密文件』似的，像我這樣單純自學的學者是撞破頭也無法見到。一般能找到的大概只有胡適、朱自清、劉大白、徐志摩四個人的詩集，劉大白的還是不完整的。」（註一四）後來在澳洲雪梨大學訪問時，高準才看到了大陸出版的全套《詩刊》，並複印了許多有關大陸詩人的資料。這在臺灣是犯忌的。為了使這些資料（包括兩本香港所出篇幅巨大的一九四九年以前新詩總選集）能寄回臺灣並確保全部收到，高準特地給他原來的工作單位中國文化學院創辦人張其昀寫信，張氏表示願以國民黨中央常委的身分為其擔保，以保證這些資料不會被沒收。料想不到，這些資料大部分已被學校的小特務所截留。後來張其昀寫了批條給有關單位，但還是杳如黃鶴。

一九八一年六月，再次到美國的高準，在柏克萊加州大學中國研究中心從事《中國新詩史略及代表作品選》的研究工作。鑑於資料是研究工作的基礎，又受鄭愁予、楊牧、莊因、李歐梵等七人以「臺灣作家」身分受北京「中國作家協會」之邀訪問大陸成功的鼓舞，高準便在該校「中國研究中心」主任的建議下，於同年十一月到大陸訪學三十天。為了不被政黨利用，他在赴大陸前特定聲明：他出訪係從事學術研究，與政治無涉。他還聲稱要以中國人而不是持外國護照的海外華人身分堂堂正正去大陸，再光明正大回臺灣。這在不准與大陸接觸的戒嚴的日子裡說出，可謂是石破天驚，具有突破封鎖的意義。

在大陸期間，高準除收集資料外，還與中國作家協會及上海作家協會負責人進行交流，見到了艾青、嚴辰、杜運燮、辛笛等研究對象，並與謝冕等學者座談。此外，還暢游他「在夢裡飄渺」已久的祖國大好河山：登泰山，游杭州，逛紹興，赴西安、成都、重慶、武漢、上海等地。回柏克萊後，他寫了長篇遊記〈燕京散記〉、〈東岳紀行〉、〈西安訪古〉、〈成都游蹤〉、〈長江行腳〉，對大陸人民的生活作了忠實的報導。他總的印象是：「與文革期間所聽到的情況大不相同，相當開放。宗教活動也恢復了，各地的名勝古蹟也修復了，自留地的增大與獎勵副業使農民生活大為改善。北京市內與上海郊外均大興土木，蓋了許多住宅，還有街道兩旁整齊的行道樹，給我頗深的印象。但是在我專門的範圍之內看，古體詩成為話題之中心，而新詩卻很遺憾未被重視。同時，官僚主義根深蒂固，工作機動率比較低。」(註一五) 對當時大陸實行的「無產階級專政」，他也提出不同看法。

作為中國人的高準，沒有把自己化裝成碧眼金髮的洋鬼子。開頭引的作品〈念故鄉〉，有鮮明的民族特色，有中國作風和中國氣派。他的詩集表現了對故土的嚮往對祖國的無限眷戀。「他讀的是祖國，聽的是祖國，寫的是祖國，喊的是祖國。他以這種樸素的感情、語言和表現形式令人震顫！他血管中流的是黃河、長江，是祖國的血液。他的語言也是祖國的泥土和河流滲透浸潤過的澄明的水的語言，純淨的黏土的語言。」(註一六)

作為詩人，高準具有高度的敏感和預見性。在與大陸交往有關單位便會送給你一頂「通匪」紅帽子的一九七五年，他提出臺灣與大陸之間文化交流的主張：雙方應以更開放的政策，作相互比較與瞭解。

但當時未解除戒嚴，訪問大陸有如痴人說夢，實踐起來不但會遭遇政治迫害，而且還有各種難以想像的阻力。在「幕外有幕，牆外有牆」的年代，即使能去大陸，能否回來也是一個問題。但高準「明知山有虎，偏向虎山行」，他於一九八一年訪問大陸，正是他「兩岸應打破封閉進行文化交流」這一主張的實踐。但臺灣當局內部有規定：「到過大陸的人不准回臺」，這就不難理解爲什麼會在一九八二年初，臺灣在美國舊金山的協調處要求私自訪問大陸的高準「暫緩返臺」，這是對被列入「管制」名單高準的一個警告。後來延期到同年五月底，高準才能提出返臺申請，但過了一年多也未見答覆。爲了解決居留問題，律師曾建議高準向美國申請政治庇護。在這個問題上，高準表現了他的骨氣：拒絕申請庇護，並寫了《回臺受阻之經過與質疑》，述說自己一年多來身心所受的困擾，最後指出：「大陸是我縈念的祖邦，臺灣是我成長的鄉土，它們都是我所熱愛的中國」。「如果我回臺後，當局將對我加以折磨，我也寧可遭受苦難，而不願我的國家背上一個拋棄人民的惡名。」（註一七）一直拖到一九八三年十月，高準才獲准回臺。回臺前，先由臺北「國際關係研究中心」聘其爲研究員在美繼續從事研究工作。在此期間，高準完成了一九四九年以前的大陸新詩選析十多萬字，另寫了文革以來大陸新世代的思想動向的論文。他表示：自己一貫主張促進超越障礙的民族情誼，反對不交流不接觸的僵化政策，故在回臺許可有效期內一定返回臺灣。一九八四年四月十八日，他終於如願似償回到臺灣，「成爲臺灣作家公開訪問大陸又能順利回臺第一人，對海峽兩岸的溝通踏下了不尋常的一步。」（註一八）

第五節　周令飛飛臺引發的衝擊波

一九八二年，魯迅之孫周令飛衝破大陸有關方面的禁令，並不顧父親周海嬰奉上級指令要與他脫離父子關係的威脅，爲與在日本留學時認識的臺灣小姐張純華結秦晉之好而移居臺灣，由此在當地掀起了一股出乎人們意料之外的魯迅熱。儘管也有人寫文章說周令飛的行動是什麼「投奔光明」，但人們對這老一套的政治宣傳已感到厭倦，學術界及廣大讀者更感興趣的是周令飛的特殊身分，因而許多人把周令飛與魯迅聯繫在一起，魯迅及其作品頃刻間成了熱門話題。眾多報刊報導周令飛來臺時，均以「《阿Q正傳》作者之孫」稱之，無形中宣傳了魯迅的《阿Q正傳》。過去臺灣讀者耳熟能詳的是胡適的〈差不多先生傳〉，這次魯迅的聲名大有掩蓋胡適之勢。《中國時報》「人間」副刊刊登周令飛從日本抵臺這一消息時，還提到魯迅膾炙人口的兩句詩：「橫眉冷對千夫指，俯首甘爲孺子牛」。不少現代文學研究工作者乘此機會大寫文章，詮釋魯迅的作品和詩句，僅周玉山一人就發表了四篇，其中〈還魯迅眞面目〉，高度評價魯迅小說的藝術成就，並認爲《吶喊》、《彷徨》分別出版於一九二三年和一九二六年，「其時國民黨尚未統一中國，而魯迅小說中抨擊的對象，也的確完全與國民黨無關」。還指出當時的魯迅是左傾文人而非親國民黨人士攻擊的對象。這樣談論魯迅，便初步改變了人們認爲魯迅從來都是反對國民黨的印象。

周玉山還提到魯迅寫的〈中山先生逝世後一週年〉等文，認爲魯迅對孫中山的人格推崇備致，這均有助於降低臺灣讀者對魯迅的敵意。周令飛本人也寫了〈我祖·我父·我〉(註一九)的文章，介紹了魯迅的生平和作品。但鑑於當時還未宣布解除戒嚴，不少人的反共反魯立場一時難以改變，因而魯迅在許多時候仍是被批判的對象。如姜穆的〈由周令飛談魯迅的性格〉（註二〇）、童世璋的〈魯迅看報罵人的怪招〉（註二一），就有不少攻擊魯迅的言論。在魯迅未得到公正評價，其作品又不能全部閱讀的情況下，一些青年學者只好到國外去尋找魯迅作品及其評論資料，作家蔣勳則利用自己收集到的地下出版物去閱讀魯迅原著。

爲了配合周令飛來臺，出版商掀起了一股盜印魯迅著作的熱潮。盜印對象首先是銷售看好的《阿Q正傳》以及小說集《吶喊》、《彷徨》、《故事新編》，其次是散文集《野草》、《朝花夕拾》，雜文《熱風》、《且介亭雜文》。還有五花八門的《魯迅選集》在各大學旁邊的書攤上出現，一時成了搶手貨。有個別書商竟不顧當局不許大陸書進口的禁令，利用水運或航運的管道引進北京「人民文學出版社」紀念魯迅誕辰一百週年而出的十六卷本《魯迅全集》，由原價人民幣五十六元暴漲至新臺幣二萬元，創造了臺灣地區單個作家作品集要價最高的紀錄。（註二二）

《魯迅全集》能光明正大出現在臺灣書市上，那是在解除戒嚴後的一九八八年八月，「新聞局出版處」允許三十年代大陸作品進口之後。谷風出版社一馬當先，將大陸一九八一年出版的十六卷本《魯迅全集》重新打字排版。唐山出版社一九八九年九月推出的十三卷本《魯迅全集》，則是據一九四七年十月上海魯迅全集出版社出的《魯迅三十年集》充實後排印的。風雲時代出版社一九八九年九月推出的魯迅作品全集還多達三十六冊。但這些全集由於價格昂貴，銷售得並沒有預計的理想，讀者看好的仍以《吶喊》、《彷徨》、《野草》等名著爲主。但有這三套不同版本的「全集」作比較，畢竟滿足了臺灣讀者全面地、無偏見地讀到魯迅作品的要求。

隨著《魯迅全集》全方位登陸臺灣，魯迅及其胞弟周作人見報率特別高，評價也出乎預料地好，如有一篇書評說：「魯迅的批判傳統、抨擊『現代派』文人的虛僞、蒼白以及跟中國現實環境的脫節現象，也就具有處理中國意識危機的象徵作用。魯迅在小說、雜文、木刻等藝術境界的掙扎，實有開創時代精神的意味……魯迅痛惡徐志摩這層上流知識分子，對胡也頻傾向馬克思思想，也止於同情的地步。魯迅的歷史意義，也就在忠實記錄新舊知識分子對中國認同的心靈交戰過程。」(註一三)就連一篇評大陸拍攝的影片《城南舊事》的文章，亦談到魯迅：把舊中國「表現得最盡致的作家當然首推魯迅。魯迅《故鄉》裡的閏土，《阿長與〈山海經〉》裡的長媽媽，《父親的病》裡的父親，《在酒樓上》的呂緯甫，《祝福》裡的祥林嫂，《孔乙己》裡的孔乙己，《阿Q正傳》裡的小D、阿Q……都是中國現代文學史上空前絕後的人物。在魯迅之前，沒有人注意到這些人，同時又能寫得這樣深刻。在魯迅之後，也還沒有人能追趕上他。」(註一四)

臺灣讀者最喜歡的是《阿Q正傳》，其影響之大，由下面一則新聞報導可看出：「四位年輕的工程師日前完成了一部汽油壓式的產業機器人，取名『阿Q』……他們希望這種機器人推出市場後，有唐吉訶德向風車挑戰的那股傻勁，所以就取名『阿Q』」。(註一五)基於這種情況，《聯合文學》作爲臺灣最高檔次的純文學月刊，於一九八八年十二月推出了「現代人看『醜陋的中國人』阿Q」專輯。前言中指出：「『阿Q』現象今日已不止是一個文學現象，早成爲一個文化現象、一個社會現象。」發表文章的主要有司馬中原的〈從魯迅看《阿Q正傳》〉、林文月的〈三讀《阿Q正傳》〉、東年的〈再莫彼此笑稱阿Q〉等等。這組文章有如下特點：一、以論《阿Q正傳》爲主。二、作家執筆者居多。三、態度比過去客觀冷靜，幾乎都肯定《阿Q正傳》是一部了不起的作品，是魯迅最優秀的代表作。

還應提及的是研究魯迅論著。這些論著有如下特點：一、作者多爲非臺灣人士，如王潤華是新加坡作家，王友琴、陳漱渝是大陸學者，王宏志是香港新生代評論家。這些作者的著作登陸臺灣，有助於外地尤其是大陸學者論魯迅的書化暗爲明。事實上大陸學者研究魯迅的書過去主要是以地下出版物或非法進口的模式出現在臺北市新生南路、師大路等大學校園附近的流動書攤上的。現在從地下轉到地上，顯然有利於兩岸文化交流，且防止了某些專家壟斷資料，以別人見不到而加以剽竊的現象發生。二、臺灣學者寫的論著比過去意識形態色彩有所減弱，學術性在不斷增強。不過，這些著作，其影響還未超過解嚴前夕出版的「魯迅這個人」（註二六）。一來這本書的作者是臺灣地區的權威現代文學史家劉心皇。二來是此書的體系完備，綱目非常詳細，是典型的有臺灣特色的魯迅研究專著。值得一提的還有《國文天地》雜誌社於一九九一年九月製作的「魯迅在臺灣」專題，其中有八月十七日舉行的「解嚴前後的魯迅」座談會。出席座談會的主要是作家。他們分別談了自身接觸魯迅作品的經驗、從魯迅談到政治對文學的影響、讀者如何更廣闊地接觸魯迅及同時代的作家作品問題。在會上，各人的發言內容儘管不同，但思想開放，其中詩人羅智成還提出魯迅是「中國最有資格得諾貝爾獎的唯一人選」的觀點，可謂是空谷足音。這個專題的末尾，還刊登了方美芬整理的〈臺灣近年來魯迅研究論文索引〉目錄，爲研究魯迅在臺灣提供了極大的方便。

第六節　張良澤：黑名單故事的尾聲？

謝里法是本土藝術家，張良澤稱讚說：「謝里法是挖掘臺灣文化瑰寶的工程師」（註二七）。如果將這句話移作張良澤本人，也非常合適。張良澤一生致力於臺灣文學資料的整理、出版和研究，並將其翻譯介紹到國外。他先後編有《鍾理和全集》、《吳濁流全集》、《吳新榮全集》、《王詩琅全集》，另有《四十五自述——我的文學歷程》等著作，爲臺灣文學成爲一門獨立學科做出了重要的貢獻。

對張良澤的貢獻，有位年輕學者甚至說：「臺灣鄉土文學論戰的直接導因是張良澤在《仙人掌》雜誌刊出了「鄉土與文學」專輯之故；但其遠因是張良澤整理了太多的臺灣文學。」（註一八）這裡顯然有誇大的成分，但說張良澤研究鄉土文學影響廣大，則是不爭的事實。

張良澤整理史料，爲其全方位研究臺灣文學打下基礎。當他看了王育德的《苦悶的臺灣歷史》和史明的《臺灣人四百年史》後，便決心自己寫一本《臺灣文學史》。但由於搜集史料花去了太多功夫，一直未能寫出。

張良澤還是一位敢於反潮流的人物。在戒嚴時期當局嚴禁魯迅及其作品的傳播，但張良澤不顧這些禁令，於一九七〇年底在成功大學上第一節課時，大講魯迅作品，是爲全島高校講授魯迅之始，這立刻被特務學生告密而中止。爲了躲避當局的搜查，張良澤只好將自己經過千辛萬苦購來的《魯迅全集》，請日本友人上野惠司代爲「保管」七年，以免被「顧面桶」（臺灣方言，即國民黨）沒收，他也由此被官方視爲「問題人物」，禁止其行動自由而不能前往國外進行文化交流。

張良澤以出生在臺灣而自豪，認爲自己是個值得驕傲的臺灣人。這裡不講「臺灣的中國人」，與官方觀點背道而馳，因而政治壓力漸漸逼近了他。從一九七五年開始，他在成功大學的聘書不再三年一聘，而改爲一年一聘。這是全臺灣公立大學從沒有的現象，相當於「留校察看」。每年在發聘書之前，校內外的「安全」部門，都會送上一大疊有關張良澤「思想有問題」的材料給校長，希望校方將其解聘。

「我生在臺灣，長在臺灣，講臺灣話，愛臺灣故鄉，那是天經地義的事。」（註二九）正是基於這種本土立場，張良澤將臺灣文學定義爲：作者必須「承認自己是臺灣人，而且承認臺灣是臺灣人的鄉土，則其作者不論是什麼人，都算是臺灣人；其作品便是純正的臺灣文學。」（註三〇）。這裡以作品精神爲依據，主張「凡認同臺灣、愛臺灣的作品都屬臺灣文學。」（註三一）言外之意不難猜出。按照這種標準，陳映眞、白先勇、余光中等人的作品，就會被張良澤未來書寫的《臺灣文學史》清除出去。

崇日貶中的張良澤，對「皇民文學」的軍師西川滿非常崇拜。他在作報告時總不忘記表彰西川滿對臺灣文學的貢獻，他甚至認爲：

> 臺灣的新文學的種籽是日帝占臺後才由日文傳播的。
>
> 臺灣作家能以流暢的日文創作是在日帝治臺三十年之後。在此之前除了一些臺灣漢文作者之外，文壇全屬日人的天下。
>
> 日帝治臺的二十年間，臺灣文壇仍以日人作家爲絕對優勢。（註三二）

這裡誇大了日本文學對臺灣文學的影響。按照這種觀點，那一部臺灣新文學史就將蛻變爲「日本外地文學史」了。就是高揚「臺灣意識」的葉石濤，他的《台灣文學史綱》（註三三），也不敢這樣寫。

正因爲張良澤的文學觀十分符合分離主義者的胃口，故林衡哲於一九八三年在美國加州成立「臺灣出版社」時，將其聘爲顧問。楊逵一直反感張良澤，以至將其打成所謂「走私幫辦，勾結資本主義的書

店來剝削勞動者的版稅。」（註三四）

張良澤的親日立場，不僅引起左派的不滿，還引發臺灣情治單位的嚴重關切，將其列入「打擊」目標。一九七八年五月四日，由張恆毫揮毫定名為《前衛》季刊創刊號上，有張良澤翻譯的日本學者吉川幸次郎的〈中國文學中的希望與絕望〉，安全部門通知主編，要刪掉此譯文中的一大半文字。張良澤驚訝文探們的無孔不入，連印刷廠都有情治人員潛伏，只好委屈地刪掉那一段，但留下空白，註明「本段奉命刪除」，以示抗議。

由不折不扣的「臺灣派」蛻變成「臺獨派」的張良澤，在評價《無花果》時發出噪音：不顧吳濁流強烈的中華民族意識，而只抽取其臺灣人的意識加以強調：

> 在臺灣人的抗日衛土戰鬥中，臺灣人的祖國——「明、漢族之國」並沒有支援一槍一彈，因為那本來就是虛幻的歷史陳跡。甚至連「民族精神」或「漢族精神」也都煙消雲散了，剩下的只有臺灣先民的「義民精神」而已。（註三五）

張良澤由此把吳濁流對國民政府的失望拔高為「吳濁流的祖國夢才告壽終正寢了」。（註三六）其實，吳濁流批評的是陳儀政府。不能不說，吳濁流沒有臺灣人的意識，但他是由臺灣地方意識進入中華民族意識，而張良澤卻硬要把吳濁流的作品局限在臺灣意識的層次，並將這種地方意識和政治上的「住民自決」主張合流，這不僅是對吳濁流作品的「窄化」和「矮化」，而且是對吳濁流思想的嚴重歪曲。

當然，我們不能由此否定張良澤對吳濁流作品整理乃至編輯不少前行代作品全集的貢獻。一九七七年九月，遠行出版社出版張良澤編的六卷本《吳濁流作品集》，其中第三卷《波茨坦科長》係描寫戰後國民政府接收臺灣時官員嚴重腐敗，軍警紀律敗壞，導致人民生活陷入貧困的情形。敏感的張良澤事先就預料到查禁情況必會發生，因而特意交代出版社事先給他留下幾十本樣書。果然出版後不久就被「警總」查禁，受文單位有：遠行出版社、張良澤、全臺各公私立圖書館、全臺書報店。查禁理由爲：「作者歪曲現實，嘩眾取寵，動搖國本，故勒令出版社收回該書，不得發行。」

不滿足於做本土文學研究家的張良澤，還是一位活動家。他用自己的社會活動傳播臺灣文學。一九七七年八月，張良澤與四位學生，合夥開辦舊書店「筆鄉書屋」。開張後，安全人員經常去書店探查。同年的某天，管區的警察派了四位警員氣勢洶洶衝進店裡對張良澤說：「有人密告你們偷賣共匪的宣傳品，現在要進行搜查，你們不要走開。」張良澤其實與共產黨並無任何聯繫。說他「通匪」只不過是官方封殺他開辦書店的藉口而已。

由於研究臺灣文學成績突出，張良澤被臺灣本土派視爲研究臺灣文學的權威。開研討會如沒有他出席，就不能升高會議的層次，因而一九九二年八月臺灣筆會舉辦的「臺灣文學研討會」系列活動，特邀離臺十餘年之久的旅日學者張良澤返臺與會。張氏於七月十四日向臺灣駐東京辦事處申請「回臺加簽」，該處辦事人員以「需請示上級」爲由而未立即核准。臺灣筆會爲此發表聲明：「張教授已長年名列黑名單，深受思鄉之苦，今聞有關當局宣稱已取消黑名單，而張教授申請回臺竟仍要『請示上級』，所謂『取消黑名單』可見仍屬騙局，而且變本加厲，將黑名單制度改爲由『上級』（臺灣當局）自由裁量。本會宗旨一本臺灣作家良心、爭取人權正義，對張良澤教授返臺受阻一事，至感憤怒，特發此聲明。」與此同時，臺灣筆會展開抗爭行動，組成三人小組，與《自立晚報》配合做專題宣傳。《臺灣時報》也發表〈黑名單未鬆綁，張良澤返鄉被刁難〉的新聞稿，另一家刊物還做了〈「黑名單」故事的尾聲？——張良澤返臺事件傳眞〉。在社會各界的努力下，張良澤終於如願回臺參加了研討會。

之所以會成爲「黑名單」故事的「尾聲」，是因爲解除戒嚴後，宣傳共產主義和主張臺灣獨立的人，均不再視爲「思想犯」。只是實行起來有一個過程，張良澤正好趕上了這個過程的「尾聲」。

張良澤返臺後，成了本土陣營最受歡迎的人物，臺灣眞理大學聘他爲全臺第一個「臺灣文學系」系主任，並擔任《臺灣文學評論》總編輯兼發行人。這個評論刊物，於二〇一二年十月十五日製作完「西川滿大展特輯」後，即宣告停刊。張良澤曾任眞理大學麻豆區臺灣文學資料館名譽館長和該校「臺灣文學系」客座教授。

註釋

一　鍾肇政：《文友通訊》，一九五七年第一期。

二　黃秋芳：《鍾肇政的臺灣塑像》（臺北：時報出版公司，二〇〇〇年），頁一三〇。

三　彭瑞金：《鍾肇政文學評傳》（高雄：春暉出版社，二〇〇九年）。

四　彭瑞金：《鍾肇政文學評傳》（高雄：春暉出版社，二〇〇九年）。

五　鍾肇政：《鍾肇政回憶錄（二）》（臺北：前衛出版社，一九九八年），頁二五三。

六　鍾肇政：《臺灣文學十講》（臺北：前衛出版社，二〇〇〇年），頁三六八。

七　鍾肇政：《臺灣文學十講》（臺北：前衛出版社，二〇〇〇年），頁二三七。

八　鍾肇政：《臺灣文學十講》（臺北：前衛出版社，二〇〇〇年），頁二三七。

九　蔡文甫：《天生的凡夫俗子》（臺北：九歌出版社，二〇〇五年）。

一〇　蔡文甫：《天生的凡夫俗子》（臺北：九歌出版社，二〇〇五年）。

一一　蔡文甫：《天生的凡夫俗子》（臺北：九歌出版社，二〇〇五年）。

一二　辛上邪記錄：《瘂弦回憶錄》（南京：江蘇鳳凰文藝出版社，二〇一九年）。

一三　《高準詩集全編》（臺北：詩藝文出版社，二〇〇一年），頁六四～六五。

一四　高　準：〈一段艱困的途程〉，載高準：《中國大陸新詩評析（1916-1979）》（臺北：文史哲出版社，一九八八年），頁一七。

一五　吉田實原稿、陳中原譯：〈中國與臺灣的統一問題——訪臺灣詩人高準〉，東京：《朝日新聞》，一九八一年十二月十九日。

一六　黃　翔：〈朝向民族的獨創的詩學〉，載《高準詩集全編》（臺北：詩藝文出版社，二〇〇一年），頁一二。

一七　彭紹周：〈高準其人其事〉，《第三者》雜誌，一九八四年九月。

一八　吉田實原稿、陳中原譯：〈中國與臺灣的統一問題——訪臺灣詩人高準〉，東京：《朝日新聞》，一九八一年十二月十九日。

一九　見《三十年來話從頭》，一九八二年十一月，頁一四三～一四八。

二〇　臺　北：《文藝月刊》，一九八二年十月。

二一　臺　北：《中外雜誌》第十一、十二期，一九八二年。

二二　陳信元：〈地下的魯迅〉。

二三 見陳秋坤在《中國時報》一九八三年三月十四日發表的一篇書評。

二四 見李渝在《中國時報》一九八三年九月十九日發表的一篇影評。

二五 見《聯合報》一九八三年十月二十八日的一篇報導。

二六 臺　北：東大圖書公司，一九八六年六月。

二七 張良澤：《四十五自述——我的文學歷程》（美國：臺灣出版社，一九八八年九月十五日），頁三一九。

二八 張良澤：《四十五自述——我的文學歷程》（美國：臺灣出版社，一九八八年九月十五日），頁四〇六。

二九 張良澤：《四十五自述——我的文學歷程》（美國：臺灣出版社，一九八八年九月十五日），頁三九一。

三〇 張良澤：《四十五自述——我的文學歷程》（美國：臺灣出版社，一九八八年九月十五日），頁三九三。

三一 張良澤：《四十五自述——我的文學歷程》（美國：臺灣出版社，一九八八年九月十五日），頁三九〇。

三二 張良澤：《四十五自述——我的文學歷程》（美國：臺灣出版社，一九八八年九月十五日），頁三一九、三七三。

三三 高　雄：文學界雜誌社，一九八七年。

三四 張良澤：《四十五自述——我的文學歷程》（美國：臺灣出版社，一九八八年九月十五日），頁三七三。

三五　張良澤：〈戰前臺灣的日本文學——以西川滿爲例〉，臺北：《臺灣公論報·臺灣文化專刊》。

三六　張良澤：〈從《無花果》看吳濁流的臺灣人意識〉，臺北：《臺灣公論報·臺灣文化專刊》。

第八章　民間對查禁的反抗

第一節　陳映真：師承魯迅的勇敢鬥士

在臺灣戒嚴期間，一九三〇年代的大陸文學作品被打入冷宮，誰要閱讀這些書刊，就有可能被人密告受處分甚至判重刑。但這種禁錮並不能征服渴望求知人的心靈。還在小學六年級時，陳映眞就從父親的書齋中看到魯迅的小說集《吶喊》。這時他還看不明白書中的內容。到了初三，他又重溫這本書。就這樣，《吶喊》陪同他度過了求知欲甚強的少年時代。

一九六〇年代，正在上大學的陳映眞，就像饑餓人找麵包一樣，到臺北市牯嶺街的舊書攤去找魯迅，找同時代的茅盾，找巴金，找老舍，找沈從文，找曹禺，找張天翼這些所謂「共匪作家」、「附匪作家」的作品。這些禁書不能輕意買到，陳映眞卻意外地買到了《政治經濟學教程》、《聯共黨史》及艾思奇的《大眾哲學》這些進步書籍。有一天，他在淘書時還看到一本破損嚴重的英文書，作爲淡水英專學生的他，一眼認出封面上寫的是《馬克思、列寧選集》第一冊，出版者竟是「莫斯科外語出版社」，書的頭一篇則是陳映眞仰慕已久卻永遠無法讀到的〈共產黨宣言〉，這使他心頭一亮，連忙掏出所有的零花錢將其買下，然後懷著又害怕又興奮的心情，在窄小的住所通宵達旦地讀了起來。

正是透過這些禁書，陳映眞更靠近了魯迅，更瞭解到老舍和巴金們，瞭解到他們作品中所發出的最深沉的吶喊。這時他才恍然感悟，在孩童時代，長輩們用耳語講述過的在白色恐怖的年代失蹤或在刑場上慷慨就義的勇士們，燃燒在他們心中的燈火正是魯迅，飄揚在他們心靈的旗幟正是《吶喊》這些左翼作家的作品。尤其是當他看到這些舊書上原主人公的簽名、眉批，看書時用的各種不同記號，扉頁上寫的購書日期乃至印章，他都無法控制自己內心的激動。這些人雖然一個都不認識，但他猜測讀這些禁書的一定是在「保密防諜」運動中被捕、被拷問，甚至被處極刑的先鋒戰士。

陳映眞爲了學習文學創作，於一九六〇年結識了一九四九年從大陸去臺的戲劇家姚一葦。在姚一葦寄居的竹林路客廳裡，姚氏談到他在廈門大學求學時細讀魯迅，並受其影響發表具有普羅色彩小說的心路歷程。作爲「回報」，陳映眞也向他吐露了自己所受魯迅深遠的影響。在那人人懼怕「警總」的歲月，爲文談魯迅哪怕是用「盧信」的暗語，一旦查出也觸犯了當局的戒律。但正是這位只能寫成「鄒述仁」（周樹人）的魯迅，縮短了作爲長輩的姚一葦與作爲晚輩陳映眞的距離。（註一）

陳映眞不僅是小說家，而且是思想家、革命家。一九六八年五月，經李作成介紹，在美國人辦的淡水輝瑞藥廠任職的陳映眞等人，在日本共產黨員淺井基文寓所閱讀毛澤東《論人民民主專政》、《毛澤東選集》、《毛主席語錄》。一九六六年九月，這些人決定成立「民主臺灣同盟」，由陳映眞負責起草組織綱領，於一九六七年元月修訂通過：一、信仰馬克思列寧主義。二、確認毛澤東思想是臺灣人民解放鬥爭中最確實的指導原則。三、透過群眾統一戰線爲預備臺灣解放、祖國統一有階段有步驟的鬥爭。暫設書記一人，由吳耀忠擔任。一九六八年五月，陳映眞和他的戰友被一個僞裝爲文教記者的偵探楊尉所出賣，「民主臺灣同盟」六位成員被一網打盡。經過審訊，陳映眞於一九七〇年春被送到臺東泰源的政治監獄，蔣介石病故後被特赦，共坐了七年又二個月的牢，回到社會後不改攜雷挾電的本色。

陳映眞被捕前的舊稿〈永恆的大地〉於一九七〇年二月由尉天驄以花名秋彬刊登於《文學季刊》。

一九七五年十月，遠景出版社出版還在獄中的陳映眞小說《將軍族》。除尉天驄的序和陳映眞以許南村筆名發表的〈試論陳映眞〉兩文外，有〈我的弟弟康雄〉、〈家〉、〈鄉村的教師〉、〈故鄉〉、〈死者〉、〈祖父與傘〉、〈那麼衰老的眼淚〉、〈文書〉、〈將軍族〉、〈凄慘的無言的嘴〉、〈一綠色之候鳥〉等十一篇於一九六〇～一九六四年創作的小說。許多作品瀰漫著慘綠的色調，表現出苦悶中的小知識分子濃厚的傷感情緒。作品中不少的主人公係大陸移民，作者寫出他們的滄桑傳奇，並表現了外省人和當地人的密切關係。奇怪的是在單篇發表時沒有遭處分，而結集出版時卻被「警總」一九七六年以「內容不妥」爲由查禁報繳。

一九七九年十月三日，陳映眞又被「調查局」帶走，再次逮捕的理由是「涉嫌叛亂，拘捕防逃」。在美國的臺灣作家幾乎不分左中右都在抗議信上簽名聲援，美國作家組織和曾在愛荷華大學學習過的世界各地作家紛紛表示抗議，當局只好在三十六小時後將陳映眞釋放。

一旦重獲自由，他除在小說中透過「叛亂犯」去控訴國民黨對青年的殘酷迫害外，又重現魯迅《藥》中夏瑜式的革命者從容就義的悲慘場面，並批判先烈後代的異化和墮落。陳映眞雖然重獲自由，但他還是屬於「有問題」的人物，因而《中央日報》拒登有陳映眞名字的書刊廣告。那是一九八二年，胡秋原主編的《中華雜誌》要求《中央日報》刊登出版廣告，因目錄中有陳映眞的名字，被拒絕刊出。理由是「陳映眞的名字不能登《中央日報》，昨天某書店的廣告因有陳映眞的名字已被刪除。」一九八四年二月，《中華雜誌》再次要求《中央日報》刊登該月目錄預告，雖然刊出了，但《中國文學和第三世界文學之比較／陳映眞主講》一行全被刪去。一九八四年三月十～十二日，《中央日報》大幅刊登沈登恩主持的遠景出版公司新書廣告，內有《山路／陳映眞著》、《歷史的孤兒，孤兒的歷史／陳映眞著》，刊登前報社要求刪去這兩條，後因先付了廣告費而沒有刪去。左翼人士錢江潮爲此寫了〈致《中央日報》社長姚朋先生公開信〉，強烈抗議姚朋企圖封殺陳映眞的做法，此文刊《中華雜誌》一九八四年四月號。

一九八七年後，陳映眞由於全力投入政治實踐終止了小說創作十二年。當他於一九九九年重新動筆時，這面臺灣文化界的光輝旗幟，再次用《忠孝公園》等三篇小說證明他依然像當年那樣充滿文學激情，同時又富於理性批判精神。

陳映眞就是這樣一位在臺灣師承魯迅精神的勇敢鬥士，一直爲中華民族的利益衝鋒在前。不論道路如何險惡：是查禁作品還是坐牢，他始終把彩筆獻給自己所熱愛的祖國和人民。

第二節　查禁《心鎖》引發論戰

國民黨「新聞局」管制言論和新聞出版自由，其中有一條是女人不能露「三點」。李敖說：「從性心理學上來看，這也是一種陰毛恐懼症。」（註二）如郭良蕙的作品遠未達到描寫「陰毛」的程度，但仍受到衛道者的破口大罵，由此遭官方查禁。

郭良蕙（一九二六～二〇一三年），山東鉅野人。一九四四年入四川大學外文系，後兩年在上海復旦大學借讀。一九四八年畢業於四川大學外文系，一九四九年四月去臺灣。一九五〇年開始寫作。一九五三年自費出版第一本短篇小說集《銀夢》，共出版有小說集近六十種，另出版有《郭良蕙作品集》（臺北：時報文化出版公司，一九八六年）二十種。

郭良蕙雖然出過不少散文集，但她最拿手的是小說創作，內容從傳統的男性社會跨越到現代社會，尤其注意變革社會的愛情描寫。她不僅能捕捉青春期女性的微妙心理，同時對男性的心理刻劃也十分大膽。她於一九六二年一月四日起至六月十九日止，在《徵信新聞報》「人間」副刊連載長篇愛情小說《心鎖》。一九六二年初由高雄大業書店出版，同月再版，十二月出第三版。由於出現了性描寫，便被一些衛道者指控爲「黃色小說」。蘇雪林在〈評兩本黃色小說——《江山美人》與《心鎖》〉（註三）一文中，抓住《心鎖》的個別場面描寫，誇大其辭地說：「多少蕩婦淫娃看了這本《心鎖》女主角的榜樣，更將放膽胡爲下去了……當前社會風氣不是已經夠糜爛嗎？像《心鎖》這類小說等於一大桶腐蝕劑，傾瀉下來，人心更將腐蝕殆盡，結果整個社會將爲之解體，這影響實在太大，我們對於《心鎖》這本書又怎能不抨擊！」另一位資深女作家謝冰瑩在〈給郭良蕙女士的一封公開信〉（註四）中，不僅指責《心鎖》「黃色」，還對作者作人身攻擊，說她在「搔首弄姿」，還說她「發了財」。後來，「婦女寫作協會」認爲當時社會純樸，郭良蕙寫出這樣一本小說，社會觀感很差，乾脆開除了郭良蕙的會籍，然後向內政部提出檢舉書，內政部便據此查禁《心鎖》。在這種形勢下，「中國文藝協會」於一九六三年「五．四」文藝節前夕，常理監事們運用「一審終結」的手法，通過了註銷女作家郭良蕙會籍的決議。在「文協」採取這一措施之前，臺灣省新聞處受到輿論的制約，也於一九六三年一月二十一日下令查禁此書。文藝作品因「妨害風化罪」被禁，在各種不同制度的國家均發生過，但臺灣發生的查禁《心鎖》的事件，卻有三點不同之處：一是《心鎖》是在報上連載完之後，出單行本至第三版時才被禁的；二是內政部查禁《心鎖》，並不是根據廣大讀者的要求，而是依據「婦女寫作協會」少數理事的要求而作出決定的；三是《心鎖》被禁後，「婦協」與「文協」幾乎同時開除了郭良蕙的會籍。

在世界文學史上，一本小說在連載時不聞不問，等到連載完畢出第三版單行本時才下令禁止，這是絕無僅有的，也是不合情理的。因為按照法理，出版品記載犯法，應是初版犯法；假如初版不認為犯法，再版就不應受到處罰。內政部查禁《心鎖》，雖然根據出版法明文規定有此權利，但在法理原則上是解釋不通的。

不僅在法律的時效原則上有爭議，而且對《心鎖》是否屬黃色小說問題爭議更大。《心鎖》只描寫了性心理，而且這方面的文字也不多。《心鎖》更沒有用挑逗詞句去寫做愛場面。著名作家孫旗在〈由《心鎖》事件析論臺灣文藝界的風氣〉（註五）中說得好：『性心理』描寫的小說，當然也包含讀者能夠讀得懂為一要件，既然能夠讀得懂『性心理』描寫的小說者，必然是受過相當教育，受過相當教育的人也必然心性有所修養，能夠以理智來克服性衝動（假如有性衝動的話），否則在蘊藉的美中，必然有經過想像的過程。所以《心鎖》缺乏黃色小說的要件，它不是一本黃色小說！」至於蘇雪林指控《心鎖》教人亂倫，這一罪名也不能成立。不錯，《心鎖》寫了夏丹琪的「亂倫」，范林與江夢石的「洩慾」，但作者對此行為不是持讚賞而是持否定態度。談及「叔嫂通奸」，莎士比亞的《哈姆雷特》就寫過，《紅樓夢》也有過亂倫關係的描寫，但誰都不會否認它們作為藝術名著的價值。

正因為當局對《心鎖》及其作者處理不當，郭良蕙本人便委請彭令占律師提出行政訴願，社會上同情郭良蕙的人也越來越多，許多非文藝界人士也表示不平。南登在〈對《心鎖》事件的幾點商榷〉（註六）中，指責「中國文藝協會」開除郭良蕙的會籍是「落井下石」。《自立晚報》發表〈論《心鎖》事件〉的社論，認為即使郭良蕙有錯，也應「扶植教育」，而不應「不教而誅」，這「有違中國傳統的恕道精神。」（註七）「中國青年寫作協會」曾擬仿照「婦協」、「文協」做法開除郭良蕙的會籍，結果被否決。文藝評論家明秋水認爲，「文協」投票開除郭良蕙會籍時，到會者遠遠不足法定人數，這是典型的「理監事強姦會員的意見」。（註八）高陽（化名「龍夫」）在《幼獅文藝》「今日論壇」中撰文〈文藝圈子一大事〉（註九），認爲「文協」開除郭良蕙會籍做法粗暴，不足以服人。于還素認爲，攻擊郭良蕙的人，「顯然是因爲郭良蕙走紅而吃醋。我認爲這些人很可憐，自己寫不好，也不希望別人寫得好了。」（註一〇）一位作家認爲：「文協那班男女會員，曾經打著旗子到刑警大隊看春宮電影，至少郭良蕙沒有看。誰道德不道德，也就不言而喻了。」（註一一）《亞洲畫報》爲使海內外讀者明瞭此一事件的詳情，特以三頁篇幅評論此一事件。執筆者除了名作家南宮博、名書評家孫旗和香港某大報總編輯微之外，還轉載了《自立晚報》社論和《星島日報》一篇論《北回歸線》的文章，以聲援郭良蕙，支持文藝創作的藝術探索，向當局爭取寫作自由的權利。

但文藝界反對《心鎖》的勢力也很大。蘇雪林簡單化地認爲文藝作品只要寫了性，寫了亂倫，就屬黃色文藝，重申對這類作家作品「不妨激烈抨擊，不必姑息」（註一二）的嚴正態度。「中國文藝協會」發表聲明，認爲他們處分郭良蕙，是爲了推行「文化清潔運動」，「以消除赤色黑色黃色的毒害」，是爲了使青年的身心健康不受影響。（註一三）趙友培認爲：《心鎖》不能與《查泰萊夫人的情人》比，當局禁它，「必有法律依據，是很正當的。」（註一四）穆中南在〈一個反常現象——《心鎖》事件〉（註一五）中認爲，《心鎖》的題材「有傷民心士氣」，不利「反攻復國」。劉心皇則寫了帶總結性的長文〈關於《心鎖》的六問題〉，就《心鎖》黃不黃、《心鎖》與世界名著相比、《心鎖》的被查禁、《心鎖》作者被「婦協」、「文協」開除會籍、《心鎖》作者繼續遭到攻擊、批評郭良蕙是否出於「吃醋」與「嫉妒」等問題作了論述，認爲《心鎖》確屬「淫書」，不該爲它辯護。（註一六）

郭良蕙的作品被禁後，有些新聞單位如「中廣」仍在廣播郭氏的另一本小說，臺灣電視總經理周天翔還照樣請郭良蕙主持該公司的「藝文學苑」節目，鳳兮在「新聞工作會議」上對此提出質問。有些人認爲鳳兮這樣做未免太過分，因郭良蕙未被判爲「罪人」，沒有理由讓她失業。「中央黨部」四組文化專員唐棣說：「《心鎖》被查禁絕非本組所支持，但亦無力反對各方之決定。至於她在電視公司的職務，本組不但不主張所謂『打垮』，反而竭力維護。」（註一七）

現在看來，《心鎖》的性描寫遠不及後來出現的李昂等人的情愛小說露骨和嚴重。郭良蕙不過是突破了某一禁區，便遭到代表「政治正確」的黨政軍及文壇保守勢力的撻伐。這可作爲解釋戒嚴體制摧殘文化創新空間的象徵。隨著社會的開放，郭良蕙二十年後恢復了「文協」會籍，作品也就准許再版，還拍成電影，並有不少大學研究生以郭良蕙的婚戀小說做畢業論文。

第三節　荒謬的「誹韓（愈）案」

在戒嚴時代，時有干涉學術自由討論的事發生。如在七十年代，有人攻擊高三下第六冊國文最後一課選的是清代孔尚任《桃花扇》續四十齣〈餘韻〉：「眼看他起朱樓，眼看他宴賓客，眼看樓塌了。這青苔碧瓦堆，俺曾睡風流覺，將五十年興亡看飽。」認爲這段曲文分明是諷刺國民黨。擔任主編的臺灣師大周何教授是臺灣第一位中國文學博士，他說：「我選的是清代戲劇，並不是我的作品。」攻擊者說：「劇本那麼多，你爲什麼偏要選這一課？」周教授差一點進了被人們稱之爲「保安大飯店」的警備總部。（註一八）

下述的「誹謗韓愈案」，同樣是這荒謬年代發生的荒謬的事件之一。

事情是由「干城」（郭壽華的筆名）一九七五年十二月二十五日所寫的〈韓文公蘇東坡給予潮州後人的觀感〉引起的。此文云：

> 韓愈爲人尚不脫古文人風流才子的怪習氣，妻妾之外，不免消磨於風花雪月，曾在潮州染風流病，以至體力過度消耗，及後誤信方士硫磺鉛下補劑，離潮州不久，果卒於硫磺中毒。（註一九）

這在一般讀者看來無甚新奇的「觀感」，卻引來了郭壽華的同鄉黃宗識的異議，他甚至要到法院起訴郭壽華涉嫌誹謗文學史上的名家韓愈。但黃宗識並不是韓愈後代，無訴訟權，便找到韓愈第三十九代直系血親韓思道提起自訴。臺北地方法院竟受理此案，經過二審宣判郭壽華以涉及私德且與公益無關之事，無中生有犯誹謗死人罪，罰金三百銀元。

此案判決後，引起文壇軒然大波。一九七七年九月十四日，《聯合報》刊載〈誹謗韓愈二審定讞，郭壽華罰三百銀元〉，同日刊出嚴靈峰寫的〈誹韓的文字獄平議〉。薩孟武亦在九月十五日寫了〈論「誹韓」的文字獄〉，文中說：

> 韓愈到底得了什麼病，有沒有吃過硫磺，這都是無關重要的。重要的是一千餘年以後，有人寫了文章，考證韓愈的病，而司法機關竟爲一千餘年前的韓愈，判決現在著作人郭壽華犯了誹謗罪罰金三百銀元。我不知道這個判決是根據刑法哪一條：根據刑法第三〇九條麼？

此條所謂的「人」是指活生生的人。根據刑法第三一二條麼？本條所謂「已死之人」，必有期間上的限制，否則我們隨便評論一位古人，均將犯了誹謗罪。此風一開，誠如嚴靈峰先生所說，我們不能批評王莽，不能批評曹操，不能批評秦檜，不能批評張邦昌。文人一執筆，一下筆，動輒得咎，那裡尚有什麼言論自由？

爲古人抱不平，寫文章反駁可也，告到法院，眞是聞所未聞。〔東漢〕王充所著的《論衡》，有〈問孔〉、〈刺孟〉兩篇文章，東漢天子固未曾下令列爲禁書。只惟明代李卓吾批評程朱的道學，明神宗萬曆三十年以後，一直互有清一代，才將李之著作禁止刊行。然明代王陽明所說：「道，天下之公道也。學，天下之公學也。非朱子可得而私也，非孔子可得而私也。」以當時孔學及道學之盛，兼以明代天子那樣的專制，我也未見王陽明因此數句，而受免職處分。吾國在明以前，民間言論極其自由。杜甫之〈石壕吏〉是批評賦稅之苛，〈兵車行〉是批評兵役之重。白居易的〈長恨歌〉，且指玄宗「好色思傾國」，而致「漁陽鼙鼓動地來，驚破霓裳羽衣曲」，「六軍不發無奈何，宛轉娥眉馬前死」。其後來天子曾加白居易以「不大敬」的罪名麼？

生在千年之後，批評千年以前的人，有人控告誹謗，法院竟予受理，且處被告以罰金之刑，這眞是開司法未有之例。此例一開，任何一本書都要變成禁書。

薩孟武對該案由韓愈「第三十九代孫」韓思道提出訴訟，也提出質疑。因這個受理理由已超出一般的常識之外。在封建專制時代，文人只要寫出三代，而現在竟追溯到三十九代，這自然是一種「進步」。可惜的是，「唐代的譜牒至宋已不可信，難道到了民國，反可信麼？漢唐兩代對於外夷來降者多賜於國姓，漢賜姓為劉，唐賜姓為李，則今日姓劉的是同劉邦一族麼？」其理當與今天姓韓的不見得是與韓愈一族同。

嚴靈峰在一九七七年九月十八日發表的〈公是公非，必須判明〉，即是向受理案件的法院提出如下質問：

第一、我要問：中華民國的「刑法」哪一條、哪一項規定，指人有「風流病」是犯罪行為？

第二、韓思道是否韓愈的「直系血親」？

（一）韓思道所提出的證件〈韓氏宗譜〉……係民國二年二月所修。既稱：「家譜無存」，又云：「相傳文公二十四代孫玉珍。」韓玉珍本人乃係從「傳聞」而被認為是「二十四代孫」。民國二年新修的家譜，距韓愈之死一千餘年，根據什麼資料和何種理由能夠證明：韓玉珍是「韓愈的直系血親」？這難道不是「神話」嗎？

（二）……二十四代的韓玉珍，尚無法確定她是「韓愈的直系血親」，而韓玉珍又過十五代的韓思道，算得上什麼？她具有「告訴權」嗎？同時，此是「家譜」的最後一頁，筆跡與原譜根本不一樣。……法院為什麼不予追究？

民間倒是有人追究，那就是黃正模告發韓思道偽造文書。經過學術界人士對「誹韓案」的大力撻伐後，楊仁壽於一九七七年九月二十日發表〈再論「誹韓案」〉，說他們判案的依據是刑法第三一二條第二項「誹謗死者罪」，但越解釋漏洞越大，無法平息讀者的憤怒之情。楊仁壽只好在文章的末尾安慰一下學術界說：「想經此番『筆戰』之後，法院同仁（筆者自始至終未參與審理「誹韓」案）已瞭然治史、考據學者『處境』，嗣後處理類此案件，當會予以『考慮』。」由此可見戒嚴期間學者、專家的處境。對千年以前的死人尚不能批評，如批評就上法院訴之於法，那批評活人、批評健在的作家或文化名人，其後果就將更不堪設想。

參加論戰的不僅有嚴靈峰、薩孟武、楊仁壽，還有薛爾毅、羅龍治、張玉法、高陽、錢穆、沈雲龍、陸以正、管國維、彭國棟、楊崇森、何烈、齊濟、謝浩、黃正模、葉慶炳。其文章均收集在《誹韓案論叢》。另一本出版於一九七八年一月二十五日的《誹韓案論戰》，收集的文章更多，計有干城、韓思道、陶希聖、沈野、任卓宣、劉昭晴、馬起華、成眞、杜若、嚴靈峰、薩孟武、羅龍治、楊子、莊練、薛爾毅、高旭輝、子堅、黃宗識、陳祖貽、楊仁壽、行健、高陽、謝浩、彭國棟、王立、葉慶炳、張玉法、勞政武、錢穆、漢客、曾修安、沈雲龍、武陵溪、沈光秀、羅中天、思年、莫名、何烈、崢嶸、陸以正、管國維、崇森、楊崇森、章貢、鄭宗武、齊濟、何繼雄、胡漢君等人。另有《大華晚報》、《聯合報》上的三篇文章。（註二〇）

「誹韓案」從發生到結束，前後經歷了兩年多時間。它原屬古典文學批評範疇，但鑑於它和當代文學運動有密切的關係，從中也可窺見文學理論環境和生態的險惡。關於「險惡」，還可補充一個例子，如《創世紀》主要負責人都是軍人，但他們的思想和藝術趣味與軍人大異其趣。這些自稱是軍中「左派」的詩人，因違反軍紀自行結社和主辦刊物，洛夫、瘂弦、張默都上過情治單位的黑名單，保防資料上說：「該人參加《創世紀》！」這個驚嘆號，是表示對這些不聽話的詩人，要提高警惕。香港的詩評家李英豪和張默通過幾次信，保防官都抄寫下來，作爲秋後算賬用。但因爲張默有長官彭邦楨暗中保護，張默雖然沒有得到晉升（註二一），但仍保留原來的級別，《創世紀》就在這樣險惡的環境中未被查禁堅持出版。

第四節　三十年代文藝作品能否全面開放？

一九四九年五月，臺灣當局頒布「戒嚴令」。為配合「戒嚴令」，臺灣省警備總司令部制定了〈戒嚴時期戡亂地區出版物管理辦法〉。查禁的出版物標準有：「為共匪宣傳者」等八條。其中對三十年代的文學作品，處理方式是：

一、匪首、匪幹的著作要禁；

二、附匪分子的作品要經過審查或是調整內容再出版。

其實，督促檢查掌握起來是守嚴勿寬，導致幾乎凡是三十年代乃至二十年代、四十年代的作品都在查禁之列的局面，使得大學中文系長期無法開《中國新文學史》課程。造成文化的斷層，還影響到臺灣文學的未來發展。廣大讀者、作家、學者早就對此不滿。從二十世紀六十年代末起，臺灣陸續出現要求開放三十年代文藝的呼聲。連以反魯著稱的梁實秋在〈關於魯迅〉一文中也說：「我個人並不讚成把他的作品列為禁書……至少這一本書（指《中國小說史略》）應該提前解禁，准其流通。」（註二二）與此同時，臺灣報刊也發表了一些介紹、研究三十年代文藝的文章。其中胡耀恆在一九七三年自己主編的《中外文學》卷首的〈中外短評〉上，撰文呼籲〈開放三十年代文學〉。這是富於挑戰性的舉動，其意義不亞於當時進行的現代詩論戰。儘管老練的胡耀恆將這種政治性題目塗上了保護色，說開放是爲了更好地落實「我們的文藝復興」，但這畢竟是敏感的論題，無異是踩了地雷，因而受到當局的干預。

在一九七七年鄉土文學論戰前夕，鄉土作家提出「曝露黑暗乃作家的天職」的主張，四十年代出身的國民黨高級文化官員尹雪曼便惡狠狠地提出「消滅第二個『三十年代文藝』」（註二三）的口號與之相對抗。等到鄉土文學論戰爆發了，尹雪曼又把主張開放三十年代文藝作品視爲一種來者不善的「旋風」，高喊要「清除」，並極力爲當局辯護，說「政府從來並沒有禁止過哪一時期的作品」，提倡開放是「別有用心」（註二四）。龍雲燦在爲他的《三十年代左翼文壇現形錄》再版寫序時，也表示堅決反對開放三十年代文藝作品。不過鑑於有部分作家對三十年代文藝有好感，他不得不將書名更改爲《三十年代文壇人物史話》（註二五）。《中央日報》總主筆彭歌在「三三草」、〈前事不忘．足資警惕〉中，則不肯作任何讓步，認爲三十年代文藝充滿了「赤色毒素」，像茅盾的《子夜》，那是「共產黨利用文藝，對敵統戰的產品之一」。（註二六）有一部分的人甚至認爲：國民黨在大陸的失敗一個重要原因，是由於三十年代左翼文藝在作祟。董保中在〈現代中國文學之政治影響的商榷〉（註二七）中，反對這種過高估計三十年代文藝的說法。一個十分弔詭事實是：大陸在文革期間，將三十年代文藝打成「資產階級文藝黑線」，而在臺灣，多年來認爲三十年代文藝是左傾的，意識形態屬共產主義無疑。

這種不同觀點的交鋒，在某種程度上助長了開放三十年代文藝呼聲的高漲。在一九八〇年代初，臺灣官方機構「國建會文化組」提出適度開放三十年代文學作品的建議，立即獲得許多人的讚同。但那些三民主義的文藝理論家，極力阻擋這一潮流。曾任《中央日報》主筆的趙滋蕃，便寫了〈三十年代文藝縱橫談〉（註二八），認爲由於社會快速變遷，三十年代文藝作品已失去當年的震撼力和影響力，甚至在寫作技巧或反映社會意識和價值體系上，都無法趕上現代作家的水準，沒有開放的必要。比起過去從內容上攻訐這些作品充滿「共產主義毒素」而改爲從技巧上、文章構思上、反映社會意識上貶低這些在中國現代文學史上曾產生廣泛影響的作品來，調子有所降低，但主禁的觀點並未變化。爲了說服大眾，趙滋蕃在文章中又舉了幾個例子，說明三十年代作品並未查禁。可惜論點與論據不符，如他說臺灣商務印書館出版的《比較文學論》，譯者爲三十年代作家戴望舒；長歌出版社出版《作家寫作家》，有一篇文章出現了「沈從文」的名字。可見，三十年代作家作品並未被查禁。用譯作代替創作，用人名代替書名，趙滋蕃至少犯了邏輯錯誤。文章末尾，趙滋蕃倒透露了他不主張開放的原因係從「安全角度」出發，怕重蹈「筆權」打敗「政權」的覆轍。總之，是一種恐共心結長期存在所致，親臺的香港作家徐訏都說：「國民黨自從大陸撤退到臺灣後，對所謂共產主義，似乎有點談虎變色，這也禁止談，那也禁止提，甚至連三十年代文學藝術都以爲是共產黨成功的媒介，把當時啓蒙運動的一些作品都不許印行，這不但有點可羞，而且也有點可笑，這正如小孩子被火燒痛了手，看見光亮就想逃避一樣。」（註二九）

對趙滋蕃這篇文章，《書評書目》編輯部組織了一場讀者筆談會。該刊編者在「報告」中說：「『三十年代文學』由於文學之外的原因，成爲此間的禁忌，最近由於風氣日開，逐漸成爲可以討論的話題，但是，被談論的主題本身——作品，仍然只是特定的年代或人物有緣親友，對絕大多數關心文學傳承的年輕學子，三十年代文學仍舊是『神秘』的。」（註三〇）在討論中主張全面或適度開放的人，振振有詞，理由十足；反對開禁的人，也旁徵博引，絕不退讓。後者以現役軍人朱星鶴爲代表。他說：「共產主義如果是這個時代的夢魘，我們應該揮起如椽巨筆驅走它，『三十年代文藝』的作家們曾在這場夢魘中扮演過一個重要角色。歷史是向前推進的，就讓他們從歷史的舞臺上消失吧！」這種從反共政治需要出發的「高調」，讚同者不多。值得注意的是尹雪曼的變化：「我不是不主張開放三十年代文學作品，事實上，乃是根本沒有什麼三十年代文學作品開不開放的問題！我認爲目前只有共產黨員及其同路人的文學作品是否開放的問題。對於這個問題，我從前持堅決反對的態度。但是近兩年來，由於若干情況的改變，使我放寬了從前的看法。」這裡說的「放寬」是讚同「有選擇、有條件地開放他們的作品。」理由是大陸作家在歷次運動中受到種種「迫害」，開放後「對他們不僅是一個號召，也是一個鼓舞」。「那些作品的內容既然與今天的社會聯繫不起來，也就發生不了什麼作用。」尹雪曼雖然也是從政治出發，但不像年輕的朱星鶴那樣鋒芒畢露。法律系學生古正夫的看法與尹雪曼、趙滋蕃的看法不盡相同：「若說三十年代文學作品，皆無可觀者，實過於武斷。」不要怕開放，如果三十年代文學作品眞是「一無是處，雖開放重印，也因將無人問津遭自然淘汰。」況且，「站在文學發展立場看，三十年代文學作品之開放研討，正足以鑑往知來，爲開拓現今文藝新氣象的途徑之一。」東吳大學社會系教授楊孝濚認爲如不開禁，會造成逆反心理，如「出國留學的年輕人，到國外第一件事，就是找來三十年代文藝作品一讀爲快」。但他認爲，開放應依據下列原則：

一、必須成立一個審查委員會，對三十年代文藝作品愼重的選擇。不是以作家爲單位，而是以作品爲單位。作內容的審查，如有必要亦可放入批語和評述，以產生「消毒和免疫的作用」。

二、審查委員會的組成分子不僅包括文學家、藝術家，亦應包括社會科學家。

三、在逐步公開作品前，必須邀請作家和學者介紹評析，使讀者對當時的社會背景和創作心態有深入的瞭解。

對後一點，經濟分析員林富松極力反對。他認爲讀者「沒有看作品而看評論，實在是一種危險的行爲」。先不公開作品而讓別人去讀評論，「當心被騙」。林富松雖不是文學家，但他的分析犀利尖銳，發人深省。

在討論中，還牽涉到三十年代文學作品正名問題。如果望文生義，「三十年代文學作品」應指一九三〇年至一九三九年間的作品。但實際使用時，總要向前推進四、五年。因而，如何界定三十年代文學作品，常常引起爭議。尹雪曼就曾在《書評書目》上寫過一篇短文，認爲「魯迅的作品幾乎都不在『三十年代』之內」（註三一）。一位化名爲「衣魚」的讀者讀了後把魯迅在一九三〇年以後出版的書目一一開列出來，以證明尹雪曼的不通。尹雪曼後來寫了〈關於三十年代的民族文藝運動補遺〉（註三二），嘲笑這位作者「國文程度的低落」，連他說的什麼意思都不懂。其實，誰都能讀懂尹雪曼的意思，那就是認爲魯迅不算三十年代作家，開放三十年代文藝不包括魯迅在內。儘管他小心翼翼用了「幾乎」一詞，但「幾乎全不在內」應是「多數不在內」的意思，這種判斷顯然違反魯迅作品出版的實際。在這種情況下，「衣魚」所寫的〈批判魯迅的基本資料〉（註三三），開列了魯迅從一九三〇年起到他逝世前後出版的著作目錄，具有極大的說服力。

關於如何科學界定「三十年代文藝」問題，海外學者也參加了討論。李歐梵指出：「所謂『三十年代文學』，我所指的是約自一九二七年至一九三七年間的文學，也就是『五．四』時期以後的作品。……所以，談開放三十年代文學，也就是開放整個現代文學——從『五．四』到現代。」（註三四）對這個純學術性的主張，政治敏銳的尹雪曼作出如下反應：有些朋友講的「三十年代」文學作品，實際上並非指這個年代的作家作品。所謂的「三十年代」，也不局限於一九三〇～一九三九年。「那麼，他們張口閉口說要『開放三十年代文學作品』，簡單明白地說，就是主張國內不妨重印共產黨員及其同路人的作品！」據尹雪曼說，臺灣的大小書店均充滿了所謂「三十年代」文藝作家的作品，怎麼還能說「要開放三十年代的文學作品」呢！「被禁止印行的，只有魯迅、茅盾、巴金、曹禺、田漢、丁玲、郭沫若、成仿吾、葉紹鈞、夏衍、周揚、胡風……等人所著的著作。」（註三五）在尹雪曼看來，「國建會文化組」提出適度地開放三十年代文學作品成了無的放矢。其實無的放矢的不是主張開禁者，而是主禁者。因尹雪曼開列的一長串名單不少人已在臺灣，當然不存在著開禁問題。另方面，他開列的所謂「開禁」的作家名單，是出版社衝破官方多年設置的文化封鎖線的結果。如一九七〇年初，光明出版社出版的《朱自清全集》等書，是因爲作家本人在一九四九年前就去世，無緣當所謂「附匪文人」，所以他們才敢出版。即使出版了這類政治色彩淡泊的作家作品，一旦碰到檢查機關，也仍一樣遭殃。據報導：「由臺北喜美出版社出版的《郁達夫散文學理論》，於六月二十九日被警總以（七十一）隆徹字形二二二一號函通令查禁。」（註三六）在這種情勢下，儘管不是左翼作家的沈從文，由於其人生活在北京，所以他的的作品在大學裡不准討論，選集也無人敢出版。正因爲禁區打不破，所以報上才一再出現呼籲開禁文章，連旅美學人夏志清、葉維廉、李歐梵也多次建議過。在臺的學者也表示過這種願望，如中國文化大學西洋文學研究所所長閻振瀛希望當局「重新檢討三十年代作品的禁令」。（註三七）

關於開放三十年代文學作品問題，由於這個命題能否成立、「三十年代」的內涵是什麼、開放應達到什麼程度、應有哪些具體可行的方案，一直找不到共識而被擱置起來。到了一九八四年十二月二十三日《文訊》雜誌召開「中文系與新文藝」座談會時，這一問題又被許多教授提出來。《文訊》總編輯李瑞騰說：由於查禁三十年代作品，弄得大學裡的研究生寫論文時幾乎沒有一個以新文學爲研究對象，只有在臺灣大學出現過一篇〈中國新文學運動發凡〉。臺灣大學張健則訴苦說：「去年我在大學部開了一門『現代詩』，連旁聽生有一百多名，但不久便有人說我『鼓勵學生讀三十年代文學作品，此風不宜滋長』。」淡江大學龔鵬程提出兩點建議：「第一，能否提供禁書書目？這些禁書書目最起碼能提供給大學新文藝教授們，在處理教材的時候比較有個依據，譬如說，魯迅到底要不要講？能講到什麼地步？其次能否專案處理三十年代的所有作品，請專家來檢查、審核，然後該禁的就列一個禁書書目，其餘的就全部開放。」臺灣師範大學國文系的楊昌年認爲：「二、三十年代作品開放問題，我覺得勢在必行。第一，文學的傳承必須要讓學習者認知，不能使它突然脫節了；第二，禁書無疑是掩耳盜鈴，許多學校附近都買得到。」但買到的書大多不是名正言順的，多數沒有版權頁，使研究者無從知道爲何人、何時、何地所出。有的雖然有著者，但都不可靠。在臺灣，藏有三十年代文藝和大陸書刊的主要有下列單位：「黨史會」，那裡有十多種近乎完整的報紙副刊，另有「道藩圖書館」的文學書籍，「中央研究院史語所」的文學刊物，「國際關係研究所」的大陸文學資料，以及「情治單位」零星庫藏。至於孫逸仙博士圖書館的有關圖書，目錄卡上大都蓋有「限制閱讀」或「匪僞圖書」的戳記。其他圖書館也概莫例外。正因爲三十年代文學沒開禁，「是以三十年代文學的研究，在臺灣仍可謂之『絕學』。」（註二八）

中興大學沈謙認爲，開放二、三十年代文藝作品，首先會遇到兩個問題：第一是敢不敢做的問題。這個問題影響到中國未來文學的發展，甚至「政治安全」等，在無正確評估前誰敢承擔這個責任？第二是「能不能做的問題。二、三十年代的文學作品論數量何止成千上百，而作家背景、立場的反覆及作品的多樣，如果每篇都要經過審查及細看，這是一個『量』很大的工作，也需要極多具有水準專業知識的人方能從事。」（註三九）而臺灣，目前並沒有這麼多的人才去從事這項複雜的工作。

不過，這些作家、教授在當時不可能認識到：二、三十年代的作品之所以不能開禁或全面開禁，最重要的是因爲有「戒嚴令」這個緊箍咒。事實上，當一九八七年七月十五日取消「戒嚴令」後，二、三十年代文學作品要想禁也禁不了。不說別的，單以魯迅而論，過去出現他的名字時，出版商爲避諱只好將其寫作「盧信」，而現在有的評論家如王德威卻在自己著作扉頁上印上魯迅語錄作爲一種時髦，（註四〇）這在過去是根本無法想像的。

第五節　陶百川事件

國民黨內也不是鐵板一塊，其中也有開明人士如三十年代著名作家胡秋原，另有資深新聞工作者陶百川。

曾任重慶《中央日報》總社社長、後爲「總統府國策顧問」的陶百川，一九八二年三月，本著「謀國之忠，處事之慎，對人之恕」的精神寫了〈禁書有正道·奈何用牛刀〉（註四一），反對干預言論自由和出版自由，認爲「必須用法律而不可用行政命令或軍事命令以管理言論及其出版品（報紙、刊物和書籍）。」又說：「警總」使用權力時要小心謹慎，以免發生差錯，損害自己的形象，像禁書的處理方式，就應由行政主管單位出面較佳。

富於憂患意識的陶百川，深知思想文化的嚴酷管制，對主張言論自由的人消音乃至「鎭壓」，會引發官逼民反，造成社會的動盪。爲此，這篇長文共分五節，其中第一節「一個建議」和第二節「一些補充」，是一九八一年八月和九月寫給兩位查禁書刊負責人的函稿；第三節「一隻龍睛」和第四節「三項理由」，是新作；第五節爲「五項辦法」，這「五項辦法」是：

請依「出版法」重建管理言論自由、出版自由和新聞自由的法治軌道。

建立書刊檢查爭議的仲裁制度。

對出版物不實的報導和不當的言論，政府應該要求更正或登載辯白書。這種政治家風度和法治精神，政府即應迅予培養。

請切實執行「出版法」第三十九條第二項的規定，准許出版人將扣壓的出版品領回刪改並在刪改後准予繼續發行。於是主管機關必須把禁載事項出於何段何句詳細指明，不可再像警備總部那樣以十餘字的評語入人於罪，使人不知錯在哪裡，因而無從答辯。

請廢止該出版物管制辦法，以後由民政機關一併處理。我深信即使那些「與軍事有妨害」的出版案件，民政機關也能處理得恰到好處，使警備總部心滿意足。但出版物如果爲叛徒作宣傳（爲有利於叛徒的宣傳），自當由警總依法懲治（註四二）。

作爲一位謙和、精研中國法律與法治的學者，陶百川以理性而謹慎的態度，拿起解剖刀，剖析當局查禁書刊爲什麼會引起文化人的怨聲載道，並進而提出切實可行的改進方法。文章涉及到「警總」究竟具有多大的權力、究竟怎樣向社會及民意機構負責、對言論及出版自由是否可用軍事命令加以解決這樣的大是大非問題。

作爲體制中人的陶百川，當然不會站在民間而是站在官方立場，希望「警總」不要亂用權力，查處時不要横不講理，應該溫和些，因爲有時不用剛性而改用柔性方法，更能使人心服口服。他提出的「仲裁制度」和允許查禁對象辯白和修改以及將查禁事項具體化，可謂是金玉良言。可惜只會武力解決問題、文化水平有限的「警總」人員，不可能做到「何段何句」有錯的說明。乍看起來，這是爲軍事機構改進工作，但在將軍們看來，這是挑戰他們的智力。事實上陶百川要求縮小軍法機關的職權範圍，即使出版物有「犯內亂罪或外患罪」的不當言論，都應交法院而不是交給軍事機關審判，這無異是要「警總」下課，當然會引起對方強烈反撲。陶氏文章得到不少人的支持，如胡佛發表了〈陶百川先生的公道〉，另一位作者張忠棟好言相勸「警總」，不要把陶百川的好心當作驢肝肺：人家是爲你解圍，希望你改善處理方式，「以消除外界對於警總的誤解與不滿。」（註四三）但軍事機關圍剿陶百川時所整的黑材料，不僅文理不通及缺乏法律常識，而且用語惡毒，如「其心可誅」、「罪無可逭」，還有什麼「有計劃有陰謀活動」。這裡只扣帽子而不加具體說明，以致讓人感嘆：「像這樣的業務人員，他們連讀一篇文章和寫一段資料的能力都有問題，是否可以負責所有書刊的檢查管理工作？」（註四四）張忠棟大概希望「警總」的人至少有大學文憑，這未免大書生氣了。

參加討論的文章還有黃越欽的〈何妨放寬政治文化的「戒嚴」〉、黃爾璇的〈以仁心對待爲民主憲政而努力的人〉、楊國樞的〈保持文武分治的優良政治傳統〉、傅正的〈把新聞局的還給新聞局〉、楊青矗的〈寫作人權——兼談知識分子的過敏症〉、司馬文武的〈可憂之勢——論出版法施行細節的修正〉和〈耳語運動與新聞自由〉，陶百川本人也寫有〈無可奈何花落去〉，另一篇〈不患一黨獨大，但須有人爭衡〉，也是爲禁書運動減壓的好文章。而這場論爭本身，也就成爲文化戒嚴下的一大事件。

鑑於陶百川是爲「黨國」服務多年的老報人，事件便以雙方讓步——陶百川諒解「警總」的難處，而查禁機關採取調職一人、免職一人的措施而落下帷幕。

這次官方對「事件」的整個處理過程，並未觸及問題的本質。這絕非一個人或一篇文章的問題，而是整個臺灣社會賴於生存的政治生態環境問題。如果眞正想平息這一事件，就不是調職、免職這種輕飄飄的方式所能奏效。爲了以法治島，只有廢除帶來一切禍害的戒嚴令及其伴生的「戒嚴法」，才能澈底做到以仁心出發，善待爲言論自由而努力的人。但「警總」不但不聽，反而召開「駁斥陶百川先生攻訐警總文化審檢工作座談會」。陶百川儘管和友人在黃昏，在子夜，在靈犀相通之間，在把酒共歡之間度過美好的時光，但他這種歡樂時光畢竟短暫，最後他只好告別共赴「國難」的朋友，帶著夫人黯然離開臺灣到美國。

這件事在臺灣內外掀起了軒然大波，被稱之爲「陶百川震盪」。這場「震盪」，在性質上關係到執政黨施政的權限與程序是否正當，這就成爲社會各界人士所關注的正義或公道這樣的大問題。

臺灣社會及其政治結構，在現代化進程中有過小修小補的變化，但特務統治、軍隊的權力高於一切這種狀況並沒有改變，這必然會背離社會所追求的公道。陶百川的言論儘管婉轉，但他向當局要求言論自由、新聞自由，已踩到了執政黨的紅線。當局對他的主張扣上許多大帽子，這便導致社會的疏離，影響到政局的穩定，後來發生的「美麗島事件」，便證明了這一點。

「震盪」過後，「警總」變本加厲：查禁書刊的方式，由書店查禁改到上游的印刷廠和裝訂廠查禁、沒收，此舉在一九八五年引發抗議活動，後來，《自立晚報》出版了《禁書與牛刀——自立晚報政論精選輯（一）》（註四五）。

陶百川事件過後，一九八二年有黨外人士提出「住民自決」的訴求。一九八三年九月九日，還成立了「黨外編輯作家聯誼會」。一九八四年，另有「黨外公政會」成立。「警總」不聽這些自由主義知識分子的呼聲，在年底施行「春風專案」，查禁《春風》等黨外雜誌，引發黨外人士的嚴重不滿，於翌年兩次發起抗議「警總非法搜索黨外雜誌」的請願活動。（註四六）

第六節　兩位「光中」的色情詩

戒嚴期間尤其是開展清除「三害」運動時，當局嚴禁色情文學的創作和傳播。但由於市場需要，這類書刊屢禁不止。如五、六十年代，就有一種手工製作的「色情刊物」，由編者將海外雜誌登的裸照經過剪輯貼在白紙上，然後拿到中華商場去出售。

七十年代後，臺灣正式輸入海外發行的色情書刊，一些戲院和賓館開始出現了「艾曼紐」一類的黃色小電影。到了八十年代初期，來自歐美和日本的A片也就是色情錄像帶，在市場上如洪水猛獸勢不可擋。敏感的詩人，更是認爲創作無禁區，兩性之愛也可以描寫。值得一提的是，這裡有兩位「光中」，就不懼禁令大膽地書寫情色或色情。

愛情，本是詩人歌詠不盡的題材，但眾多詩人一旦涉及男歡女愛時，大都含蓄不露，對做愛場面更是望而卻步。戒嚴解除前的一九七〇年代後期，這種苛嚴的政策和保守風氣式微，與余光中同名異姓的楊光中，於一九七八年由臺北正文書局出版了大膽描寫性愛的《好色賦》。該書共分「女體頌讚」、

「女人之歌」、「女性風情畫」、「寫給女人」、「好色賦」、「性與愛」六輯。這些詩不僅涉及了女性的「三點」，還描寫了臀部及恥毛。至於床上的描寫也不少，比如〈應召女郎〉、〈嫖〉、〈私娼〉、〈窺浴〉、〈三角褲〉，堪稱露骨描寫性行爲、性器官、感官刺激、肉體享樂的詩作，其大膽程度前所未有。本來這些作品應該被視爲「黃色」及「腐蝕心靈」的範疇，但不知何故，這本副題爲「楊光中女人詩抄——女體美的頌讚、性與愛的謳歌」，並未被「警總」發現和查禁。

到了八十年代中期，當局爲適應開放的時代需求，「行政院新聞局」於一九八七年八月三十一日分級處理電影，這便默認了「成人電影」的合法性。既然男女身體的隱私處可在銀幕上曝光，情感豐富的詩人自然不會放過這種難得的題材。從猶抱琵琶半遮面到全露的所謂「情色詩」，在一九九〇年代中期由此流行開來。

這種和色情詩類似的「情色詩」，指描寫色情時中加入情欲的掙扎，多爲靈與肉的合一，情與色的同化。這類詩中，不乏陽具、乳房、陰唇之類的身體器官的描繪，如陳克華出版的《欠砍頭詩》。

在色情詩或曰「情色詩」方面，余光中的造詣可說是佼佼者。他掌握住中國文字特有的聲音、嗅覺與聽覺，在描寫床上動作的色情詩，由於寫得較隱晦，色情中還含有思想和政治內容，故那些文化水平不高的文探無從辨識，當然也談不上查禁，但受到來自民間的抵制和批判。

余光中的藝術成就高，是因爲他借鑑了不少外國作品。如讀了奧登（W. H. Auden）的 "Lay Your Sleeping Head"，他才創作出〈雙人床〉。只是當時各種社會矛盾還沒有解凍，包括「性」方面這樣的領域仍處於神秘還待開發的狀態，這便爲余光中長袖善舞提供了開闊的舞臺。

余光中在爲其女弟子鍾玲詩集作序時指出：

《芬芳的海》裡的情詩還有一個特點：不避諱性愛。傳統的情詩大抵強調心靈而不及情欲。這原是自然的趨勢，而出於女詩人的筆下，更無可厚非。不過，欲既然是情的另一面，至少也是人性之常，則以欲入詩也無非是正視人性，値不得大驚小怪，斥爲不雅。雅不雅，要看藝術的成品，不能執著於藝術的素材。純情的詩可以成爲好的情詩，不純情的詩也可以成爲好的、甚至多元而繁複的情詩。（註四七）

肯定不拘泥保守的鍾玲，其實也是作序者爲自己大膽突破性愛禁區辯護。這辯護是有說服力的。余光中的性愛詩，早期有〈吐魯番〉和〈海軍上尉〉。留美時期寫有〈火山帶〉，其中作於三度赴美歸國之初的〈鶴嘴鋤〉，由於是純粹寫男女作愛過程，因而被某些道學家認爲太「黃」了：

吾愛哎吾愛
地下水爲什麼愈探愈深？
你的幽邃究竟
有什麼樣的珍藏
誘我這麼奮力地開礦？
肌腱勃勃然，汗油閃閃
鶴嘴鋤

在原始的夜裡一起一落

原是從同樣的洞穴裡
我當初爬出去
那是，另一個女體
爲了給我光她剖開自己
而我竟不能給她光
當更黑的一個礦
關閉一切的一個礦
將她關閉

就這麼一鋤一鋤鋤回去
鋤回一切的起源
溯著潮潮濕濕的記憶
讓地下水將我們淹斃
讓礦穴天崩地摧塌下來
溫柔的夜
將我們一起埋藏

吾愛哎吾愛（註四八）

如此栩栩如生再現兩性愛得欲仙欲死的情景，如果沒有相當高的藝術造詣，是寫不出來的。

由於題材的禁忌，有人不加思索地認爲此詩猥褻淫穢，趣味低級，有傷風化，是典型的色情詩。其實，衡量一首詩是否色情，不在題材本身，而在於作者如何表現。如用極端露骨的語言寫器官、寫動作，便是販賣色情，而用含蓄手法尤其是用隱喻寄託的方式寫，這就有可能給讀者愉悅和美的享受。以此詩而論，余光中不是自然主義寫色情，而是另有象徵意義。香港著名教授黃國彬說：不能把這首詩當作淫褻作品看。作品始於性愛而終於深遠的象徵，從在原始的「夜裡一起一落」開始，鶴嘴鋤已帶有很濃厚的象徵意義，到了第二段的礦，整首詩已輻射向外，牽涉到重要課題——生和死。（註四九）錢學武進一步引申道：自人類的老祖宗開始，就不斷重複夜裡一起一落這一動作傳宗接代。「礦」是詩眼所在，象徵女性的下體，「原是從同樣的洞穴裡／我當初爬出來」，是生，「礦」也是眞正的礦，是墳墓，「當更黑的一個礦／關閉一切的一個礦／將她關閉」，便是死。以性愛始，擴展成豐富的象徵，接觸到生和死的嚴肅課題，便是此詩的主題思想。（註五〇）

另一首被認爲余氏色情作品達到登峰造極地步的，是開頭提及的〈雙人床〉：

讓戰爭在雙人床外進行
躺在你長長的斜坡上
聽流彈，像一把呼嘯的螢火

在你的，我的頭頂竄過
竄過我的鬍鬚和你的頭髮
讓政變和革命在四周吶喊
至少愛情在我們的一邊
至少破曉前我們很安全
當一切都不再可靠
靠在你彈性的斜坡上
今夜，即使會山崩或地震
最多跌進你低低的盆地
讓旗和銅號在高原上舉起
至少有六尺的韻律是我們
至少日出前你完全是我的
仍滑膩，仍柔軟，仍可以燙熟
一種純粹而精細的瘋狂
讓夜和死亡在黑的邊境
發動永恆第一千次圍城
惟我們循螺紋急降，天國在下
捲入你四肢美麗的漩渦

臺灣左翼評論家陳鼓應認爲：此詩讀後感到頗爲蹊蹺，作者爲什麼要把性交和戰爭扯在一起呢？烽火連天，「詩人」卻安然於床笫之間，只顧片刻的色歡，即使革命和政變發生在周圍，皆與我無關。這給人的感覺是：他的生命中只有性。（註五一）錢學武持相反意見：〈雙人床〉用「彈性斜坡」比喻女性身體，「跌進你低低的盆地」和「捲入你四肢美麗的漩渦」比喻性愛，用的是隱喻式的語言，占的分量不多。更重要的是，詩的主題非描寫性愛，而是透過愛情和戰爭的對比，以強調個人對群體的關懷。寫性愛是爲了不忘社群，故性愛的描寫很重要。這是余光中關心社會、介入時代、表現知識分子憂患意識的代表作。（註五二）另一些詩評家，對此詩也十分讚賞，如旅居美國的奚密評論道：「字面上，詩說的是以性愛來逃避戰爭，但是透過誇張、對比和反諷的手法，它眞正要說的是逃避之無力與無效。別忘了整首詩是以祈使句的語氣來陳述的，它代表一個不可能實現的臆想，一個知其不可的恣態。」（註五三）臺灣大學外文系教授顏元叔也認爲：「所謂最『黃』的段落『當一切都不再可靠……跌進你低低的盆地』，這其實是余光中最佳的詩行，也是中國現代詩最佳的一些詩行——最有文字的機智，最形而上！最能把愛情與戰爭、創造與毀滅、群體的命運與個人的陶醉熔冶在單一的意象之中！……詩是從戀愛的男子的意識中浮現出來的，他的意識不只把握著當前戀愛的世界，更把握了戀愛之外的大世界。小世界有的是愛情與安全，大世界卻充滿了戰爭、流彈、政變和死亡。余氏能夠從個人的小世界，影射到大世界，以小世界和大世界對比，進而暗示大世界籠罩著小世界。」（註五四）總之，〈雙人床〉透過兩個世界的鮮明對比，表現了詩人對戰爭的譴責，對愛情的渴望和對和平的追求。連做愛也不能「忘我」進行，還要擔心外界的炮火焚毀後的敗井頹垣，難道不值得同情嗎？

把殘酷的戰爭和劇烈的做愛並舉，以蒙太奇的手法使二者互爲穿插的作品，還有〈如果遠方有戰爭〉（註五五）：

如果遠方有戰爭，我應該掩耳
或是該坐起來，慚愧地傾聽？
應該掩鼻，或應該深呼吸
難聞的焦味？我的耳朵應該
聽你喘息著愛情或是聽榴彈
宣揚眞理？格言，勛章，補給
能不能餵飽無饜的死亡？
如果有戰爭煎一個民族，在遠方
有戰車狠狠地犁過春泥
有嬰孩在號啕，向母親的尸體
號啕一個盲啞的明天
如果一個尼姑在火葬自己
寡欲的脂肪炙響一個絕望
燒曲的四肢抱住涅槃
爲了一種無效的手勢。如果

我們在床上，他們在戰場
在鐵絲網上播種著和平
我應該惶恐，或是該慶幸
慶幸是做愛，不是肉搏
是你的裸體在臂中，不是敵人
如果遠方有戰爭，而我們在遠方
你是慈悲的天使，白羽無疵
你俯身在病床，看我在床上
缺手，缺腳，缺眼，缺乏性別
在一所血腥的戰地醫院
如果遠方有戰爭啊這樣的戰爭
情人，如果我們在遠方

郭楓認爲，這首詩和〈雙人床〉一樣，性愛是主題，戰爭是襯托；性愛是紀實，戰爭是寫意。即使用了活鮮的詞語和別緻的隱喻，也無法掩蓋這首詩的色情本質（註五六）。而顏元叔認爲：不能以色情來概括這首詩，而應該看到這是一首充滿悲憫的詩。如同前面的詩一樣，一位戀愛的人意識著在遠處發生的戰爭（如越戰）。所以，這首詩的主題結構也基於愛情與戰爭的對比。不同的是，〈雙人床〉的戰爭就發生在床外的四周，戰爭世界環伺著愛情世界；而〈如果遠方有戰爭〉卻把戀愛世界和戰爭世界隔離開來，相距遙遠。前者以愛情世界反抗戰爭世界，強調生命力量；後者以悲憫的情懷，要求戀愛的人關懷發生在遼遠處的戰爭，憐憫戰火中的他人。詩中交織著戰爭與愛情、戀愛的人與戰火中的人、小我與人類的對立。戀愛的人說，「我們在床上，他們在戰場」，床上不僅是戀愛肉搏的場所，在詩人的同情與移情之下，戀愛的床也是被戰爭加害的死亡之床：「看我在床上缺手，缺腳，缺眼，缺乏性別……」總之，這是愛情與戰爭、小我與人類的結合；這是透過詩人的移情與同情而形成的結合。無論是情操與技巧而言，〈如果遠方有戰爭〉是余光中的最佳詩篇之一。（註五七）

文學作品描寫性愛，不一定就會淪爲不潔。關鍵在於作者是否言在此而意在彼，是否能從審美的高度處理這類題材。大陸有所謂「下半身」寫作，而余光中的作品雖然涉及了「下半身」，但與那種充斥著同性戀、性別倒錯、亂倫、器官書寫的「下半身」和「同志文學」，區別甚爲明顯。此外，不能用道學家的眼光看待這類詩。陳鼓應（註五八）、姚立民（註五九）認爲「捲入你四肢美麗的漩渦」是非常低劣的一句詩，郭亦洞在香港著文說，他「倒是頗爲讚賞。曾經領略過人生妙諦的人，該有會心的微笑。漩渦的感覺，是可遇而不可求。也許陳、姚兩位尚未證道吧？如已證道，而斥爲低劣，便等而下之假道學了。作詩講究靈性，讀詩講究會意。讀者不必強作解人，也不可斷章取義。而且詩貴含蓄，有時不懂較懂更有趣，故不必求其必懂。」（註六〇）

余光中的鄉愁詩曾進入大陸大中學校教材。這類突破「警總」查禁底線的性愛詩，則可作爲研究生分析現代詩的案例，以便弄清情色與色情、性愛與淫穢的界限。

第七節　王曉波：還吳濁流愛國真相

王曉波（一九四三～二〇二〇年），貴州人，一九四八年隨父母到臺灣。臺灣大學哲學研究所碩士。一九七三年發生「臺大哲學系事件」，遭「警總」約談並偵訊，後與陳鼓應等一起被校方解聘。八十年代投入黨外運動，並爲「統一中國」吶喊。「臺大哲學系事件」平反後，返回臺灣大學哲學系任教授。曾任哈佛大學訪問學者、臺灣史研究會理事長、《海峽評論》總編輯、中國文化大學哲學系教授。

從日本占領臺灣起，臺灣知識分子就有「祖國派」與「臺灣派」之分。在那時，兩派的共同敵人是日本軍國主義，在抗日問題上所採取的策略儘管不同，但仍能並肩作戰。光復後國共兩黨內戰，再加上一九四九年後臺灣與大陸隔絕，這影響到「臺灣派」與「祖國派」在臺灣民主運動中，如何看待祖國統一問題上存在著分歧。

在「二·二八事件」之後，「祖國派」不滿蔣氏父子的血腥統治，轉而對大陸新政權寄予厚望，因而「祖國派」的許多人被國民黨看作共產黨的同路人而遭鎮壓。一些倖存者看到大陸反右派、文革傷害了大批知識分子，「祖國情結」由此消褪，但王曉波等人從根本上沒動搖對祖國的信仰和期待。到了文革結束後，「祖國派」主張兩岸不應再敵對，由此被臺灣當局稱作「統一派」，並將其視爲「眞正的敵人」（註六一）。

一九八六年三月十四日，臺灣軍方負責人宋長志宣布查禁《被出賣的臺灣》、《苦悶的臺灣》、《蔣家治臺秘史》、《無花果》等四本書。查禁《無花果》（註六二）的理由是：「本書嚴重歪曲事實，挑撥民族情感，散播分離意識，攻訐醜化政府，居心叵測，依法查禁在案」。前兩本書確是宣揚「臺獨」的，而《無花果》情況比較複雜。圍繞《無花果》被查禁，「祖國派」與「臺灣派」聯合奮起辯護，但辯護理由南轅北轍。

《無花果》不是小說，而是自傳，也可視作一篇誠實且懇切的隨筆，它對讀懂吳濁流著名小說《亞細亞的孤兒》有很大幫助。正如林海音所說：吳濁流不是一個麻木的「亞細亞的孤兒」，而是「一個鐵和血鑄成的男兒」。他寫自己的心聲，「也等於寫在日本竊據下臺灣人的心聲」。（註六三）像《無花果》用主要篇幅表現了日本軍國主義統治下知識分子的家族根源及其苦悶的後半生。作品沉痛地控訴日本侵略者在政治、經濟、文化及人格上對臺灣人的壓迫和侮辱，尤其是給知識分子造成嚴重的精神傷害。結尾部分寫作者於戰爭末期在絕望中帶著憧憬，到大陸尋求新的出路而後返回臺灣的心路歷程。

用新聞紀實方式報導臺灣民眾熱烈歡迎接收大員歡騰景象的《無花果》，也如實地寫出了國民政府在收復臺灣後政治、道德和紀律上的種種腐化現象，以及臺灣人民對國民黨的失望，這正為「二·二八事件」埋下了禍根。國民黨對《無花果》的不滿，正在於吳濁流用他那支無情的筆，對戰後政局和社會面貌的無情解剖，以及寫出了臺灣人民對當局的絕望和悲憤。

胡秋原主編的《中華雜誌》，提倡中國民族主義，主張民族的團結與和諧，消除民族內部的隔閡與矛盾。站在公正的立場，探討歷史的眞相，也是該刊努力的目標。本著這樣的原則，《中華雜誌》刊出「祖國派」核心人物王曉波爲吳濁流辨誣的文章。王氏認爲：《無花果》第一二五頁以前所述與臺灣當局無關，後面作者則以新聞記者身分記述日本投降後，臺灣人民「興高采烈以至得意忘形」的情景：

在等待復等待中，國軍終於在十月十七日光臨了。全島六百萬的同胞都齋戒沐浴，誠心誠意去迎接。臺北市民不管男女老幼，全部出來，整個都市幾乎要沸騰。在長官公署前面，日本的中學生、女學生、高等學校的學生、民間團體、紳士、甚至大學教授都出來，立在大馬路兩側，乖乖的排列著。在這些行列前面，大鼓聲、鑼聲以及長長的行列浩浩蕩蕩地走過去。學生、各團體、三民主義青年團、獅子陣以及高舉著光復的旗幟在前頭，意氣揚揚地往松山的方向行進。范將軍、謝將軍、嗩吶、南管、北管，十多年來隱藏起來的中國色彩的東西接二連三地出籠了。至於那五十年間的皇民運動，僅只一天就被吹走了。

這裡寫的臺灣光復，從五十年的殖民生活解放出來的動人場面，是難得的歷史鏡頭。作者在否定「皇民運動」中所表現出來的中華民族氣節，任何人均可體會出來。哪怕是「外省郎」的王曉波，重讀這段對祖國孺慕之情躍然紙上的文字，「猶如有泫然欲淚之感」，難道國民黨也要查禁這段熱烈歡迎的文字嗎？

此外，書中還有臺灣正式光復場面的歷史鏡頭：

……不一會兒，歷史性的受降典禮開始，高喊萬歲的聲音搖撼了整個公會堂，掌聲如雷鳴。這樣，臺灣就完全復歸祖國，從五十年的殖民生活解放出來。（頁一三八）

這充分說明吳濁流是具有強烈愛國情懷的作家。正因爲愛國，他對臺灣省最高長官陳儀財經政策的失敗，處理臺籍日軍問題的不成功，以及行政人員辦事不力，還有本省外省人薪水的差別，以至物價上漲，所有這一切均導致二・二八事件的發生。吳濁流和許多臺灣人一樣，由對祖國殷切的期望到對陳儀爲代表的官僚集團的幻滅，由幻滅而埋怨，這種情緒一天天積累起來，便會釀成事件。

王曉波認爲，吳濁流對陳儀的暴政有批評，對「國軍」這批良莠不齊、作風惡劣的官僚，其所注目的金子、房子、女子、車子、面子的「五子」現象，是痛心疾首，無法容忍的。在《無花果》中，作者還提到陳儀的財經政策失敗、處理臺籍日軍的失敗以及行政人員和效率問題，以及物價飛漲米珠薪貴而導致一九四七年「二・二八事件」的產生。吳濁流所表達的部分接收大員無能及發國難財，導致臺灣人民對祖國由期望而失望，由失望而怨憤，愈積愈深，終至爆發。這種看法，一些官員也說過，連白崇禧也譴責過陳儀措施欠妥，皆應懲罰。

儘管吳濁流對國民黨暴政不滿，但在《無花果》的結論中仍對臺灣前途抱樂觀態度。他對當局的批評出於善意，是恨鐵不成鋼，他沒有「挑撥民族情感」，更沒有「散布分離意識」，因而王曉波以一個愛國知識分子的身分，呼籲當局爲了臺灣社會內部的民族團結，也爲了政府和臺胞的和諧相處，「解禁《無花果》，平反吳濁流！」（註六四）

王曉波的文章刊出後，引起了熱烈反響。有本省人也有外省人，有當年去臺的憲兵團團長和退役軍人，也有目擊事件發生的本省作家，他們紛紛投書《中華雜誌》，表示支持王曉波的觀點，其中較重要的有「臺灣派」的老作家巫永福（註六五）、葉石濤的文章（註六六）。

「祖國派」的另一代表人物陳映眞與王曉波取同一立場，認爲吳濁流是「中國偉大的愛國主義者和優秀的文學家」，「莫說禁一本書，即殺其人、奪其志、囚其身、盡焚其書，都不會一絲一毫減少吳濁老原有的清輝」（註八七）。海外分離主義者對吳濁流愚拙的攀附，無損吳濁流偉大的愛國主義者形象。

在反抗國民黨文化專制，由此否認國民黨執政的正當性，「祖國派」與「臺灣派」是一致的。在如何理解「臺灣意識」問題上，兩派卻針鋒相對。即「祖國派」的王曉波、陳映眞把本來具有反日內涵的「臺灣意識」轉型爲反國民黨時，並沒有由對祖國的「親近感」和「期待感」溶化爲「失望感」和「疏離感」，更沒有像「臺灣派」的張良澤那樣，在「疏離感」的基礎上發展成分離意識或「獨立意識」。

吳濁流是不參與主流文藝的獨立作家。他的《波茨坦科長》等作品之所以遭查禁，是因爲他勇闖禁區，其反映的內容動搖了國民黨的根基。另方面，其作品常常引發爭議是由於他在不少地方用了曲筆，表現得隱晦難解，這樣就被不同的派別所利用，其中「祖國派」和「臺灣派」對《無花果》一類小說的爭議，表現在如何看待「二・二八事件」的評價及隨之而來的臺灣人意識。只要細讀文本，就可發現吳濁流認爲「二・二八事件」是近四十年來省籍問題的總暴露，但應將這種「總暴露」冷處理，不應由此加劇外省人與本省人的矛盾，更不應由此引申到獨立議題。還是王曉波說得好：應「走出『二・二八事件』的歷史陰影」，才能眞正促使臺灣人的覺醒，才能使中華民族團結而不是分裂。

以政論家著稱的王曉波，在鄉土文學論戰中，另發表有聲援鄉土文學的〈中國文學之大傳統〉，還寫有〈臺灣文學之父賴和先生平反經過〉、〈重建臺灣人靈魂的工程師——論陳映眞中國立場的歷史背景〉、〈殖民地傷痕與臺灣文學〉、〈臺灣文學裡的中國意識〉等論文。他後來主持《海峽評論》雜誌和海峽學術出版社，發表和出版了許多繼承愛國主義傳統，發展中華民族和平統一理論的文章和著作。

註釋

一 陳映眞：〈洶湧的孤獨〉，臺北：《聯合報》，一九九七年六月二十二日。

二 李 敖：《李敖作品集》（太原：北岳文藝出版社，二〇〇四年），頁一〇。

三 臺 北：《文苑》。另見余之良編：《〈心鎖〉之論戰》（香港：亞洲出版社，一九六三年十二月十一日）。

四 臺 北：《自由青年》第三三七期。

五 香 港：《亞洲畫報》第一二三期，一九六三年六月。

六 臺 北：《民族晚報》，一九六三年五月十一日。

七 香 港：《亞洲畫報》第一二三期，一九六三年六月。

八 參看孫旗、王俊雄：〈《心鎖》事件的來龍去脈〉，《亞洲畫報》第一二四期，一九六三年八月。

九 臺 北：《幼獅文藝》，一九六三年五月號。

一〇 參看孫旗、王俊雄：〈《心鎖》事件的來龍去脈〉，《亞洲畫報》第一二四期，一九六三年八月。

一一 參看孫旗、王俊雄：〈《心鎖》事件的來龍去脈〉，《亞洲畫報》第一二四期，一九六三年八月。

一二 臺 北：《自由青年》，總第三三五期。

一三　臺　北：《中央日報》，一九六三年十一月五日。

一四　參看孫旗、王俊雄：〈《心鎖》事件的來龍去脈〉，《亞洲畫報》第一二四期，一九六三年八月。

一五　臺　北：《文壇》第四十一期，一九六三年十一月。

一六　臺　北：《文壇》第四十一期，一九六三年十一月。

一七　參看孫旗、王俊雄：〈《心鎖》事件的來龍去脈〉，《亞洲畫報》第一二四期，一九六三年八月。

一八　齊邦媛：《巨流河》（臺北：天下文化出版公司，二〇〇九年），頁四二〇～四二一。

一九　臺　北：《潮州文獻》第二卷第四期，一九七六年。

二〇　參看劉心皇編著：《當代中國新文學大系：史料與索引》（臺北：天視出版公司，一九八一年），頁二三五～二四二。此節吸收了該書的成果。

二一　辛上邪記錄：《痖弦回憶錄》（南京：江蘇鳳凰文藝出版社，二〇一九年），頁二三六。

二二　梁實秋：《關於魯迅》（臺北：愛眉出版社，一九七〇年）。

二三　轉引自尹雪曼：《中國現代文學的桃花源》（臺北：臺灣商務印書館，一九八四年十二月），頁九〇、九四。

二四　尹雪曼：〈消除文壇『旋風』——《當前文學問題總批判》代序〉，載尉天驄編：《鄉土文學討論集》（臺北：遠流出版事業公司，一九七八年四月）。

二五　臺　北：金蘭文化出版社，一九七七年。

二六　臺　北：《聯合報》，一九七七年十月七日。

二七　臺　北：《現代文學》復刊第一期，一九七七年八月。

二八　臺　北：《中央日報》副刊，一九八〇年九月七至九日。

二九　徐　訏：《三邊文學・三十年代的文藝》（香港：上海印書館，一九六八年）。

三〇　臺　北：《書評書目》總第九十一期，一九八〇年十一月。

三一　轉引自尹雪曼：《中國現代文學的桃花源》（臺北：臺灣商務印書館，一九八四年十二月），頁九〇。

三二　轉引自尹雪曼：《中國現代文學的桃花源》（臺北：臺灣商務印書館，一九八四年十二月），頁九四。

三三　臺　北：《書評書目》第九十五期，一九八一年三月。

三四　李歐梵：〈三十年代的文學研究——評「中國現代文學研究叢刊」的二十本書〉，臺北：《書評書目》第八十九期，一九八〇年九月一日。

三五　臺　北：《書評書目》第九十一期，一九八〇年十一月一日。

三六　香　港：《中報》，一九八二年九月二十日報導。

三七　高　雄：《民眾日報》，一九八二年七月十九日。

三八　周玉山：〈文學失土齊收復〉，臺北：《文訊》一九八四年五月號（總第十一期）。

三九　臺　北：《文訊》一九八五年二月號（總第十六期）。

四〇　王德威：《閱讀當代小說》（臺北：遠流出版事業公司，一九九一年）。

四一　載《禁書與牛刀——〈自立晚報〉政論精選集（一）》（臺北：《自立晚報》社，一九八二年十月）。

四二　張忠棟：〈再談「圍剿」陶百川事件〉，載《禁書與牛刀——自立晚報政論精選集（一）》（臺北：《自立晚報》社，一九八二年十月）。

四三　張忠棟：〈再談「圍剿」陶百川事件〉，載《禁書與牛刀——自立晚報政論精選集（一）》（臺北：《自立晚報》社，一九八二年十月）。

四四　張忠棟：〈再談「圍剿」陶百川事件〉，載《禁書與牛刀——自立晚報政論精選集（一）》（臺北：《自立晚報》社，一九八二年十月）。

四五　載《禁書與牛刀——〈自立晚報〉政論精選集（一）》（臺北：《自立晚報》社，一九八二年十月）。

四六　陳盈如：〈前衛出版社與研究〉，臺北：臺北教育大學臺灣文化研究所碩士論文，二〇一二年六月打印稿。

四七　余光中：《井然有序》（臺北：九歌出版社，一九九六年版），頁九二。

四八　余光中：《白玉苦瓜》（臺北：大地出版社，一九七四年版），頁二七。

四九　黃維樑編著：《璀璨的五采筆》（臺北：九歌出版社，一九九四年版），頁二四一。

五〇　錢學武：〈余光中傳播色情主義？〉，香港：《潮流》，一九九一年九月。

五一　陳鼓應：〈評余光中的頹廢意識與色情主義〉，臺北：《中華雜誌》總一七二期，一九七七年十一月。

五二　錢學武：〈余光中傳播色情主義？〉，香港：《潮流》，一九九一年九月。

五三　奚　密：〈《雙人床》與現代詩的挑戰〉（臺北：《聯合文學》一九九八年十月號。

五四　顏元叔：〈余光中的現代意識〉，臺北：《純文學》總第四十一期，一九七〇年五月。

五五　余光中：《在冷戰的年代》（臺北：純文學出版社，一九六九年），頁三八。

五六　郭　楓：《美麗島文學評論集》（臺北縣：臺北縣政府文化局，二〇〇一年），頁二一七。

五七　顏元叔：〈余光中的現代意識〉，臺北：《純文學》總第四十一期，一九七〇年五月。

五八　陳鼓應：〈評余光中的頹廢意識與色情主義〉，臺北：《中華雜誌》總一七二期，一九七七年十一月。

五九　姚立民：〈找出余光中的病根〉，香港：《南北極》第九十六期，一九七八年五月十六日，頁八九。

六〇　郭亦洞：〈替余光中講幾句話〉，香港：《南北極》第九十九期，一九七八年八月十六日，頁四四。

六一　王曉波：《走出臺灣歷史的陰影》（臺北：帕米爾書店，一九八六年），頁二九五。

六二　臺　北：《臺灣文藝》，一九七〇年十月十日，後由臺北：林白出版社出版。

六三　林海音：〈鐵和血和淚鑄成的吳濁流〉，臺北：《臺灣文藝》第五十六期，一九七七年十月。

六四　王曉波：〈文學不是「拍馬屁」〉，臺北：《中華雜誌》，一九八六年四月。

六五　巫永福：〈也爲吳濁流的《無花果》辨白〉，載《巫永福全集．評論卷》（臺北：傳神福音文化公司，一九九六年）。

六六 葉石濤：〈光復當初的臺灣知識分子〉，臺北：《中華雜誌》一九八六年四月號。

六七 陳映眞：〈誤解和曲解無損吳老〉，臺北：《中華雜誌》一九八六年四～六月號。

第九章　查禁文藝書刊的負面影響

第一節　禁錮獨立思想

立足於臺灣社會和文化發展的歷史，結合國統區的反共文化包括審查制度在臺灣的延伸及其出現的新情況、新特點，才能對僵化、死板、保守的臺灣文藝查禁制度，作出合理的文化闡述和歷史評價。

臺灣文藝查禁制度，經歷了從偶然走向必然、從無形變爲有形、從打游擊式的查禁走向常態化，也就是說從非制度化走向制度化的過程。在這種情況下，戒嚴時期的臺灣當代文藝史，差點不幸成了文藝書刊查禁史。

臺灣查禁文藝書刊可分爲兩個階段：第一階段爲光復初期國民政府對日文報刊及其日文電影、雜誌、書刊及歌曲實行地毯式的查禁，對「去日本化」和「再中國化」有很大的作用，但對只會用日文寫作的本土作家傷害極大，導致他們長期失語，無法提筆寫作，因而這種查禁是規範大於破壞。第二階段爲戒嚴時期對大陸書刊採取禁止和刪改的策略，對本島的左翼作家不是法辦就是將其作品封殺。這種排斥異己的做法，違背了文學的發展規律，而這一階段對某些淫穢書刊的查禁，有一定的必要性，因而這時期的查禁破壞性遠大於規範性。

從歷史的脈絡看來，從來沒有哪個朝代的統治者，眞正有能力把人民的思想管制成功。但國民黨當局未記取歷史教訓，於一九五〇年六月公布了〈戡亂時期匪諜檢肅條例〉，文學藝術就這樣被「國家」

權力及其意識形態全面支配。無論是報刊還是作品，均納入到蔣政權範圍中的意識形態。查禁書刊，無不以政治標準取代藝術標準，出現了嚴重的泛政治化、泛道德化的現象。加上禁書的用語十分曖昧模糊，使執法者實施時無法掌握。尤其使人感到不解的是「慣用共匪寫字方法」和「習用西曆」（註一）以及將題目橫排，這均被認爲是與共產黨取同一步調。如一九六八年創辦的《大學雜誌》，鄭樹森加入該刊後有時候將題目橫排，這引起「警總」的注意，因爲在當時橫排是與「共匪隔海唱和」行爲。使人詫異的還有「不高興的、看不懂的、不放心的，或懶得檢查的，就一律沒收。」（註二）由此可看出當年查禁的隨意性、荒謬性。一九五一年七月，「警總」又公布了〈臺灣省各縣市違禁書刊檢查小組組織及檢查工作補充規定〉，這個檢查小組組長不是由「新聞局」局長而是由警察局長擔任，禁書由與文化完全無關的軍事機構實施，這種令人毛骨悚然的強制性思想檢查，「洗腦」不但不會成功，而且還會出現令人啼笑皆非的事。如陳映眞被捕時，審判官竟這樣問他：「你怎麼會有馬克吐溫的書？馬克吐溫是不是馬克思的兄弟？」（註三）對這種「秀才遇到兵，有理說不清」的審問，陳映眞不禁啞然失笑。

戒嚴時期的禁書文化是臺灣當代文化的重要組成部分。臺灣的政治文化中心在臺北，禁書的重要決策發源於臺北，尤其是蔣介石的辦公地點陽明山。表面上看，在臺灣每個單位都有檢查書刊的權利，其實大權掌握在蔣介石手裡，如《文星》雜誌及其書店遭到懲處，是由於蔣介石下了手令。

在這種軍事管制和思想戒嚴的體系下，官方於一九四九年一月十四日修正的〈戒嚴法〉第十一條，賦予「戒嚴地域內，最高司令官」有執行「停止集會結社及遊行請願，並取締言論講學新聞雜誌圖畫告白標語暨其他出版物之認爲與軍事有妨害者」的權力，這是限制言論出版自由的違憲法源。戒嚴年代的臺灣，舉凡禁書、報禁等政策均源自此條文。以後又相繼頒布了〈臺灣省戒嚴時期新聞雜誌圖書管理辦法〉、〈臺灣省出版管制法〉、〈報刊圖書審查標準表〉，還有〈社會教育法〉、〈出版法〉、〈出版法施行細節〉、〈刑法〉。當局規定的查禁出版物標準包括「爲共匪宣傳者」等八條。這與一九三〇年十二月十六日國民政府頒布的〈出版法〉要求以中國國民黨政綱與政策以及三民主義思想作爲最高指導原則，查禁標準爲「誹謗政府」、「詆毀元首」、「頌揚奸匪」、「替奸黨宣傳」如出一轍。五、六十年代只要圖書雜誌上出現中共領導人的照片，便被蓋上「匪酋」二字，另規定「凡在本地區印刷或出版發行之出版物，應於印就發行時，檢具樣本一份，送臺灣警備總司令部備查。」（註四）事實上，當局的掌握是寧緊勿鬆。只要「一字之誤，就可惹出大禍，譬如『中央』指示之類的文件，倘若錯成了『中共』，雜誌和印刷廠就得遭殃！」（註五）他們動用軍、警、情治的武力嚴格監控文化戰線，還採用停止新聞紙配給以及強行裁併、勒令改組或強迫停刊的手段，迫使島上不少報刊尤其是民營報刊停業。

國民黨退守臺灣後在政治、經濟、文化上全方位進行調控，當局查禁文藝書刊便屬調控文化市場的歷史產物，其查禁體制可看成「一體化」建立之後透過文化「清潔」來傳達威嚴時代意識形態對文藝創作的要求，這充分體現在官方多次刊布的禁書目錄中，如一九四九年十月公布的〈反動思想書籍名稱一覽表〉，多達四二九種，其分類爲史學類、哲學類、政治經濟類、戲劇音樂類、遊記類、傳記類、雜誌類、文藝類、純宣傳品類，其中文藝類圖書查禁作品達一四四本。至於圖書館則會派專人查看，所有留在大陸未隨著國民黨遷臺學者的書，都加以查禁，有時會一本一本拿出來銷毀，甚至連日文本的社會學、社會思想叢書都難逃銷毀的命運。六十年代中期新發布的禁書手冊，使人詫異的是一九四九年前去世的郁達夫，其作品也在查禁之列。另有李宗吾的《厚黑學》，因爲據說它會「教唆人們變得心靈邪惡和無恥」。馮友蘭不涉及當代意識形態的《中國哲學史》，完全與政治無關的顧頡剛的《古史辨》，也躋身榜上。他們用「局版臺業字」或「局版北市業字」管制案號去查禁圖書，遭封存或銷毀的數量十分龐大，保守估計約有五千種。這是禁錮獨立思想和對讀者獲取精神食糧的一種嚴重壓迫，是對學者、作家從事文化生產的一種限制和打擊。

第二節　扼殺創作自由

作爲文藝家而言，創作自由的重要性自是不言而喻的。若創作不自由，只能寫這不能寫那，那麼文藝家大概就蛻化爲單純的寫字者，是只有寫作技法的技術人員。這種失去靈魂的寫作，是無法稱爲創作的。但軍人出身的蔣介石不允許文藝家們有選擇題材的自由。在他看來，只要是描寫階級對立、反映工農兵生活、揭露社會陰暗面，尤其是宣揚社會主義、共產主義的書當然包括反對自己的讀物，就是毒草，都要加以審查和禁止。這是一種「有害思想論」、「危險思想論」，企圖把精神上的異端用政治權力加以禁錮，是爲國民黨力倡禁書的主要原因。本來，處在權力最高峰的專制者，由於心胸狹窄總是疑神疑鬼害怕有人奪權篡位，所以他們的主要目標，放在認爲會影響自己統治的言論和行動上。一旦有他們認爲屬離經叛道的言論和創作，就會弄得草木皆兵，風聲鶴唳，其中外省知識分子多誣爲親共的「匪諜」，而本省人士則被指控爲分離主義的同路人。

遠在民國時期，扼殺創作自由，查禁文藝作品便成爲國民黨特務統治的一個重要手段。據統計資料顯示，自一九一二年一月至一九四九年九月，國民政府共查禁書刊約七千多種，包括眾多著名作家的作品以及對民國文化發展有重要影響的期刊。蔣介石撤退到臺灣後，繼承了這一查禁制度，所不同的是查禁原因多了一個「反共抗俄」——論其肌理，換湯不換藥；論其味道，則是新舊雜陳。

「反共抗俄」的倡導外加「保密防諜」的種種措施，使社會陷入一個怪圈，正如向陽所說：「那是一個領袖偉大的時代，也是一個人民渺小的年代；那是一個政府無所不管的年代，也是一個人民無所不怕的年代；那是一個不必思考、不能說話的年代，也是一個必須隱藏思考、必須謹言慎行的年代；那是一個白天說假話、晚上做噩夢的年代，也是一個表面說好話、暗地『操幹嗷』的年代。」（註六）這裡講的「人民無所不怕的年代」，以戒嚴時期禁書政策漫天撒網為烈，以致當局從島內禁到島外，從國內禁到國外。這一禁再禁，主事者總會杜撰一些令人啼笑皆非的理由，如英國作家毛姆的書不能入境，因為他的名字會使人聯想到是「毛澤東的母親」。有人帶中國古籍「毛詩」入境，竟被當成「毛澤東的詩」沒收。法國作家左拉的書被禁，則是因為他的中文名第一個字係與共產黨有關的「左」，這造成所有帶「左」的書包括《左傳》都在清查之列（註七）。

在未進入後工業時代資本主義文化語境中的臺灣社會，尤其是在沒有網路和手機的年代，迷戀皇權思想的蔣介石查禁帶「左」的書刊，最有利於思想整齊劃一、行動迅捷前進，創作千人一面和千部一腔的「戰鬥文藝」作品。這種封建專制制度，只容許對三民主義作揖燒香，對「保密防諜」下跪磕頭，文藝家們才能夠進入主流文壇的廟堂，因而這時不允許自由創作和實行禁書制度，完全是出自專制制度的一種必然。

強調國家機器、強調戒嚴政治秩序、強調創作自由必須絕對服從「黨國利益」的禁書政策，其本質是排斥異端和禁錮自由思想，絕不容忍反對戒嚴、追求自由的特立獨行之士及其作品的存在，這對老百姓造成了極大的壓抑。這時不是言者無罪，而是言者有罪還必須負起法律責任。標榜自由主義的文人就在這種思想檢肅、書店封閉、雜誌查封、書刊沒收乃至銷毀的白色氛圍下匍匐行進。回顧中國文學史有秦始皇焚燒詩書，而現代臺灣有本書第八章論及不許批評古人的荒唐可笑的「誹謗韓愈案」。

臺灣的禁書史前後不到四十年，但禁書並未達到讓人民不能自由思考的目的。相反，越禁看的人越多，在昏黃的燈光下挺身佇立看禁書，其快感絕不亞於幽會情人。一旦獲得一本新的禁書，心情既緊張又刺激，會讓人興奮得徹夜失眠，會產生一種幹「地下革命」的快感。當年許多禁書，舉凡《資本論》、《馬恩選集》和魯迅的小說，都曾登上過戒嚴時期「黑書暢銷榜」，就是最好的證明。

查禁者派系私利的動機和立場，也是扼殺創作自由的一個重要原因，同時也造成查禁方向由「向外轉」到「向內轉」。這裡說的「向外轉」，是指查禁本土作家的作品，如施明正的監獄小說，觸及了臺灣戰後社會的面貌，反映了政治壓迫下人的處境的艱難。他的小說〈島上的愛與死〉在《臺灣文藝》發表時沒遭到麻煩，但一九八三年十月由前衛出版社出版後，卻被「警總」查禁。禁的原因不是小說本身而是異議人士宋澤萊所作的長序。該序將臺灣形容爲一座監獄，故受到當局的粗暴干預。「向內轉」是指查禁體制內的某些反共作家的作品，如政治上打了包票的余光中，據說有幾首詩被人說有影射之嫌，不許刊出。這種查禁常常因爲作品不符合主流意識形態再加上「警總」濫用職權，這便出現了許多政治迫害和文字獄事件，如本書第二章談到的穆中南、司馬桑敦的小說。對這一現象，張愛玲曾感慨地說：「做夢也想不到反共小說會違禁。」（註八）

查禁文藝書刊及其作品導致臺灣社會的左翼批判聲浪被消音，文藝家由此失去了最寶貴的言論自由和創作自由的空間。臺灣的「憲法」本有云：「人民有言論、講學、著作及出版之自由」，但這只是官樣文章。由於大家都害怕「警總」找上門，每個人都按「警總」的要求而成爲自己的檢查員，而且越嚴越好，以免禍從口出。如張良澤在編鍾理和書信集時，主動將鍾理和受魯迅影響的內容刪掉。國民黨在所謂維護「反攻大業和國家民族大義」的名義下，實行的便是這種文化專政，專政的一項重要內容是不允許人們批評政府，更不能宣傳魯迅。在這種「不能說話」的高壓下，不僅作家沒有創作自由，學者也沒有研究自由。儘管解嚴前有過所謂「開明專制」時期，這一時期比五、六十年代全面禁魯迅著作氣氛要鬆弛一些，讀者總可以透過不同的管道或明或暗讀到魯迅的著作了。但在八十年代初公開出版研究魯迅的書，還是犯忌的。一九八一年十月一日，大陸文學研究專家周玉山用「茶陵」的筆名編了一本《魯迅與〈阿Q正傳〉》，內收夏濟安、司馬長風、李輝英、趙聰、王潤華等臺港知名學者研究魯迅及其代表作《阿Q正傳》的文章，裡面不乏有貶損魯迅的內容，也有學術性較強的如劉建的〈試析《阿Q正傳》的Q字〉、王潤華的〈西洋文學對中國第一篇白話短篇小說的影響〉，但在比較封閉的臺灣南部，此書很快遭到查禁。

查禁書刊規定作家只能歌頌蔣家王朝，不能暴露政府的無能與腐敗。作品只能宣揚三民主義，嚴禁傳播社會主義和共產主義。作品不能寫底層人民的生活痛苦，不允許「工農漁」文藝的出現。這些條條框框，嚴重壓抑了作家的創造性，不利於文學的百花齊放。但文檢人員根本不懂「百花齊放」是什麼意思，再加上對文藝作品的審查標準經常變動，常常使人感到檢查大員過於神經兮兮。這種「神經兮兮」的審查，使作家籠罩在不敢、不能、不知怎樣申訴的恐懼陰影中。由此可見，官方標榜的「創作自由」，也就成了偉大的空話。

和扼殺創作自由有關的是扼殺學術自由，著書立說的自由，如有一本《禁書目錄》把梁啓超的《古書眞僞及其年代》列入「共匪統戰書籍」，這太沒有歷史常識了。因爲梁啓超去世於一九二八年，其著作怎麼可能有「統戰」內容？至於馮友蘭的《中國哲學史》寫於一九三六年之前，作者滯留大陸後此書還被批判爲唯心主義大雜燴的著作，故查禁它只會使人覺得查禁的理由太過荒謬，這樣一來，知識分子著書立說，哪裡還有自由可言？

第三節 僞書和抄襲大陸著作現象

查禁造成「五・四」文學傳統在臺灣的嚴重斷層。五、六十年代，臺灣發展出來的文學被稱作「中國現代文學」。據呂正惠的詮釋：它極嚴格地選擇了少數「五・四」以來的中國新文學，讓其在臺灣流傳，其餘則因其左傾或「附匪」、「陷匪」而一概禁絕。對於大陸正在出現的作品，則當作不存在一般。除了接受「五・四」以來的少數作家如胡適、徐志摩、朱自清或許還有劉大白外，這個「中國現代文學」實際上幾乎是不同於大陸文學的一個新的「創造物」。這個在臺灣重新出發的「中國現代文學」，除了五十年代的反共文學外，主要是模仿當時西方流行的現代主義而建立起來的，它是戰後臺灣快速現代化的過程中，西方觀念移植的一部分，同時是美國觀念支配下的產物。從大方向來看，它是「五・四」文學傳統在臺灣斷層後出現的一種「西化」、「美化」的文學（註九）。

「五・四」傳統雖說在臺灣斷層，但舊書市場仍可以看到它的影子。查禁這些盜版書或曰翻版書，對規範文化市場，也許有一定作用，但翻版書的造成，「警總」負有不可推卸的責任。他們嚴厲查禁大陸書刊，造成魚目混珠的僞書在臺大新生南路一帶的文化市場大搖大擺地出現。書商暗中翻印大陸書，本不可能照原版印出，只好採取盜版加「整容」的方式以蒙混過關，以致使人誤解爲「本社編」與「佚名」很可能是戒嚴時期臺灣最高產的作家。即使改名換姓，也難逃官方的法網，如正中書局出版朱光潛的《詩論》，作者姓名改爲「本社編」，而王力的《中國語言學史》，作者變成了「佚名」（註一〇），《鹿鼎記》則被出版商改名爲《小白龍》，韋小寶亦被改名換姓，「金庸」二字更不能出現，其小說只好披著「司馬翎」的外衣在地下流傳。又如環宇出版社下屬的萬年青書店，大量重印民國時期的圖書，其中有魯迅的兩部名作《小說舊聞抄》、《中國古典小說論》——後者並不是魯迅書的原名，是爲了逃避檢查臨時改的。該書店還翻印過在臺灣不准流通的陳汝衡的《說書小史》，百般挑剔的「警總」認爲這也有問題，裡面有所謂「共匪」御用史學家。最後他們將該書店的一位編輯何步正逮捕，釋放後還要每天到警察局報到，不許離開臺灣。

出於發展學術的需要，出版一些滯留大陸學者的經典性學術著作，雖說必要，但出版時必須改頭換面。林慶彰透過對近千種盜版書的研究，歸納書賈盜版大陸著作的手段如下：

一、刪改書名和作者；

二、刪除序跋；

三、刪去部分篇章；

四、合數書爲一書；

五、也有什麼都不改，照原稿用，可在扉頁上無大陸作者授權的簽字或說明，版權頁倒印上「版權所有，不准翻印」。

最常見的手段是刪改作者的名字，因這些作者大都列入國民黨警方編印的禁書名單，尤其是像魯迅、郭沫若這樣敏感的人物更不能亮相。這就難怪本書第一章第二節提及的李何林所著《近二十年中國文藝思潮論》，不但書名被篡改爲《中國新文學研究參考資料》，而且書中凡提及魯迅、茅盾、瞿秋白、周作人、鄭振鐸、郭沫若的名字，均被簡化爲魯、茅、瞿白、周、鄭、郭。（註一一）

查禁的負面影響另一表現在有價值的藏書大爲減少。任何一個朝代查禁書刊，都對社會的進步起著阻礙作用，對文化的繁榮興旺更有「滅火」的影響。由於國民黨當局隨心所欲地查禁三十年代文藝乃至二十、四十年代文藝，造成圖書館藏書貶值。此外，禁書這種警察行爲導致高質量學術著作產生的土壤被鏟除。把二、三十年代的作品用大掃除的方式進行查禁，造成學術土壤的貧瘠，這便難生長出現代文學研究家的喬木，以致長期以來無法出現水平高、資料豐富的新文學史著作，而一旦香港司馬長風的《中國新文學史》引進臺灣，便被大量翻印，以致達到「幾乎每一中文系老師和學生都擁有一冊。」（註一二）這與該書能提供三十年代文學、抗戰文學等較多的參考資料有密切的關係。

在戒嚴時期，大陸學者寫的簡體字著作被禁，許多臺灣學人看不到。在「有東西大家抄，有錢大家賺」（註一三）的風氣下，某些從特殊管道看到大陸書的學者，便用剪刀加糨糊的辦法拼湊學術著作，以爲別人不會發現，正所謂神不知鬼不覺。有一位研究語法的某君，其出版的「專著」與大陸著名語法學家呂淑湘的著作十分相似，而另一位陶唐教授，其評註的宋詞大都來源於北京中華書局出版的胡雲翼《宋詞選》，卻不見註明出處。（註一四）宗白華的美學著作曾被抄襲，李澤厚和劉綱紀合著的《中國美學史》「也經常被繪畫美學家剽竊，大概是由於他們認爲自己『獨家』擁有這些資料，別人無從查證」（註一五）。這種有抄襲之嫌的著作，經別人指出後，某些作者不但不反省，反而說對方因爲是「共匪」，無法直接引用或註明出處，或稱別人不是嫉妒他，就是誹謗他，或使出眼淚攻勢，博得別人的同情，其中孟瑤就是一個典型例子。

孟瑤（一九一九～二〇〇〇年），本名揚宗珍，湖北武漢人。重慶中央大學歷史系畢業，歷任臺中師院、新加坡南洋大學、臺灣中興大學中文系教授。她是著作等身的作家，有小說、散文、戲劇集，還有學術論著。但她的所長是創作，學術研究並非是她的強項。一九六二～一九六六年，她到南洋大學任教期間，除從事小說創作外，還寫作了《中國戲曲史》、《中國小說史》，一九七四年又出版了《中國文學史》。前兩部總計八冊的「磚」著，曾受到學術界的嚴肅批評。鄭明娳的〈評孟撰《中國小說史》〉，指出孟書是「百衲衣」，但鑑於孟瑤是前輩，因而十分客氣地說孟書「多採前人著作而未加註明」（註一六）。

莎士比亞在《理查第二》一劇中有云：「人生最珍貴的，莫過於清譽，其他不過糞土而已。」孟瑤在文壇學界均有較高的知名度，爲了「清譽」，她在爲自己辯護的公開信中，如泣如訴地說：

> 我被屈辱，我被欺淩，含冤負謗，竟致投訴無門！衷心泛起一陣異鄉人的無比孤淒。於是我揮淚告別了南大……（註一七）

裝出一副悲天憫人樣子的孟瑤，認爲鄭明娳的批評與偏聽流言有關，而流言說的是《中國戲曲史》而非《中國小說史》。流言的源頭在曾批評《中國戲曲史》的李先生，而這位先生是「有『自大狂』精神異狀的人」，由於其精神病時常發作，經常含血噴人，已被有關當局緝拿歸案判無期徒刑。據知情人說，李君有可能是因政治問題而非批評孟瑤而監禁，這種在學術與政治之間劃等號的做法，企圖轉移視線，手法並不高明。

孟瑤在答辯時還說：《中國小說史》主要參考的是魯迅《中國小說史略》，其取材來源已在參考書目中說明。但據美國加州楊實考證，該書的主要取材並非魯迅的書和參考書目所開列的著作，而是另有隱情，即孟瑤的書係據大陸學者鄭振鐸的《中國文學研究》（註一八）、北京「中國科學院文學研究所中國文學史編寫組」編寫出版的《中國文學史》第三冊（註一九）等書「改編」而成。

楊實舉鄭振鐸〈三國志演義的演化〉一文為例來做比較。鄭氏論及《三國志平話》時說：

其最足注意的有幾點：

敘事略本史傳，以荒誕無稽居多。……

人名地名觸處皆誤，往往以同音字與同形字來代替了原名。……

在文辭上，作者也頗現著左支右絀，狼狽不堪之態。……

這部三國志平話，內容雖多荒誕，白字雖是連篇累牘，人名地名雖是多半謬誤，文辭雖甚粗鄙不通，然其結構卻是很宏偉的。……

這部小說對於曹操已是沒有好感，只是著力寫他幾次狼狽的失敗，對於諸葛亮卻是很著力的寫他的智計滿胸，算無不準，謀無不驗。然對於關羽卻是寫得頗為冷淡，並沒有什麼生氣。……（註二〇）

而孟瑤的書這樣將其簡化：

這裡說明五點，以證明這話本之不及演義處：一史實多無稽；二人名地名多謬誤；三文辭左支右絀頗爲狼狽；四內容荒謬而結構宏偉；五寫關羽毫無生氣，對曹操一無好感，而對孔明張飛則力加渲染。（註二一）

孟瑤在製造這種「壓縮餅乾」時，無一字提及她的「師傅」鄭振鐸。

孟瑤的抄襲對象並不限於鄭振鐸。「即使是有關小說的『文學評價』部分，其描述之詞，也與很多其他的著作『雷同』。」（註二二）接著，楊實再舉北京「中國科學院文學研究所中國文學史編寫組」出版的《中國文學史》對《西遊記》的評述：

《西遊記》裡面充滿了神奇瑰麗的幻想，仿佛在讀者面前展開了一幅五光十色的幻想世界的畫卷，這也使得它的故事豐富多彩。寫環境，有鵝毛飄不起的流沙河。有經過此處「就是銅腦蓋，鐵身軀，也要化成汁」的火焰山。寫神奇的東西，人參果是「遇金而落，遇木而枯，遇水而化，遇火而焦，遇土而入」，芭蕉扇煽著人要飄八萬四千里遠，而且可以縮小如一個杏葉兒，含在嘴裡。（註二三）

孟瑤對《西遊記》的評述是：

……且予神魔以如此多的絢爛而美麗的幻想色彩，恐怕還是要數《西遊記》爲第一部。它簡直是一幅五光十色的畫卷，在我們面前不斷地延伸，也不斷地吸引了我們的喜愛，這裡面有鵝毛漂不起的流沙河；有「銅腦蓋，鐵身軀，也要化成汁」的火焰山；有「遇金而落，遇木而枯，遇水而化，遇土而入」的人參果；有可以飄八萬四千里遠，又能含到嘴裡的芭蕉扇。（註二四）

楊實作了以上對照後評論道：「有沒有抄襲，我想還是請讀者去評斷吧。即使是『抄襲』，孟女士也未免抄得太馬虎了些，本來是芭蕉扇煽著人要飄八萬四千里遠，到了孟著中，好像飄八萬四千里遠的是芭蕉扇而不是人。」（註二五）

俞大綱在爲孟瑤《中國戲曲史》寫序時，稱孟著是「繼王靜安先生的《宋元戲劇史》，和日本學者青木正兒的《中國近代戲劇史》後，一部最令人滿意的《中國戲曲史》」。這顯然是浮誇和捧場之詞。正因爲有像俞大綱這樣的名人撐腰，孟瑤自負地說：「可以所有的創作不傳，《中國戲曲史》總可以傳世」。其實，據楊實等人考證，不僅《中國小說史》，而且孟撰《中國戲曲史》也有同樣與大陸著作「雷同」的問題。

在兩岸隔絕的年代，臺灣教授抄襲大陸學者的著作，或是爲了謀生的需要，或像孟瑤那樣好似爲宣揚光輝燦爛的中華文化的需要，似乎情有可原，但作爲嚴謹的學術研究，這種「改編」之風顯然不足取。一九八八年十月三日，臺灣「教育部」學術審議會決定將涉嫌抄襲大陸學者著作的董榕森、陳裕剛、林昱庭降一級處分。孟瑤一案由於年代久遠，鄭振鐸早已去世，且已超過追訴期間，故未作處理。

註釋

一　詳見官方出版的《保密防諜之路》，臺灣省警務處翻印，一九五七年九月，頁九～一〇。

二　黃玉蘭：《臺灣五十年代長篇小說的禁制與想像——以文化清潔運動與禁書為探討主軸》，臺北師範學院臺灣文學研究所碩士學位論文，二〇〇五年七月自印。

三　楊　渡：《我在臺灣看禁書的故事》，《南方周末》，二〇〇六年三月十日。

四　臺灣省警備總司令部：《臺灣地區戒嚴時期出版物管制辦法》，載史為鑑著：《禁》（臺北：四季出版公司，一九八一年），頁二五六～二六六。

五　聶華苓：《愛荷華札記》（香港：三聯書店，一九八一年）。

六　向　陽：〈不能不想起〉，臺北：《自由時報》，一九九八年一月十九日。「操幹噭」係臺灣土話，即罵娘的意思。

七　一九九五年，軍中作家姜穆生前在「臺北英雄館」與古遠清說，六十年代他在部隊工作期間偷看《左傳》，被其「長官」訓斥，說《左傳》是共產黨的書。

八　宋以明：《宋淇傳奇——從宋春芳到張愛玲》（香港：牛津大學出版社，二〇一四年）。

九　呂正惠：《戰後臺灣文學經驗》（北京：生活．讀書．新知三聯書店，二〇一〇年），頁三九一。

一〇　楊　渡：〈我在臺灣看禁書的故事〉，《南方周末》，二〇〇六年三月十日。

一一　林慶彰：〈當代文學禁書研究〉，載《文訊》雜誌社編印：《臺灣文學出版》（臺北：行政院文化建設委員會，一九九六年六月），頁二一〇。

一二　林慶彰：〈當代文學禁書研究〉，載《文訊》雜誌社編印《臺灣文學出版》（臺北：行政院文化建設委員會，一九九六年六月），頁二一〇。

一三　蔡源煌：《解嚴前後的人文觀察》（臺北：遠流事業出版公司，一九九一年），頁二八九、二四〇。

一四　臺　北：《書評書目》第二期，一九七二年十一月。

一五　楊　實：〈談孟著（？）中國小說史〉，香港：《明報月刊》，一九七四年七月，頁六〇、六三。

一六　北　京：作家出版社，一九五七年。

一七　中國科學院文學研究所中國文學史編寫組：《中國文學史》第三冊（北京：人民文學出版社，一九六二年），頁九一六。

一八　鄭振鐸：《中國文學研究》卷二（北京：作家出版社，一九五七年），頁一八六～一九〇。

一九　孟　瑤：《中國小說史》（臺北：文星書店，一九六五年），頁二〇七、四二七。

二〇　楊　實：〈談孟著（？）中國小說史〉，香港：《明報月刊》，一九七四年七月，頁六三。

二一　中國科學院文學研究所中國文學史編寫組：《中國文學史》第三冊（北京：人民文學出版社，一九六二年），頁九一六。

二二　孟　瑤：《中國小說史》（臺北：文星書店，一九六五年），頁二〇七、四二七。

二三　楊　實：〈談孟著（？）中國小說史〉，香港：《明報月刊》，一九七四年七月，頁六三。

二四　蘇雪林：《我論魯迅》（臺北：傳記文學出版社，一九七九年）。

二五　楊　渡：〈我在臺灣看禁書的故事〉，《南方周末》，二〇〇六年三月十日。

尾聲　查禁文藝制度的終結

還在實行查禁制度的一九七三年，臺北牯嶺街的舊書市場遷往光華商場後，賣舊書自然無法做到「明目張膽」。這時有位書商不小心，收了一本有關共產黨的漫畫而被人舉報，以致整個憲兵隊都出動了，最後有十多家書商聯保，證明他不是「匪諜」才平安過關。

八十年代以來，隨著社會的開放，上述事件不可能再發生了，因爲禁書政策實施起來不像五十～七十年代那樣暢通無阻，但有些「雷區」還是碰不得，如揭發國民黨陰暗面的「二·二八」史料。

哪裡有壓迫，哪裡就有反抗。查禁書刊越是雷厲風行，就越引發書商、作家、出版者和讀者的抵制。反禁書的潮流之所以勢不可擋，一個重要原因是人們對禁忌充滿了好奇心。如「警總」越是說魯迅這個人如何十惡不赦，尤其是當蘇雪林用「流氓大師」、「青皮學者」、「共黨匪徒」來稱呼魯迅（註一），還說郁達夫的小說如何色情時，讀者便會激起強烈的閱讀欲望。臺灣作家楊渡回憶道：「現在回想，才知道影響自己最多的，可能不是那些學校規定的書，也不是正經八百的書，而是禁書。沒辦法，禁忌之愛，永遠有致命的吸引力。」（註二）有道是：「不禁不知道，一禁做廣告」，這說明禁書是一種變相廣告。

禁書的誘惑力，毫不亞於暢銷書。哪怕平庸的書，一旦上了黑名單，便身價百倍，成爲書攤的搶手貨。好奇感特別是對留洋在外的學生來說，一下飛機做的第一件事便是到圖書館尋找禁書。這種現象，不得不使當局反思：「與其強制禁絕，不如適當疏導」。禁書政策遭到抵制，還因爲有高利潤市場競爭力的引發。比如魯迅的著作，在一九七〇年前後，一本可以賣到一千至二千元，這超過了當時一般公務人員的薪水，難怪有些書商認爲收到禁書，就好像中了獎券。商界流行這樣的話：「殺頭的生意有人做，賠本的買賣沒人做。」

如果把禁書運動理解爲手執「殺頭」權力的警察至上，認爲是文化專制主義的最強音，這未免過於拔高「警總」的威力。自八十年代起，「警總」禁書的「最強音」畢竟在弱化，這出自於各種思潮相互激盪，各種文化相互交融，各種觀念相互碰擊，尤其是迅速崛起的黨外雜誌和「警總」大玩貓鼠遊戲，再加上傳播工具的興衰轉換，臺灣社會由此不再封閉，導致「警總」的輝煌年代「無可奈何花落去」，「戒嚴令」獨斷專行的威權也由此蕩然無存。以「色情文藝」爲例，由於電腦資訊與傳播手段現代化，色情文化也由「半裸」到「全開」，由隱秘走向透明，由非法走向合法。「要不要數碼A片？」，在臺北市大街小巷都可以聽到神秘女子向男士推銷色情光碟的這種叫賣聲，再加上傳播媒體的公開鼓吹，從「文化清潔運動」起就被視爲大逆不道的「色情文藝」之花由此在綻放，在怒放。這種解禁在大眾傳播中表現得特別明顯，平面媒體自然也不甘落後。

〈臺灣省戒嚴期間新聞紙雜誌圖書管制辦法〉在一九八七年七月十五日終止發行。一九九一年四月三十日，臺灣當局正式宣布「動員戡亂時期臨時條款」作廢，這使五十年代興起的猖獗一時「反共文藝」及其查禁制度存在失去了根基。成立於一九九三年的「女學會」以及創辦於一九九四年的「女書店」，在這種背景下都在爲「性解放」推波助瀾。

「百足之蟲，死而不僵」。「戒嚴法」畢竟餘威還在。在「臨時條款」剛作廢的一九九一年五月初，「調查局」人員準備抓捕臺灣清華大學一位歷史專業的研究生，懷疑他參加「叛亂」組織，手上會有不少禁書。這次偶發事件，卻意外引爆了「廢除刑法一百條」運動，這是臺灣走向民主化的最後一道門檻。後來開放民眾赴大陸探親，文藝家們頻繁和大陸文人交往，使國民黨嚴苛的查禁大陸文藝作品的方法失效，其圍剿異己文藝的文化力量大爲削弱。尤其是政治形勢不斷吃緊，本土思潮和黨外運動的強勢興起，導致國民黨固若金湯的查禁文藝書刊的政策逐漸稀釋，外加大陸作家作品不斷進軍臺灣，使島內讀者發現這些「異己」作家的作品，比「反共文學」更有新鮮感和吸引力。

這時的大陸不再閉關鎖國而廢止以階級鬥爭爲綱，人民生活一天天走向小康，絕非「戰鬥小說」所寫的「共產黨窮到一條褲子穿二十年」，其社會價值和整體形象與孫陵筆下描寫的「生活在水深火熱的大陸同胞」亦完全不同。尤其是後來國民黨名譽主席連戰到北京和中共總書記胡錦濤會面，兩人緊緊握手，在這種「敵」我正在「言歡」的形勢下，如再查禁什麼「共匪武俠小說」，封存魯迅、郭沫若乃至沈從文等人的著作，無異是破壞兩岸交流。一九九二年八月一日，讓臺灣人膽顫心寒的警備總司令部奉命裁撤，但「警總」部分人員卻「轉業」到「新聞局」，負責海關、郵局書刊的查禁工作。這些人當然會有「失業」的一天，特別是「出版法」於一九九九年壽終正寢，故作爲一種「因意識形態而興，因意識形態而頽」的文藝查禁制度，終於走入了歷史。

一統山河的時代已經過去。解嚴後臺灣歷經政治社會開放、科技發展日新月異、報刊及出版事業不斷轉型，對書籍出版早就廢止了預先的審查制度。這些制度規定除非出版後發現違法，被要求回收，不然就直接發行。二〇〇七年七月至十月，國家圖書館在臺灣各地舉辦戒嚴時期查禁書刊展，由國家圖書館和臺灣各大學圖書館中，選出一九三種書籍和雜誌展出。由這次展覽可看出，臺灣的書籍和報紙出版，已進入了一個較爲清明的競爭時代。儘管邁進了比過去健全的歷史階段，但禁書運動帶給人們的精神遺產至今仍深刻地影響著當下臺灣文化人的思想和情感，並用不同方式塑造著新的政治和文化的現實，如李敖就曾說：「臺灣今日已算是開放民主了，但我的自由仍受到限制。」（註三）又說：「我從來不能暢所欲言」（註四）。可見「戒嚴法」終止後但思想仍在戒嚴，官方仍能用其他法子來打擾李敖們，經濟制壓就是其中一種。

這裡還要特別指出的是，解嚴前被查禁者睜一隻眼閉一隻眼，導致開始泛濫的色情文藝，波及了正在成長中的青少年，引發家長和老師的強烈反彈，包括抗議電話、來函檢舉、現場取樣調查，甚至有人向總統府告狀，媒體還出現了「你家小孩是在學電腦，還是在看色情光碟？」（註五）這樣的標題。輿論的壓力，轉換成了某些政黨的選票壓力。但他們畢竟不可能重操「查禁」的舊業，這時「查禁」已轉爲出版社「自律」。

註釋

一　蘇雪林：《我論魯迅》（臺北：傳記文學出版社，一九七九年）。

二　楊　渡：〈我在臺灣看禁書的故事〉，《南方周末》，二〇〇六年三月十日。

三　李　敖：《李敖作品集》（太原：北岳文藝出版社，二〇〇四年），頁二七。

四　李　敖：《李敖作品集》（太原：北岳文藝出版社，二〇〇四年），頁二七。

五　李志銘：《半世紀舊書回味（1945-2005）》（臺北：群學出版公司，二〇〇五年），頁一一五。

附錄　不願退休後學術生涯就此被「淪陷」——自己訪問自己

問：只聽說有記者訪問你或學生訪問你，文壇上從沒有過自己訪問自己的做法。

答：你這眞是少見多怪，李敖年過半百時，就發表過《五十而不知天命——自己訪問自己》。

問：可你不是李敖呀。如果你謙虛一點的話，還是請別人訪問你好。

答：報紙上登的許多由記者出面寫的訪問記，其實都是被訪者草擬的。

問：但也有確實是被訪者所寫。

答：別人訪問我，總感到他問不到點子上。世界上最瞭解我的人莫過於自己。

問：你太自戀了！

答：別人訪問我，稿成後還要自己動大手術改一遍，還不如自己寫來得乾脆！

問：你正在向耄耋之年大踏步向前進邁進。回顧這輩子，你認爲人生最爽的境界是什麼？

答：上有天堂，下有書房！自己再累也要讀書，工作再忙也要談書，收入再少也要買書，住處再擠也要藏書，交情再淺也要送書。

問：請你注意，廣東人送書等於送輸，打牌時不能送書。

答：我是「廣廣」，可從不打麻將，歡迎你送書！

問：從網上查到，你近年來在海內外多所高校講學，有的海報寫你是博士或博士生導師，這算不算僞造學歷呀？

答：這是好事者寫的，應與我無關。趕緊坦白交代：文革前我在武漢大學讀了五年，只拿到畢業證書。連學士都不是，何來博士？我更沒有當過一天在大陸高像被視爲一個特殊階層的博士生導師，倒當過華中師範大學評博士生導師的評委，如此而已。

問：你沒有博士帽又沒有博導的光環，退休前一直在沒有中文系的中南財經大學從事世界華文文學研究，一定感到很失落吧？

答：文化名人余秋雨在其發行量極大的自傳中，這樣蔑視我：「古先生長期在一所非文科學校裡研究臺港文學，因此我很清楚他的研究水平。」一位文友建議我回應他：「余秋雨長期在一所非創作單位戲劇學院從事散文創作，因此我很清楚他的寫作水平。」

問：像你這種在一個學校待一輩子從不跳槽的人，眞是稀有動物。

答：九十年代時任武漢大學主管文科的副校長李進才前來商調我回珞珈山，一些博導和我說：「你現在多麼風光，在『財大』享受『獨生子』待遇，每年出國三幾次均可報銷，一回母校就成了『大家庭』成員，再無此特權了。」還有人則用「一流教授」的紙糊假冠忽悠我：「錢鍾書說得好，一流教授到三流學校，三流學校因一流教授而增光；三流教授到一流學校，三流教授因一流學校而榮耀。」

問：你回家賣紅薯多年了，還一直在筆耕嗎？

答：我一直在寫，僅二〇二一年在境內外就出版了《世界華文文學概論》等書。

問：這使我想起古代官員爲附庸風雅，提倡「未妨餘事做詩人」。

答：他們把自己寫詩看作是「歲之餘、日之餘、時之餘」結出的果實。歐陽修的「三上」即「馬上、枕上、厠上」，則比上面說的「三餘」更具體、更生動。本來，每個人都有自己的「三餘」，退休多年的我，《中國大陸當代文學理論批評史》、《臺灣當代文學理論批評史》、《香港當代文學批評史》、《臺灣當代新詩史》、《香港當代新詩史》、《海峽兩岸文學關係史》、《臺灣新世紀文學史》只能說是「二餘」：「退之餘、休之餘」的產物。

問：不少人希望你寫一本把陸臺港文論打通的《中華當代文學理論批評史》或在文論、詩論基礎上寫一部《臺灣文學史》。

答：我後來想，與其寫一本有可能自費出版將三地文論貫通的文學史或《臺灣文學史》，不如弄點銀子寫一部有新意的書，於是便前後兩次申報國家社會科學基金課題。那時我早已告別杏壇，一位朋友勸我說：「退休的人幾乎無人再做科研更談不上報課題，就是報了也很難批」，何況二〇〇六年申報《海峽兩岸文學關係史》課題時，合併後的中南財經政法大學中文系還未正式成立，無學術資源去「跑題」，但我還是未聽他的忠告，只不過是申報後就束之高閣，不向任何有可能當評委的人打招呼，更不向我認識的文學課題組總負責人打聽任何消息。大概是此課題係嘗試用整合的方法將兩岸文學融合到一起，而不是像眾多當代文學史那樣，把臺灣文學當作附庸或尾巴然後拼接上去，就這樣被評委看中了，僥倖被批准了。

問：有人說退休就是「淪陷」，你讚成嗎？

答：「淪陷」？我可從來沒有這樣想。我一直在「進攻」，而未退卻過。對我這把年紀的人來說，如果連自信心都沒有，那就枉對自己不斷的思考、開掘和突破，那退休就眞變爲「淪陷」了。

問：你寫的眾多境外文學研究著作，除高等教育出版社出版的《當代臺港文學概論》屬教材型外，其餘均是屬所謂專家型吧。

答：專家型的臺港文學史由於過於冷門，在教育界和以大陸為中心的當代文學研究界不占主流地位，鮮有人問津，以致變為無人理睬的孤兒，因而那位友人好話說盡後跟我潑了瓢冷水，認為我的臺港文學研究即使搞得再多再好，也與「淪陷」無異。這使我想起香港某教授有一次在《中國青年報》談香港文學研究，引用學界流傳的順口溜「一流的搞古典，二流的搞現代，三流的搞當代，四流的搞臺港」後說，這話當然不對，但現在研究臺港文學最有名的劉登翰和古遠清，「還不就是這個水平！」我不甘心自己永遠停留在「這個水平」，尤其是不願退休後學術生涯就此「被淪陷」，我竟不顧身體的承受能力，近年來多次穿梭於寶島南北兩地，並採購了大批書刊，以致過八十歲生日時，幫我打字的「老秘」即內人為我做了三個書架慶賀。

問：你覺得退休後的日子過得充實否？

答：一般說來，在珞珈山求學才是我讀書的黃金時期，可我現在仍然有強烈的求知欲，讀書和寫作對我來說是一種最好的休閒方式，是一件很愉快的事，用臺灣作家胡秋原的話來說「寫作是一人麻將」。日讀萬言，日寫千字，並不覺得厭倦和疲憊。有時一邊做飯，一邊寫作，竟把飯燒糊了，身心完全融進新世紀臺灣文壇，人在此岸心卻在彼岸的「萬卷樓」，能不快哉！如此說來，我真該感謝臺灣文學，是它使我多了一塊精神高地，同時也應感謝對岸朋友送來的和自己採購的眾多繁體字書刊。沒有它們，我的日子就不可能過得這麼充實，就不可能感到精神上是這樣富有。

問：你姓古，可你並不崇尚發思古之幽情，將自己的精力全埋首在古文學堆裡呀。

答：我出版的文學史明顯帶有當代人寫當代史的特點。我受老師劉綬松的影響，寫「史」似乎上了癮，現在仍和歷史的情緣未斷，八十歲時居然在「萬卷樓圖書公司」一口氣推出「臺灣文學五書」，眞好像是走上「不歸路」了。可我寫的「史」並不屬古文學的亡靈，其中上史的作家不少還健在，這就是爲什麼我喜歡用「當代」命名的緣故。

問：中國古代有江郎才盡的故事，放眼內地學界，也可找到不少這樣的例子。你已到耄耋之年，快成「無齒之徒」了，難道沒有「才盡」之感？

答：「才盡」應與年齡無關，而與對研究現狀、研究題材和研究對象失卻敏感相聯繫。「才盡」的人往往找不到新的學術生長點。我爲了將自己和「江郎」區隔開來，近幾年在兩岸三地出書和寫論文時均盡可能做到出新，不至於「把破帽，年年拈出」。例如，我在長沙舉行的第四屆「新銳批評家高端論壇」和《學術研究》上發表的〈偷渡作家：從越境港澳到定居珠海〉，以及在《南方文壇》發表的〈厚得像老式電話簿的《世界華文新文學史》〉，就曾被一些報刊競相轉刊。

問：你這種年齡老化、思想鈍化、連打字都不會的人，竟然成了「新銳批評家」，眞是少見。你寫的境外文學史的確很多，有人建議你改換門路，因爲這些不成爲「史」的著作，很容易被他們用後現代的非中心論進行解構。

答：我的確想改換門庭。「武漢出版社」即將出版我百萬言的《臺灣當代文學事典》，就是用辭條寫的文學史。對拙著提出任何批評意見，我都表示歡迎，但不應由此認爲「當代事，不成史」或否定當代文學史寫作的必要性。我這十二種境內外文學史，均是基於自己的史學意識和文學觀念，對境內外文學存在的一種歸納和評價，與現代性尤其是與現代的教學和學術緊密聯繫在一起，它們都富有強烈的當下性與現實感，這既是由選題決定的，也與我的研究興趣和評論取向分不開。

問：有位資深學者看了你的《臺灣新世紀文學史》校樣後很不滿意，他強烈反對用「史」命名。因爲以「史」的名義顯得過於莊重，還不如用「現場」一類的詞好。

答：這是很不錯的建議，「現場」的命名既有學院派的嚴謹，又有作家智慧的靈動，讀之能帶給人學術震撼和審美享受。我爲此動搖過，很想按他的意見改。不過，後來掂量了一下：藍海的《抗戰文學史》，不就是當時創作的編排和歸納？夏志清的《中國現代小說史》，在框架上與作家作品彙編並無多大的不同。至於今人溫儒敏的《中國現代文學批評史》，則純粹是批評史家論組成。可見「史」並不神秘，何況拙著前面有整體勾勒，有史的線索，有不少地方闡明了新世紀臺灣文學與上世紀末文學的不同之處。不敢說拙著全面總結臺灣當下文學發展的規律，但起碼描述了當選票變成臺灣所有核心價值的新世紀之文學發展之輪廓，其中不乏「兩岸」框架下文學對象的經驗總結。

問：你二〇一二年申報《臺灣新世紀文學史》國家社科基金課題，曾考慮過「臺灣新世紀文學」能單獨成爲一個階段來寫嗎？這樣論說，能得到對岸的認可嗎？

答：在臺灣，除《文訊》雜誌二〇〇四年十至十二月策劃過「臺灣文學新世紀」專輯外，鮮有「臺灣新世紀文學」的提法，而在大陸，「新世紀文學」成爲各出版社出版系列叢書競相打出的新旗號，還成爲各媒體討論的熱門話題。不管別人如何評說，重要的是走自己的路。

問：你爲什麼對臺灣新世紀文學如此情有獨鍾？

答：作爲一位有三十年「工齡」的臺灣文學研究者，且偶爾寫點文章參與臺灣文壇論爭的大陸學人，我也認同文藝不能脫離政治的觀點，我在上海《文學報》發表過〈用政治天線接收臺灣文學頻道〉的文章，這大體上沒有錯。在大陸，已不少人在研究新世紀大陸文學，我覺得臺灣新世紀文學也很值得研究，尤其是最近到臺灣島巡迴講學歸來，我感到越來越需要研究，尤其需要「拜託」有志者跟蹤書寫。

問：大陸學者都像你這樣瞭解臺灣文學嗎？

答：我十多次去臺灣，在寶島出版了十六本書，以致「中國社科網」和《中國當代文學研究》雜誌均誤認為我是臺灣作家。我曾大言不慚地說：我在臺灣訪問、開會、講學期間，「吸的是臺灣空氣，吃的是臺灣大米，喝的是臺灣涼水，拉出來的則是……」。

問：你這話大不文雅了！不過「拉出來的是臺灣屎」畢竟說明你寫的臺灣文學著作與垃圾無異，難怪有位臺灣詩人批評你在臺灣出版的《臺灣當代新詩史》，送到廢品收購站還不到一公斤哩。

答：隨他怎麼批評都可以，只要不像余秋雨那樣將我告上法庭。本來，臺灣文學現象如雲，我只是抬頭看過；臺灣文壇是非如雷，我只是掩耳聽過。儘管我認為自己瞭解臺灣文學不過是漂浮如雲，但我可以這樣回答你，大陸研究臺灣文學的大名如雷貫耳者有「福建社會科學院」的劉登翰、「中國社會科學院」的古繼堂。

問：這就是臺灣文壇「流星」林燿德說的「兩古一劉」或「南北雙古」吧。你這位「南古」和「北古」是兄弟嗎？

答：古繼堂是河南人，我是廣東人，我們兩人是同學加兄弟，同在武漢大學中文系一九六四年畢業。

問：我還聽新加坡《赤道風》主編說你們「兩古」是父子關係呢。

答：我們的著作堅持臺灣文學是中國文學組成部分的觀點，因而受到臺灣左派的歡迎，同時也受到一些人的攻訐，當我們「兩古」踏上寶島時，一位學者竟驚呼「兩股（古）暗流來了」。

問：這眞是「不批不知道，一批做廣告」。在臺灣有魯迅之稱的陳映眞曾說你是「獨行俠」，聽起來你好似江湖中人，難怪新加坡女作家蓉子稱你「古里古氣，似深藏不露的武林人物。」

答：錯了，我是「文林人物」。我退休後到臺北教育大學、中央大學及中央電視臺、北大、北師大、人大、南大等近百所高校講學，許多研究生都會問我一些有關臺灣文學叫人難於三言兩語講清的問題，這就使我領悟到一個道理：在大陸學界中理所當然的事情，到了臺灣學界就不那麼理所當然。

問：不過，臺灣已有一些書介紹過臺灣文學這方面的知識，看這些書就足夠了，何必要你這位「隔岸觀火」者編寫《臺灣當代文學事典》？

答：看來你還不夠瞭解臺灣。臺灣曾組織眾多學者編寫大型臺灣文學辭典，可「只聽樓梯響，不見人下來」。

問：你的資料從哪裡來的？

答：不可否認，有些南部文友爲我提供過一些信息和史料，但更多的是自己十下寶島採購書籍時找到的。當然，筆者不是有聞必錄，有許多資料經過仔細考慮後還是割愛了。

問：有一位學者稱讚你在臺灣全精裝印出的上、下冊《臺灣新世紀文學史》中，以尖刻及焦慮取代了昔日的幽默與寬容，肯定你不留情面，這是否顯得不厚道和無情義？

答：任何撰史者都有自己的立場，都有自己的主張，完全客觀是不可能的。寫文學史，不應講人情或情義，而應把還原歷史眞相放在首位。

問：你這位臺港文學史家太勞累了，何不去出國旅行，在欣賞良辰美景中吟誦徐志摩的佳句：

你再不用想什麼了，你再沒有什麼可想的了。

你再不用開口了，你再沒有什麼話可說的了。

答：我這位「老古」還未成爲又古又老的植物人，每天仍騎著一輛又古又破的自行車奔走在書店與菜場之間，自信思維還像青年時一樣活躍。我「活著爲了讀書，讀書爲了活著。」還有許多構想來不及寫出，還有醞釀多時的研究課題未破土動工……

問：你埋頭寫書不抽菸不喝酒不跳舞，一點都不會享受生活，太落伍了！須知在當今人人都講賺錢的時代，李白的詩「桃花潭水深千尺」，竟變成了「不及汪倫送我錢！」

答：我回顧過去，有一個難於啓齒的小小秘密：我這輩子最大的遺憾是沒有當過大學校長。

問：收起你升官發財夢！像你這種日薄西山的人，是不可能有什麼仕途了。

答：豈與夏蟲語冰。我當官決不是爲了發財，而是爲了實現自己最大的願望：在學校門口辦一個全市最大的書店，把老師們的著作——當然也把我自己在海內外出的六十多本書都放在裡面。

問：西方諺語講貓有九條命，我想假如你有九條命——

答：那我一條命用來買書，一條命用來讀書，一條命用來教書，一條命用來著書，一條命用來評書，一條命用來編書，一條命用來借書，一條命用來搬書，最後一條命用來賣書——在我當大官後新開辦的全武漢市最大的書店當營業員去。

問：你這是「老夫聊發少年狂」。正因爲「狂」，我發覺你疑似得了妄想症。你神經異常，自稱是「八〇後」，所以你連修辭都忘記了，如「當大官後」，應改爲「發大財後」；「營業員」，亦應改爲「董事長」，即「最後一條命用來賣書——在我發大財後新開辦的全武漢市最大的書店當董事長去！」。

——載《名作欣賞：鑑賞版（上旬）》二〇一九年第九期，收入本書時略有修改

參考書目

臺灣省新聞處編　《新聞業務手冊》　臺北　臺灣省新聞處印　一九五二年十月
侯立朝　《文星集團想走哪條路》　一九六六年三月　自印
吳濁流　《〈臺灣文藝〉與我》　臺北　遠行出版社　一九七七年九月
梁上元編著　《柏楊和我》　臺北　星光出版社　一九七九年三月
史爲鑑　《禁》　臺北　四季出版公司　一九八一年
劉心皇　《現代中國文學大系．史料與索引》　臺北　天視出版社　一九八一年
聯合編輯　《柏楊六十五——一個早起的蟲兒》　臺北　時報出版公司等單位出版　一九八四年三月
韓妙玄　《消滅李敖，還是被李敖消滅？》　臺北　遠流出版事業公司　一九八五年
柏楊日編　《十年柏楊：一九八三～一九九三》　臺北　大川出版社　一九九三年三月
蔡文甫　《天生的凡夫俗子——從零到九的九歌傳奇》　臺北　九歌出版社　二〇〇一年十月
李志銘　《半世紀舊書回味（1945-2005）》　臺北　群學出版公司　二〇〇五年四月
高　準　《異議的聲音》　臺北　問津堂書局　二〇〇七年
陳若曦　《堅持．無悔》　臺北　九歌出版社　二〇〇八年
王鼎鈞　《文學江湖》　臺北　爾雅出版社　二〇〇九年
周　勵、藤田梨那等著　《回望故土——尋找與解讀司馬桑敦》　臺北　傳記文學出版社　二〇〇九年

十二月

張恆豪編寫《臺灣現當代作家研究資料匯編．吳濁流》　臺南　臺灣文學館　二〇一一年三月

向　陽編寫　《臺灣現當代作家研究資料匯編．柏楊》　臺南　臺灣文學館　二〇一二年三月

陳盈如《前衛出版社與研究》　臺北教育大學臺灣文化研究所碩士論文　二〇一二年六月打印稿

陳康芬《斷裂與生成——臺灣五十年代的反共／戰鬥文藝》　臺南　臺灣文學館　二〇一二年十月

鄭樹森《結緣兩地——臺港文壇瑣憶》　臺北　洪範書店　二〇一三年

陳政彥《戰後臺灣現代詩論戰研究》　新北市　花木蘭文化出版社　二〇一三年

吳效剛《民國時期查禁文學史論》　北京　中國社會科學出版社　二〇一三年

廖爲民《我的黨外青春——黨外雜誌的故事》　臺北　允晨文化實業出版公司　二〇一五年十一月

廖爲民《臺灣禁書的故事》　臺北　允晨文化實業出版公司　二〇一七年三月

楊　渡《有溫度的臺灣史》　臺北　南方家園文化公司　二〇一八年十月

李　敖《李敖自傳》　北京　人民文學出版社　二〇一八年

廖爲民《美麗島後的禁書》　臺北　前衛出版社　二〇一九年十月

辛上邪記錄《瘂弦回憶錄》　南京　江蘇鳳凰文藝出版社　二〇一九年

溫瑞安主編、神州詩社執筆　《坦蕩神州》　臺北　長河出版社　出版年代不詳

作者簡介

古遠清，廣東梅縣人，一九四一年生。於武漢大學中文系畢業，為臺、港文學史家、文學評論家。歷任國際炎黃文化研究會副會長、香港中文大學「中國當代文學系列講座」教授、香港嶺南大學現代文學研究中心客座研究員、中南財經政法大學世界華文文學研究所所長。現為陝西師範大學人文社會科學高等研究院駐院研究員、佛山科學技術學院嶺南講座教授、中國新文學學會名譽副會長、中國世界華文文學學會名譽副監事長。多次赴大陸、臺、港、澳地區及東南亞各國、韓國、澳大利亞講學和出席國際學術研討會。承擔教育部課題和國家社會科學基金項目七項。

著有《中國大陸當代文學理論批評史》、《香港當代文學批評史》、《臺灣當代新詩史》、《香港當代新詩史》、《海峽兩岸文學關係史》、《臺灣新世紀文學史》、《澳門文學編年史》、《中外粵籍文學批評史》、《華文文學研究的前沿問題》、《世界華文文學概論》、《世界華文文學研究年鑑》、《古遠清八秩畫傳》、《當代作家書簡》等多部著作；另有在萬卷樓圖書公司出版「古遠清臺灣文學五書」：《戰後臺灣文學理論史》、《臺灣查禁文藝書刊史》、《臺灣百年文學制度史》、《臺灣文學焦點話題》、《臺灣文學學科入門》。

文學研究叢書 古遠清臺灣文學五書 0810YB2

臺灣查禁文藝書刊史

作　　者　古遠清
責任編輯　林以邠
特約校對　林秋芬

發 行 人　林慶彰
總 經 理　梁錦興
總 編 輯　張晏瑞
編 輯 所　萬卷樓圖書股份有限公司
臺北市羅斯福路二段 41 號 6 樓之 3
電話 (02)23216565
傳真 (02)23218698

發　　行　萬卷樓圖書股份有限公司
臺北市羅斯福路二段 41 號 6 樓之 3
電話 (02)23216565
傳真 (02)23218698
電郵 SERVICE@WANJUAN.COM.TW
香港經銷　香港聯合書刊物流有限公司
電話 (852)21502100
傳真 (852)23560735

ISBN 978-986-478-528-5
2021 年 11 月初版一刷
定價：新臺幣 380 元

如何購買本書：

1. 劃撥購書，請透過以下郵政劃撥帳號：
帳號：15624015
戶名：萬卷樓圖書股份有限公司
2. 轉帳購書，請透過以下帳戶
合作金庫銀行 古亭分行
戶名：萬卷樓圖書股份有限公司
帳號：0877717092596
3. 網路購書，請透過萬卷樓網站
網址 WWW.WANJUAN.COM.TW

大量購書，請直接聯繫我們，將有專人為您服務。客服：(02)23216565 分機 610

國家圖書館出版品預行編目資料

臺灣查禁文藝書刊史 / 古遠清著. – 初版. -- 臺北市 : 萬卷樓圖書股份有限公司, 2021.11
面 ;　公分. -- (文學研究叢書 ; 810YB2)
ISBN 978-986-478-528-5(平裝)
1.禁書 2.出版品檢查

009　　110014312